中国近现代稀见史料丛刊【第一辑】

张剑 徐雁平 彭国忠 主编

汪荣宝日记

汪荣宝 著

赵阳阳 马梅玉 整理

凤凰出版社

图书在版编目（CIP）数据

汪荣宝日记 / 赵阳阳，马梅玉整理. -- 南京 : 凤凰出版社，2014.3（2024.10重印）
（中国近现代稀见史料丛刊. 第1辑）
ISBN 978-7-5506-0546-6

Ⅰ. ①汪… Ⅱ. ①赵… ②马… Ⅲ. ①汪荣宝（1878～1933）－日记②宪政运动－史料－中国－清后期 Ⅳ. ①K827=52②K257.506

中国版本图书馆CIP数据核字(2014)第032870号

书名	汪荣宝日记
整理者	赵阳阳　马梅玉
责任编辑	林日波
责任监制	程明娇
出版发行	凤凰出版社(原江苏古籍出版社) 发行部电话025-83223462
出版社地址	江苏省南京市中央路165号,邮编:210009
照排	南京凯建文化发展有限公司
印刷	唐山楠萍印务有限公司 河北省唐山市芦台经济开发区场部
开本	880毫米×1230毫米　1/32
印张	10
字数	260千字
版次	2014年3月第1版
印次	2024年10月第3次印刷
标准书号	ISBN 978-7-5506-0546-6
定价	75.00元

(本书凡印装错误可向承印厂调换,电话:022-69381996)

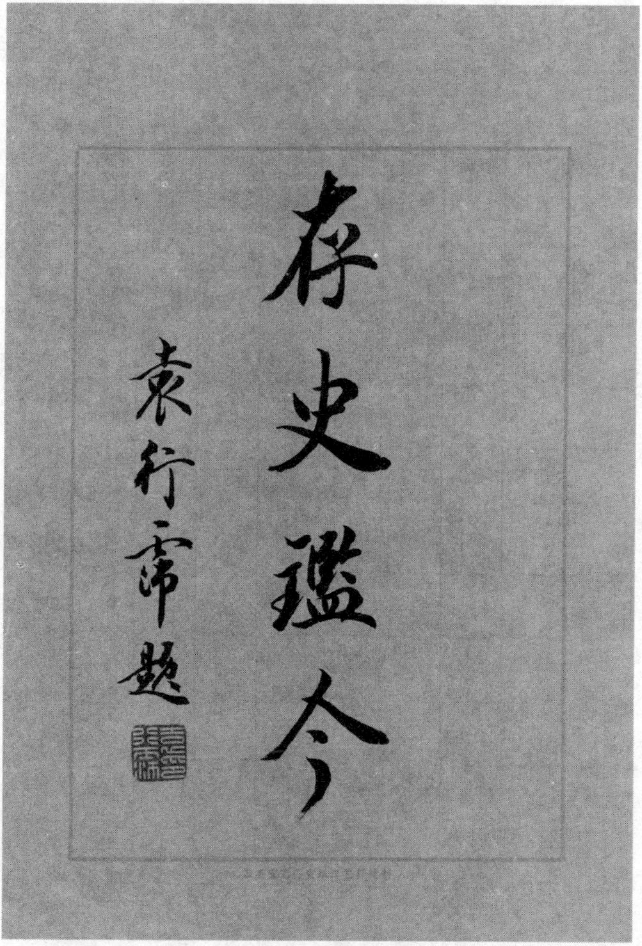

袁行霈先生题辞

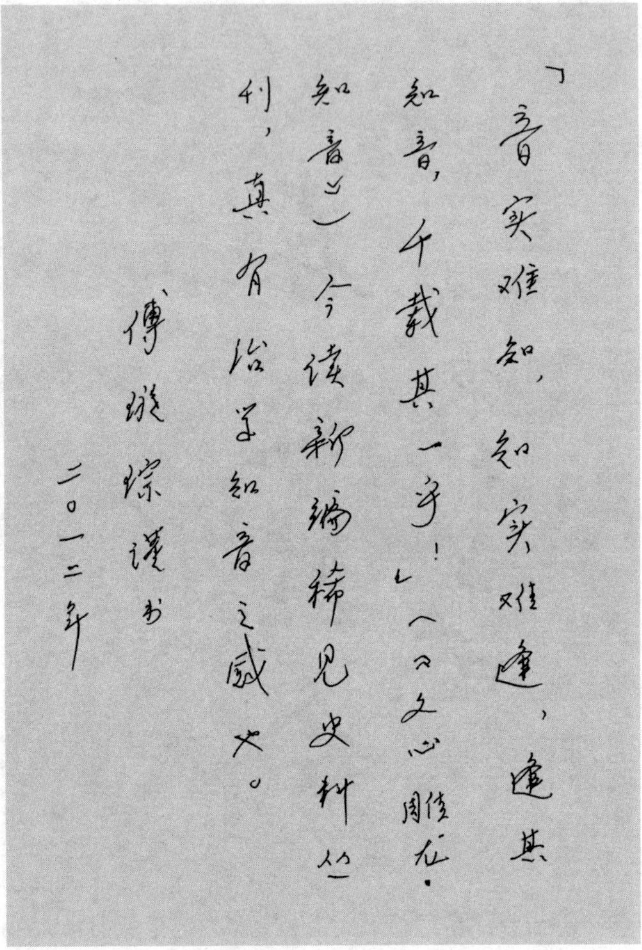

「音实难知，知实难逢，逢其知音，千载其一乎！」（《文心雕龙·知音》）今读新编稀见史料丛刊，真有治学知音之感矣。

傅璇琮谨书

二〇一二年

傅璇琮先生题辞

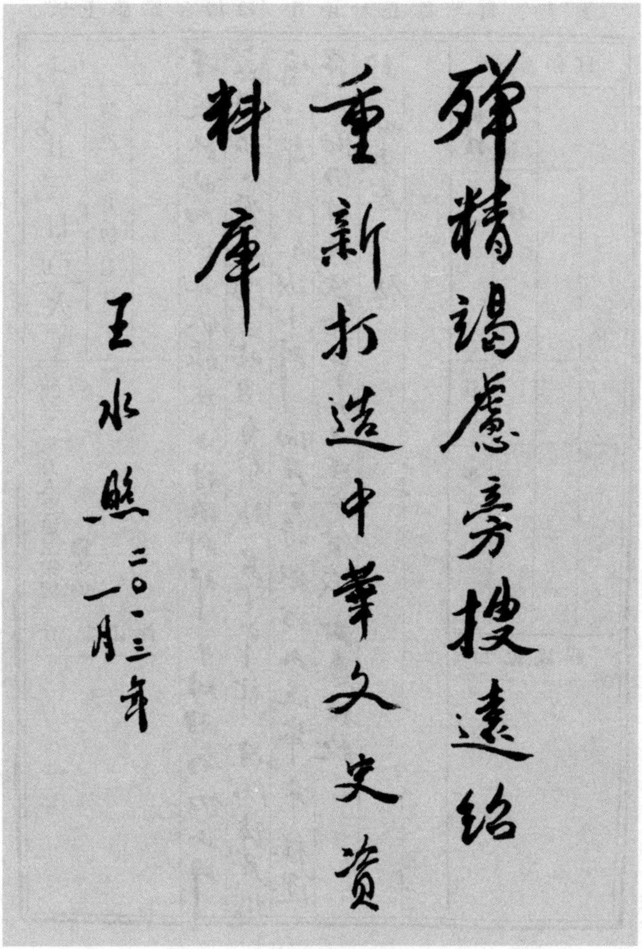
殚精竭虑旁搜远绍
重新打造中华文史资料库
王水照 二〇一三年一月

王水照先生题辞

天上鵲歸星渚冷　月中桂長露華鮮　陸游

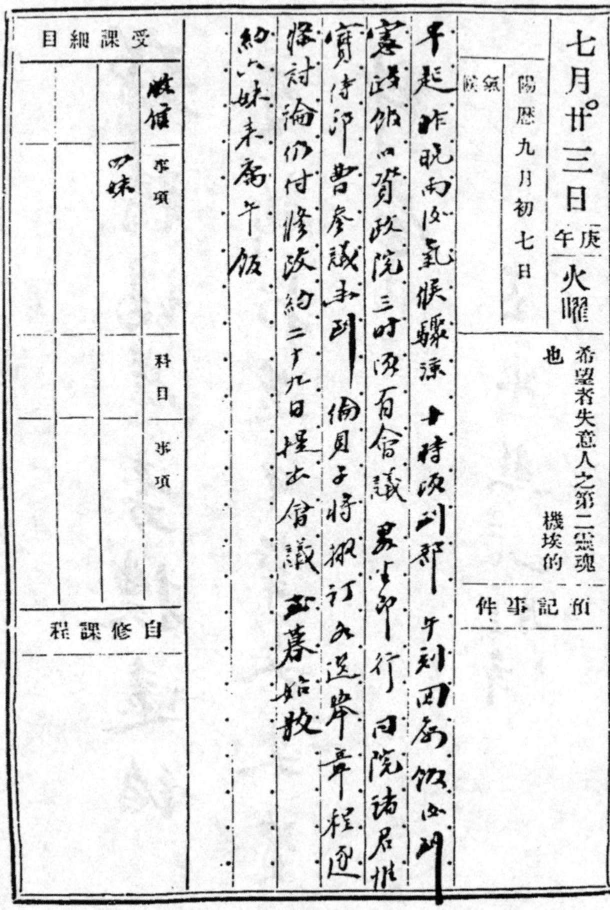

七月廿三日　庚午　火曜

陽歷九月初七日

氣候

希望者失意人之第二靈魂也　機埃的

預記事件

午起　昨晚雨後氣候驟涼　十時頃到部　午刻回家飯　出門

憲政館　回資政院　三時頃開會議　畢　卽行　同院諸君推

寶侍郎　曹參議到部　偕見予將擬訂之選舉章程逐

條討論　仍付修改　約二十九日提出會議　至暮始散

約六妹來寓午飯

受課細目

科目	事項
賦值	四妹
科目	事項

自修課程

书影一

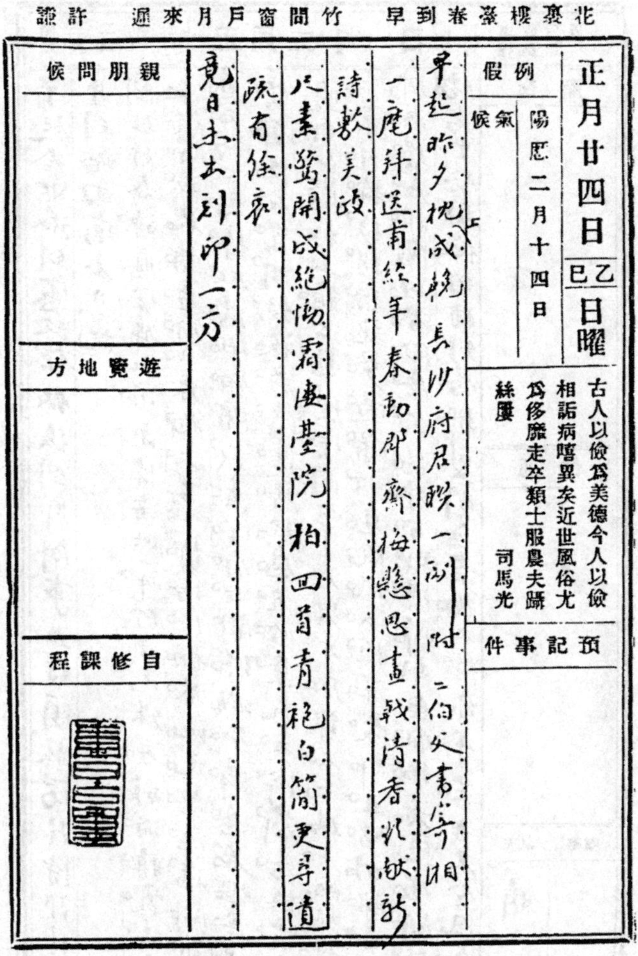
花裏樓臺春到早　竹間窗戶月來遲　許譔
正月廿四日 乙巳 日曜
例假
陽曆二月十四日
氣候
早起昨夕枕成輓長沙府君聯一副附二伯父書寄湘
一庵拜送甫經年春動郡齋梅懸思盡成清香化獻新
詩數美政
尺素驚聞成絕物霜淒甚院柏四肖青袍白簡更尋遺
疏有餘哀
是日未出刻印一方
古人以儉爲美德今人以儉相詬病嗜異矣近世風俗尤爲侈靡走卒類士服農夫躡絲履　司馬光
預記事件
親朋問候
遊覽地方
自修課程

书影二

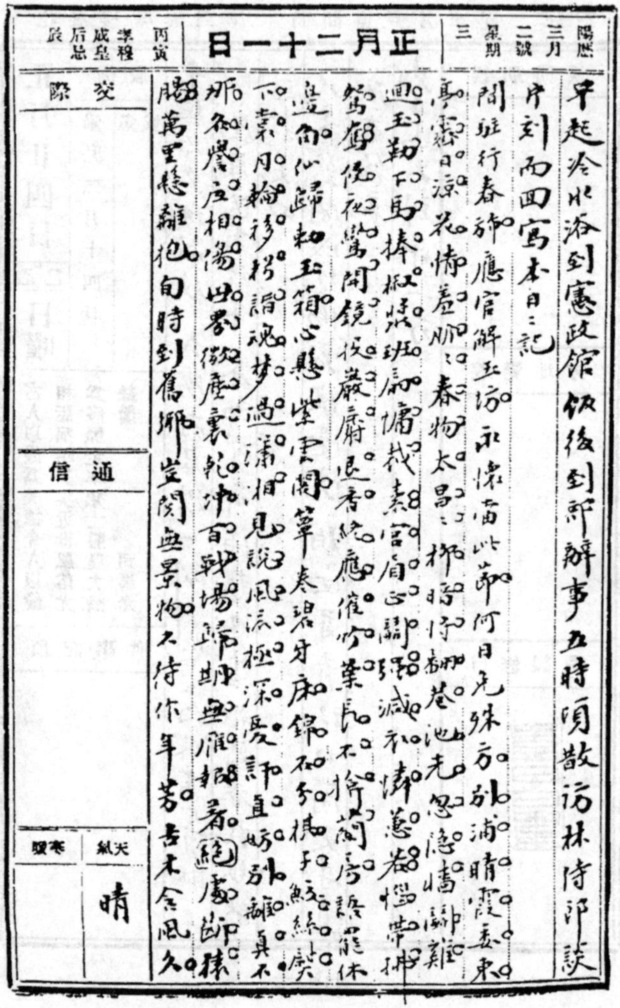
陽歷三月二號 星期三
正月二十一日
丙寅 孝程成皇后忌辰
早起，於北洛到憲政館，飯後到部辦事，五時頃散，訪林侍郎談
片刻，而回寓。本日之記
交際
通信
天氣 晴
寒暖

书影三

《中国近现代稀见史料丛刊》总序

在世界所有的文明中，中华文明也许可说是“唯一从古代存留至今的文明”（罗素《中国问题》）。她绵延不绝、永葆生机的秘诀何在？袁行霈先生做过很好的总结：“和平、和谐、包容、开明、革新、开放，就是回顾中华文明史所得到的主要启示。凡是大体上处于这种状况的时候，文明就繁荣发展，而当与之背离的时候，文明就会减慢发展的速度甚至停滞不前。”（《中华文明的历史启示》，《北京大学学报》2007年第1期）

但我们也要清醒看到，数千年的中华文明带给我们的并不全是积极遗产，其长时段积累而成的生活方式与价值观具有强大的稳定性，使她在应对挑战时所做的必要革新与转变，相比他者往往显得迟缓和沉重。即使是面对佛教这种柔性的文化进入，也是历经数百年之久才使之彻底完成中国化，成为中华文明的一部分；更不用说遭逢“数千年来未有之变局”“数千年未有之强敌”（李鸿章《筹议海防折》），“数千年未有之巨劫奇变”（陈寅恪《王观堂先生挽词序》）的中国近现代。晚清至今虽历一百六十余年，但是，足以应对当今世界全方位挑战的新型中华文明还没能最终形成，变动和融合仍在进行。1998年6月17日，美国三位前总统（布什、卡特、福特）和二十四位前国务卿、前财政部长、前国防部长、前国家安全顾问致信国会称：“中国注定要在21世纪中成为一个伟大的经济和政治强国。”（徐中约《中国近代史》上册第六版英文版序，香港中文大学出版社2002年版）即便如此，我们也不能盲目乐观，认为中华文明已经转型成功，相反，中华文明今天面对的挑战更为复杂和严峻。新型的中华文明到底会怎样呈现，又怎样具体表现或作用于政治、经济、文化等层面，人们还在不断探索。这个问题，我们这一代恐怕无法给出答案。但我们坚信，在历史上曾经灿烂辉煌的中华文明必将凤凰浴火，涅槃重生。这既是数千年已经存在的中华文明发展史告诉我们的经验事实，也是所有为中国文化所化之人应有的信念和责任。

不过，对于近现代这一涉及当代中国合法性的重要历史阶段，我们了解得还过于粗线条。她所遗存下来的史料范围广阔，内容复杂，且有数量庞大且富有价值的稀见史料未被发掘和利用，这不仅会影响到我们对这段历史的全面了解和规律性认识，也会影响到今天中国新型文明和现代化建设对其的科学借鉴。有一则印度谚语如是说："骑在树枝上锯树枝的时候，千万不要锯自己骑着的那一根。"那么，就让我们用自己的专业知识与能力，为承载和养育我们的中华文明做一点有益的事情——这是我们编纂这套《中国近现代稀见史料丛刊》的初衷。

书名中的"近现代"，主要指1840—1949年这一时段，但上限并非以一标志性的事件一刀切割，可以适当向前延展，然与所指较为宽泛的包含整个清朝的"近代中国""晚期中华帝国"又有所区分。将近现代连为一体，并有意淡化起始的界限，是想表达一种历史的整体观。我们观看社会发展变革的波澜，当然要回看波澜如何生，风从何处来；也要看波澜如何扩散，或为涟漪，或为浪涛。个人的生活记录，与大历史相比，更多地显现出生活的连续。变局中的个体，经历的可能是渐变。《丛刊》期望通过整合多种稀见史料，以个体陈述的方式，从生活、文化、风习、人情等多个层面，重现具有连续性的近现代中国社会。

书名中的"稀见"，只是相对而言。因为随着时代与科技的进步，越来越多的珍本秘籍经影印或数字化方式处理后，真身虽仍"稀见"，化身却成为"可见"。但是，高昂的定价、难辨的字迹、未经标点的文本，仍使其处于专业研究的小众阅读状态。况且尚有大量未被影印或数字化的文献，或流传较少，或未被整合，也造成阅读和利用的不便。因此，《丛刊》侧重选择未被纳入电子数据库的文献，尤欢迎整理那些辨识困难、断句费力、裒合不易或是其他具有难度和挑战性的文献，也欢迎整理那些确有价值但被人们习见思维与眼光所遮蔽的文献，在我们看来，这些文献都可属于“稀见”。

书名中的“史料”，不局限于严格意义上的历史学范畴，举凡日记、书信、奏牍、笔记、诗文集、诗话、词话乃至序跋汇编等，只要是某方面能够反映时代政治、经济、文化特色以及人物生平、思想、性情的文献，都在考虑之列。我们的目的，是想以切实的工作，促进处于秘藏、边缘、零散等状态的史料转化为新型的文献，通过一辑、二辑、三辑……这样的累积性整理，自然地呈现出一种规模与气象，与其他已经整理出版的文献相互关联，形成一个丰茂的文献群，从而揭示在宏大的中国近现代叙事背后，还有很多未被打量过的局部、日常与细节；在主流周边或更远处，还有富于变化的细小溪流；甚至在主流中，还有漩涡，在边缘，还有静止之水。近现代中国是大变革、大痛苦的时代，身处变局中的个体接物处事的伸屈、所思所想的起落，借纸墨得以留存，这是一个时代的个人记录。此中有文学、文化、生活；也时有动乱、战争、革命。我们整理史料，是提供一种俯首细看的方式，或者一种贴近近现代社会和文化的文本。当然，对这些个人印记明显的史料，也要客观地看待其价值，需要与其他史料联系和比照阅读，减少因个人视角、立场或叙述体裁带来的偏差。

知识皆有其价值和魅力，知识分子也应具有价值关怀和理想追求。清人舒位诗云“名士十年无赖贼”（《金谷园故址》），我们警惕袖手空谈，傲慢指点江山；鲁迅先生诗云“我以我血荐轩辕”（《自题小像》），我们愿意埋头苦干，逐步趋近理想。我们没有奢望这套《丛刊》产生宏大的效果，只是盼望所做的一切，能融合于前贤时彦所做的贡献之中，共同为中华文明的成功转型，适当“缩短和减轻分娩的痛苦”

(马克思《资本论》第一卷第一版序言)。

《丛刊》的编纂,得到了诸多前辈、时贤和出版社的大力扶植。袁行霈先生、傅璇琮先生、王水照先生题辞勖勉,周勋初先生来信鼓励,凤凰出版社姜小青总编辑赋予信任,刘跃进先生还慷慨同意将其列入"中华文学史史料学会"重大规划项目,学界其他友好也多有不同形式的帮助……这些,都增添了我们做好这套《丛刊》的信心。必须一提的是,《丛刊》原拟主编四人(张剑、张晖、徐雁平、彭国忠),每位主编负责一辑,周而复始,滚动发展,原计划由张晖负责第四辑,但他尚未正式投入工作即于 2013 年 3 月 15 日赍志而殁,令人抱恨终天,我们将以兢兢业业的工作表达对他的怀念。

《丛刊》的基本整理方式为简体横排和标点(鼓励必要的校释),以期更广泛地传播知识、更好地服务社会。希望我们的工作,得到更多朋友的理解和支持。

2013 年 4 月 15 日

目　录

前言

汪荣宝(1878—1933),字衮甫,号太玄,江苏吴县(今江苏苏州)人。天资颖异,至性过人。九岁毕群经,十六岁入南菁书院,随定海黄元同先生游,锐意于章句训诂之学,治《公羊春秋》及三家《诗》。又性嗜沉博绝丽之文,尤好扬子《法言》,随笔笺记,积稿成帙。年二十举元和县拔贡生,戊戌(1898)朝考,用七品小京官签分兵部。1900年,八国联军入寇,京师糜沸,汪荣宝以国势陵夷,非墨守旧闻所能匡救,遂入南洋公学为特班生。1901年赴日游学,先后在早稻田大学、庆应义塾等校学习东西历史,旁及政法。归国后仍官兵部,并任京师译学馆教员,讲授近代史。1908年任民政部右参议,后迁左参议、左丞,并兼职于修订法律馆与宪政编查馆。1910年任资政院敕选议员。1911年任协纂《宪法》大臣,兼《法令全书》总纂,其时朝廷官制、法律草案等多出其手。武昌起义后,汪荣宝复为袁世凯起草南北交涉诸电稿及《优待清室条件奏稿》等文件。民国初年,任临时参议院议员、国会众议院议员。1915年参与起草《中华民国宪法》,即所谓"天坛宪法"者。后出任中国驻比利时、瑞士等国公使,1922年至1931年担任中国驻日本公使达十年之久。1931年辞职,专事著书立说,迄1933年去世,著述不辍,计有《清史讲义》、《法言义疏》、《汪荣宝日记》、《新尔雅》(与叶澜合编)等。其后人整理其遗诗,编为《思玄堂诗集》,其往来奏电亦已经人整理刊布。

汪荣宝出身官宦世家。其祖父汪亮钧,字秉衡,号和卿。元和县廪贡生,官至镇江府训导,宣统二年(1910)卒于镇江。其父汪凤瀛,字志澄，号荃台。光绪十一年(1885)乙酉科拔贡，曾出任湖广总督张之洞的总文案，宣统间官湖南长沙府知府。其大伯父汪凤池，字思赞，号药阶。同治十二年(1873)癸酉科拔贡，后授内阁中书、刑部主事、山东道监察御史，光绪三十年(1904)外放湖南衡州知府，迁长沙府知府，宣统元年(1909)卒于任上。二伯父汪凤藻，字云章，号芝房。先后于上海广方言馆、京师同文馆学习，光绪九年(1883)中进士，改庶吉士，授编修，先后任驻俄使馆二等参赞、总理衙门纂修、出使日本大臣等职，宣统间任翰林院侍读、京师大学堂格致科监督。四叔父汪凤梁，字思任，号兰楣。光绪十六年(1890)进士，改庶吉士，授编修，后任刑部主事等职，宣统间任四川顺庆府知府。其大兄汪森宝(汪凤池长子)，字书堂。附贡，光绪三十年(1904)经出使日本大臣杨枢调为随员，迁参赞，回国后在外务部庶务司行走，宣统三年(1911)入直隶交涉使王克敏幕，任秘书科正科员、候补直隶州知州。四弟汪乐宝(汪凤瀛次子)，字廉士。译学馆乙级英文毕业，奖赐举人出身，以七品小京官分部，宣统间任大理院主簿。六弟汪杨宝(汪凤梁子)，字寰甫。留日入东京帝国大学学习农科，归国参加游学毕业生考试，中进士，授翰林院检讨，后为苏州农学堂监督。八弟汪东(汪凤瀛三子)，留日入早稻田大学预科，又入哲学馆学习，师从章太炎，在日本参加同盟会，任《民报》编辑。

除了家族内部人才济济外，与汪荣宝家族联姻者也多为当时仕宦家族。汪荣宝妻黄彝(字君卣)兄黄镇，字蓉阁，江西清江人。光绪十九年(1893)举人，时任内阁汉票签中书舍人、资政院速记科科员。汪荣宝三妹适严家炜(字星季)，江苏吴县人。时任湖南补用通判。家炜之父严良勋(字子猷)，广方言馆、同文馆肄业，曾任福建福宁、泉州知府等。其四妹汪梅未适陈三立长子陈衡恪。其五妹汪梅梧适何元瀚。元瀚父葆麟(字仲麒)，安徽南陵人，光绪二十年(1894)进士，先后任刑部主事、邮传部佥事等。其六妹适耿君度。君度父道冲(字伯齐)，江苏松江人，光绪十一年(1885)拔贡生，任度支部员外郎、廉俸司司长。

据汪东代拟《汪荣宝先生哀启》,“日俄战起,诸革命党人留东京者,创立国民义勇军,阴有所规画,君预焉。事既不行,流言纷炽,君从亲友劝,复官兵部”。可见,留学日本的汪荣宝尚有革命之激情,然而经亲友游说归国后,则转变为务实、稳健做派,这与汪荣宝家族及其姻亲间形成的稳定网络密切相关。这一网络可以帮助汪荣宝在官场上稳步前行,同时也将其锐气不断磨销,遂成为京城立宪派的代表人物。

汪荣宝平生克己甚严,日记为其每日常课,若当日不及记,日后必定补上。其每日的活动、交往、感受以及创作的诗作、刻就的印章、起草的奏电、信函、文件等,多载于其中。这些日记既是汪氏言行的可靠记录,也是觇见时代风气的重要资料,惜乎现仅存宣统三年间(1909—1911)日记三册。

然而,仅就这三年间的日记而论,其价值已不可估量。其中详细记载了清王朝最后三年的历史,举凡时局动态、敏感事件、平庸日常皆流于笔端。借助这残存的日记,亦可以发见汪荣宝对清末立宪活动、南昌首义、诸省独立、亲贵内阁解散、重新起用袁世凯、宣统逊位、袁世凯当选总统等事件的详细记述及作者所持之态度。同时,汪荣宝所交往者亦多显要人物,如庆亲王奕劻、肃亲王善耆、贝勒毓朗、贝子溥伦、那桐、徐世昌、李家驹、曹汝霖、章宗祥、陆宗舆、杨度、梁士诒、陈邦瑞等,日记中所载汪氏社交情形,为研究清末民初历史提供了大量的一手史料。

因汪荣宝虽任职民政部,同时又兼职于修订法律馆与宪政编查馆,并任资政院敕选议员,故其日记中记载最多的莫过于清末的预备立宪活动、宪法及各种法案的起草情况以及资政院、宪政编查馆、法律修订馆的各项事务。王晓秋最早发见汪氏日记的重要学术价值,他在《清末政坛变化的写照———宣统年间〈汪荣宝日记〉剖析》(《历史研究》1989 年第 1 期)一文中,认为日记披露了中国第一部宪法草案起草的经过，而且生动地记载着汪荣宝等清末政坛活跃人物在这一大变局中的种种表现与心态变化。作者进而利用日记，对资政院内外的风波及武昌起义后立宪派的应变活动及心态变化做了深入而细微的描述。其后，俞江《两种清末宪法稿本的发现与初研》（《历史研究》1999 年第 6 期）一文主要根据第一历史档案馆所存清末宪法草案，结合对《汪荣宝日记》的考察，进一步推进了有关晚清宪政的研究。尚小明《留日学生与清末新政》（江西教育出版社，2003 年）一书，以汪荣宝为例论述了留日学生在清末新律编修过程中的重要作用。吴泽勇《〈大清民事诉讼律〉修订考析》（《现代法学》2007 年第 4 期）则通过对《汪荣宝日记》中相关史料的罗致，重现了《大清民事诉讼律草案》编纂过程的若干环节。任学《试论汪荣宝的宪政思想》（河北大学 2009 年硕士论文）则专门针对汪荣宝的宪政思想进行研究。胡震《亲历者眼中的修订法律馆——以〈汪荣宝日记〉为中心的考察》（《华中科技大学学报》2010 年第 3 期）从个体化的微观视角考察和勾勒汪荣宝在清末修律中的作用，重现有关修订法律馆的历史记忆，并论及以汪荣宝为代表的留日学人对于清末修律的作用与影响。以上研究尽可证明《汪荣宝日记》对清末宪政史、立法史等方面研究的重要推进。

此外，日记中对汪荣宝宣统三年间的学术、文艺生活也有较为详细的记载，这对研究汪荣宝的诗歌、学术、书法、篆刻等均有重要的价值。仅就诗歌而论，汪荣宝是吴下晚唐诗派的健将，早年在北京即与张鸿、曹元忠等唱和，有《西砖酬唱集》行世。汪荣宝在《西砖酬唱集序》中称：

> 有宋杨、刘之作，时曰《西崑》。导玉溪之清波，披《金荃》之馀藻，雕鎪费日，虽动壮夫之嘲；主文谲谏，庶有风人之意。

此文不掩其对西崑体的偏爱，俨然是清末晚唐诗派的宣言书。

汪荣宝早年诗宗义山，高者沉博绝丽，低者熏香抹艳。其晚年诗风有所变化，渐趋平淡，显然受到宋人诗风的影响。汪荣宝致友人王赓信中说：

> 少壮所作，专以隐约缛丽为工，久之亦颇自厌，复取荆公、山谷、广陵、后山诸人集读之，乃深折其清超遒上，而才力所限，已不复一变面目。公试观吾近诗，略可见其蜕化之迹。（王赓《今传是楼诗话》"汪荣宝诗境锐变"条，辽宁教育出版社，2003 年，第 178 页。）

而日记中所载汪氏诸诗，恰处于由缛丽向平淡过渡的阶段，对于考察汪荣宝诗歌风格的流变极有助益。

汪荣宝生当清末民初之大变局中，既有志于折冲尊俎，除旧布新，以求致君尧舜；又不得不慎言避祸，委曲求全，以期明哲保身。因此常常遭致谤端丛集，而不能自辩，正如《汪荣宝先生哀启》中所谓"旁皇焦思之情，有非言语所能形况，而事关密计，亦有非他人所得尽知者"。誉之者称其有"文章之美，而又谛审国交形势，盖陆太中、邓伯苗之俦，惜乎所遭非其时也"（章炳麟《故驻日本公使汪君墓志铭》）；毁之者称其依傍名流、趋附项城，无所不用其极，以学生不三年而为丞参，称之为"通天神狐，醉则露尾"（朱德裳《三十年闻见录》，岳麓书社，1985 年，第 69 页）。至于汪荣宝为人究竟如何，读者自可将《汪荣宝日记》及同时诸人记载参看后，做出自己的判断。

《汪荣宝日记》稿本尚存，今藏于北京大学图书馆，分别写于三个商务印书馆印制的日记簿上。宣统元年日记写于"学堂日记"簿上，封面题"岁月堂堂去。己酉六月初十日衮父题"；宣统二年日记写于"官商通用日记"簿上，封面题"往而不返者时也。七月十六日衮父题"，并钤盖"汪荣宝印"、"汪"、"金薤琳琅"三印；宣统三年日记写在"官商通用日记"簿上，封面题"革故鼎新。民国纪元二月十九日题"。

《日记》目前通行者主要为两个影印本:一为《北京大学图书馆馆藏稿本丛书》本(天津古籍出版社,1987 年),一为《近代中国史料丛刊三编》本(台北文海出版社,1991 年)。此次点校主要依据这两个影印本进行,内容主要包括正文与附录两部分。其中附录部分收入汪荣宝传记资料四则:

一、王芸生《忆汪衮甫先生》(原载《国闻周报》1933 年十卷三十期,又载《芸生文存》第一集,《民国丛书》本);

二、汪东代作《汪荣宝先生哀启》(原载《国风半月刊》1933 年 9 月 1 日第三卷第五号,又载沈云龙编《汪旭初(东)先生遗集》,台湾文海出版社,1974 年);

三、章太炎《故驻日本公使汪君墓志铭》(原载《制言》1936 年第八期,又载《章太炎全集》五《太炎文录续编》卷五下,《制言》所载与后者文字略有出入,此依后者);

四、朱德裳《谈汪荣宝》(载《三十年闻见录》,岳麓书社,1985 年)。

以上作者皆为汪荣宝亲友,其所言最为切近事实。其他诸家所述多就汪氏事业、文学某一部分论析,如钱仲联《汪荣宝小传》(载其《近代诗钞》,江苏古籍出版社,1993 年)就其文学创作之成就而论;赵金铭《汪荣宝》(载《中国现代语言学家》,河北教育出版社,1989 年)专论其语言学成就;元中《〈清史讲义〉的著者》(《春秋》1966 年四卷五期)则针对其《清史讲义》之撰作而言。其馀相关民国人物辞典、传记往往袭自上述四文,故不具载。

最后交代一下本书点校的分工情况:赵阳阳负责宣统元年(1909)、宣统二年(1910)八月份之前文字的校录,马梅玉负责宣统二年(1910)八月份以后、宣统三年(1911)文字的校录,最后由赵阳阳统一校订全文。

本书点校稿于 2012 年底呈交丛刊第一辑主编张剑先生,2013 年 8 月二校稿完成。因本书系《中国近现代稀见史料丛刊(第一辑)》

中的一种，故需待丛书全部点校完成后方可集体出版。2013年11月于书店购得韩策、崔学森两位先生整理之《汪荣宝日记》（中华书局《中国近代人物日记丛书》之一，2013年8月出版），亟请责编林日波兄将三校校样寄来，悉心校阅一过，匡正拙校者颇多。两位先生于清末民初史事相当娴熟，故书中脚注颇多有价值的学术信息；且其点校参考了北京大学图书馆所藏《汪荣宝日记》稿本，其中有十数处影印本脱漏者皆得以补正；此外，其书末所附《人名索引》异常详细，且多经过审慎的考证。然校书如扫尘，中华本也偶有疏失之处，如误“掷色”为“掷龟”（P1）、误“衮父白事”印文为“竟日白事”（P6）、误“《义山文》、《楚雨集》序”为“义山、文楚两集序”（P9）等。此外，中华本未收入汪荣宝所刻印章图版，对研究考察汪荣宝之艺术成绩似略有遗憾。典籍整理尤其是稿抄本的整理需要整理者具备扎实全面的基本功，本书点校者自知学识谫陋，因此点校本中错讹之处当为难免，敬祈高明大雅不吝教之。

整理者于2012年12月28日

又2013年12月3日补记

凡 例

一、为方便读者，在日记原年月日后附加公元纪年，用圆括号标出。

二、根据《丛刊》要求使用简化字，但涉及具体人名、地名时，则尽量保持原貌，如人名中“穀”不简化为“谷”，“榦”不简化为“干”。

三、汪荣宝喜用古字，如用“亭”，不用“停”；用“主”，不用“住”；用“倍”，不用“陪”，等等。点校时多遵从日记原貌。

四、日记中对同辈字号称呼颇为随意，常记作同音字。如董康，因原名寿金，故字授经，日记中多作“绶经”，亦有作“绶金”者。查考相关文献，蔡元培、胡适、内藤湖南等皆称之为“绶金”，可见当时不同写法似可共存，因此点校本中于此类情况不求划一。

五、日记中空阙待补之字，用“△”表示；残阙处约略可计字数者用“□”表示，不能确计字数者，用“……”表示。

六、日记中确系误字者，用圆括号“（ ）”将误字括出，后用方括号“[ ]”括出改字。日记有脱字者，补字亦用“[ ]”括出。日记中原有圆括号仍其旧。

七、日记中夹注部分用小五字体单行排印。

八、汪荣宝所用日记本多为印刷本，其栏目以黑体标出，相关内容分别归入其内。如汪荣宝擅长篆刻，日记中多有为友朋等所刻印章，分别钤于“自修课程”、“交际”栏目中。整理本将栏目黑体标识，置于文末，将印章图版置其后。此外，“收信”、“发信”亦以黑体标出，与正文相别。

九、日记每年年初、年末所附资料,在整理本中相关位置以仿宋体标出。

十、末附《汪荣宝交游简录》,供阅读日记参考之用。

宣统元年己酉(1909)

正月初一日(1月22日)　晴。早七时起。诣皇极殿,行礼毕,步行出北上门。诣观德殿,行礼毕,在民部幕内与裕小彭、刘省庵一谈。又至学部幕内与宝瑞臣侍郎同车到东华门外,易车往访吴向之,不值而回。与家人为博士之戏。饭时君度来谈,共为手谈,留之晚饭。饭后与家人掷色为戏。

正月初二日(1月23日)　早起。午后到部,稍坐即回,与家人为博士会,至十二时顷。

正月初三日(1月24日)　早起。到西铁匠胡同秦佩鹤家谢步,投一刺。旋往凤老家为博士会。午后九时顷散归,略负。家人方为博士会未已,一掷大获。

正月初四日(1月25日)　早起。十时顷得长沙致大兄电"父病速回",至为惶急。午刻电询病状。仲和来谈,留饭。饭后同车到部,四时顷回寓。

正月初五日(1月26日)　早七时起。今日大兄乘快车赴汉,以午前九时三十分发,与蓉阁、四弟共送至停车场,候车发乃回。到宪政馆一坐,即回寓。十二时得长沙覆电"药病痰迷,略好"。伯平来谈,留饭。饭后同到琉璃厂、大神庙及香厂一游。归途访金巩伯,不值。五时顷回寓。

正月初六日(1月27日)　早六时起。同乡京官以诏宽免江苏钱粮,诣阙谢恩。余于七时顷乘马赴东华门,拟随班行礼,至夹道遇诸公礼毕退出,同赴政务处饭。饭后到宪政馆,遇达侍郎寿,略谈即散。往风老处为博士会，旋得电话，肃邸约午后二时诣府商榷公事，即驾车前往，邸令拟一改正京师巡警厅区制度折稿。四时顷散归。

正月初七日(1月28日) 早起。饭后到部，与仲和、尚之、伯平商榷改正厅制办法，仲和担任修改《警厅官制章程》，伯平担任调查各国京城巡警衙门组织及员数，尚之担任草创奏稿，定议而散。余附仲和马车到西城，自辟材胡同赴王爷佛堂潘轶仲寓为博士会，大负。十一时顷散归。

正月初八日(1月29日) 晏起。饭后赴宪政馆，仲和、伯平所担任各件均已告成，在编制局讨议一次。余复拟成《改正厅区制度纲领》数则。肃邸昨约本日午后四时顷集政务处商论此事，余与仲和、伯平两君届时自往，将各件呈阅，邸称善，又面谕奏稿大意。五时半散归。

亲朋问候：得顺庆信，即复一械。

正月初九日(1月30日) 早起，寄陆季午及赵竹垣信。叶清猗来谈。饭后条记肃邸面谕奏稿大意，携稿赴部，交尚之，属为敷畅厥旨。三时半赴轶仲寓为博士会，甫入局，家中以电话通知，得长沙电报，大伯父去世，踉跄回寓。阅电信，系本日所发，伏生出名云："祖病，忽然痰壅，寅刻辞世。"悲怆何极！计大兄今日尚未能抵长沙，辛苦长途，归已无及，惨恸之情，不言可喻矣。

正月初十日(1月31日) 早起。得大兄自汉口上二伯父书，知须初九日方有赴湘船，为之焦灼。午后裕小彭来谈，请假折已代办妥，明日呈递。寄肃邸一函，声明请假缘由。

正月十一日(2月1日) 早起。午后熙辅臣、恩印伯绶、胡伯平先后来谈。印伯得大兄自长沙发灰电，则知大兄昨日已安抵长沙矣，为之稍慰。夜间得张望屺书，为屈君厚蟠推毂，欲得宪政馆考核科差事，属于提调前说项，即刻将原信转寄宝侍郎。晚饭后王侃叔来，谈至十一时顷。

正月十二日(2月2日) 早起。陆彤士来谈，留饭。饭后徐尚之、吕寿生、孙泽蕃来谈，尚之拟《改正厅制折稿》成，属为修改，抵暮各散。伯平来谈，留晚饭。

正月十三日(2月3日)　早起。修改尚之所拟折稿，函送参议厅。饭后四时顷，仲和来谈，留晚饭。八时顷，王侃叔来谈，述近年政界历史甚悉，听之忘倦，留宿金薤琳琅斋，至一时顷始寝。

正月十四日(2月4日)　早起。去年八月以来，每朝行冷水浴，未尝间断。年末以奇冷暂停，今日复为之。赵渭舫来谈。饭后四时顷，吴向之来谈，寻延逵臣、徐尚之先后过访。昨所拟折稿已呈邸阅，邸意有未尽，条记数事，属为增入。晚饭后修改折稿数处。

自修课程：为渭舫刻印一方。(祖望长寿)

正月十五日(2月5日)　早起。冷水浴。黎通判桂森来谈。

自修课程：为渭舫刻印一方。(赵)

正月十六日(2月6日)　早起。冷水浴。黄次腴来谈，午刻彤士来谈。二时顷，将改定折稿携赴肃府呈阅。丞参、参事及伯平、桂梦九龄咸来会，讨议一时许，复酌改两处，即便定稿。自肃府出，顺道访侃叔，不值而回。

正月十七日(2月7日)　早起。冷水浴。侃叔来谈，留饭。三时顷，彤士来谈。傍晚与蓉阁、四弟散步，至东安市场，在东安饭店晚饭。饭罢同回，得四叔及四妹书，又二伯父得父大人书。

正月十八日(2月8日)　早起。冷水浴。覆四妹书一件。吴彭秋厅丞钱孙来谈，闻穰卿自上海来京，寓魏聪叔许。久思往谈，卒卒未暇。饭后无事，往访之，谈半时许。旋往访哲子，不值而回。祖大人挽大伯父联云：

报国在文章，（膡）[賸]有未焚之草。

传家惟清白，庶几无忝所生。

预记事件：唐公柔开吊，在长椿寺，有讣，已办。

正月十九日（2 月 9 日） 阴。早起。冷水浴。叶清伊来谈，为渭舫刻印一方。四时顷仲和来谈。父大人挽大伯父联云：

居刑曹则断狱务从其恕，居谏垣则立言能见其大，居剧郡则当官必尽其诚，方期扬历宣勤，青眼台司邀荐鹗；

处家督则老父恃为诤子，处兄长则诸弟奉为严师，处朋友则同辈推为畏友，岂意典型在望，白头昆季痛离群。

自修课程：（渭舫翰墨）

正月二十日（2 月 10 日） 早起。冷水浴。陆彤士、张采南来谈。昨为彤士刻名印一方，本日又仿造像刻印一方。

自修课程：（增炜）

正月廿一日（2 月 11 日） 早六时顷起。本日假满请安，七时入内候旨。本部递《改正厅区制度折（单）》，有旨召见肃邸。余在朝房，候邸出，立谈数语，知所奏已得旨俞允。邸令余今日到部拟堂谕，发表其事。八时在宪政馆小憩，即诣观德殿，随班行大行皇帝三满月祭礼，礼毕，仍回宪政馆。饭后到部拟堂谕三道，四时顷回寓。

自修课程：（增炜）①

正月廿二日（2月12日）　本日辰正二刻，行大行太皇太后三满月祭，午刻恭上尊谥。早七时顷起，入内诣皇极门行礼，到宪政馆小憩。旋诣皇极门外，随班恭迎册宝，在朝房小憩，届午刻随班行礼，礼毕回宪政馆。饭后到部，五时顷回寓。伯平来谈。

自修课程：（陆）

正月廿三日（2月13日）　早起。魁秋山主事来谈。巳刻到宪政馆。饭后到部办事，衙散与陈剑秋京卿同到东安饭店，晚饭而回。晢子来，夜谈至十二时顷。二伯父挽长沙府君联云：

获上信友惟其诚，骢马郡中来，知躬瘁黄堂，有政尽堪留宦迹；

食少事繁岂能久，鹡鸰原外望，痛魂归丹旐，何词更可慰亲心。

正月廿四日（2月14日）　早起。昨夕枕上成挽长沙府君联一副，附二伯父书寄湘：

一麾拜送甫经年，春动郡斋梅，悬思画戟清香，欲献新诗敷美政；

尺素惊开成绝恸，霜凄台院柏，回首青袍白简，更寻遗疏有馀哀。

竟日未出，刻印一方。

自修课程：（事白白事）

正月廿五日（2月15日）　早起。冷水浴。覆田自芸书一件。到宪政馆。饭后到部，四时顷散。与寿生、伯平、仲和同往东安饭店

① 此朱文缪篆，或因昨日所钤不清，今日重行钤盖。

晚饭，七时顷回寓。二伯父得七弟书，知庶母蔡氏于本月十八日分娩得一子。

自修课程：（衮父白事）

正月廿六日（2月16日） 早起。冷水浴。寄四妹书一件。往溥仲璐尚书家吊其兄之丧。访邹紫东侍郎，谈半时许回寓。饭后到肃王府，途遇仲和，邀与同行。先到部取《巡视各省警务章程草稿》一件，同往肃府，邸开示整顿部务办法若干事，令拟堂谕施行，四时顷退出。与仲和同回部宣示邸交拟办各款，与刘右丞商拟堂谕共十馀件，五时散。访赵侍郎，谈片刻回寓。

正月廿七日（2月17日） 早起。冷水浴。十时顷张凤辉观察来谈。十二时顷到宪政馆。饭后到部，阅昨日堂谕凡十二条。五时顷散归。

正月廿八日（2月18日） 早七时顷起，入内。到宪政馆，惟刘仲老以奉命验看月官，在此坐候。十时顷往观德殿，徘徊松阴下。十一时顷，行恭迎册宝礼。在路工局幕内小憩，幕以马口铁制成，内蔽以布，火炉、桌椅悉具，精美为各署行幕之冠。赵侍郎偕定正平成理卿同来憩于此。十二时顷，诣几筵前行礼，恭上大行皇帝庙号尊谥，曰“德宗同天崇运大中至正经文纬武仁孝睿智端俭宽勤景皇帝”，礼成各散。余往访张望圮太守，略谈即回。饭后到部，五时顷回。伯平同来，商改何梅生先生国史列传稿。向之、问槎先后来谈，伯平、问槎留晚饭。

正月廿九日（2月19日） 早起。大风。饭后到民部，四时顷散归。仲和、伯平同来，手谈至晚饭后十时顷而散。

二月初一日（2月20日） 本日举行大行太皇太后及大行皇帝百日祭礼。早七时顷起，诣皇极殿，甫入东华门，遇陈诒仲毅出，知已毕事,乃往宪政馆。十一时诣观德殿,在幕内小憩,十二时行礼,礼毕回寓。

二月初二日(2月21日) 早起。冷水浴。拜客数家。到裕源存折一百元,时已十时半,管理人以下均尚高卧未起,候半时许始有应者。往张劭希家吊其夫人之丧。旋入宣武门,拜达侍郎寿不值,往仲和家午饭。四时半诣定王府谒朗贝勒,在回事处候半时许,始得见,遇逵臣于坐上。七时顷回,得蓤舫自东京来书,知六弟妇于正月十九日分娩得一女。

二月初三日(2月22日) 早起。冷水浴。本日午刻资政院会议,依时往。同人络绎到院,候伦贝子,至一时顷方至。余献议将奏章程二章并续订八章,一并酌加修改,另拟《选举章程》一同具奏,贝子甚以为然。又议踏勘贡院旧址,能否为改造资政院之用。约初五日午前集贝子府同往。未刻散,到沈雨人侍郎家午饭,饭后到署,堂司已渐散,一坐而回。

二月初四日(2月23日) 早起。冷水浴。到宪政馆,饭后到部,四时顷散。仲和约往东安饭店晚饭,并约润田同谈,九时顷散归。

二月初五日(2月24日) 早起。十一时顷诣伦贝子府,知勘视贡院事改以明日未刻,乃往宪政馆。饭后到部办事,五时顷散归。润田来谈。

吏部奏派恭送德宗景皇帝梓宫大臣,奉朱笔圈出各部院官二十一人,余在其列。

二月初六日(2月25日) 早起。十时顷王侃叔来谈。明日释奠文庙,余在陪祀之列。闻御史当于今日到民部查斋,十一时顷往候,至一时半不至,乃诣伦贝子府,时孙傅相已先在,润田、仲和踵至。闻宝瑞臣径由官报局往贡院。三时顷,与润田、仲和随两总裁到贡院。周览旧址,闳敞可用。瑞臣旋来,会览毕,贝子欲往观象台一游,余等亟赞成。傅相至台下小憩,先回。余等登台摩挲,仪器制作极精,想见国初文明。庚子之役,仪器荡然。今所陈列者,乃乱后法人所还，尚馀数具为德人徙去矣。眺望片刻，与润田、仲和陪贝子到祁罗弗洋行一游。旋与仲和往东车站送侃叔行，候车发乃回。晚间硕人来谈。

二月初七日(2月26日) 午前二时十五分起，朝服诣国子监，时尚早，就民政部行幕内小憩。彤士旋来，同递职名条，遇蔡理双，同回行帐坐候。五时顷入殿门，众尚未集，上大成殿敬谨瞻迎。五时半行礼，礼毕，天已大明，回寓睡两时许。徐幼松鹤年来谈。

二月初八日(2月27日) 早起。冷水浴。到宪政馆。饭后与伯平同散，遇曹君直于东华门，邀至其寓斋，示所集《义山文》、《楚雨集》序，新颖可喜。三时半到部，五时顷散归。

曾省灵台旧六仪，圣神制作纪康熙。千年浑盖归陶铸，一代玑衡妙运持。北极朝廷终古在，中天日月有时亏。鸿都漆简同零落，向晚登临一涕洟。

二月初九日(2月28日) 早起。冷水浴。林世兄授经、朱苇庄、叶清猗先后来谈。为胡漱堂吏部书撰其尊人紫腴夫妇六十双寿诗：

大源山色隔江青，百里欣瞻处士星。早岁鸿文归丽则，晚年高致极湛冥。公卿问字回华毂，子弟书名在御屏。更喜鹿门偕隐处，白头莱妇德齐馨。

饭后与二伯父、四弟、茂、孝、喜往镇山照相。回寓得肃邸电话，令往会议政务处一谈，即时前往，小彭左丞先在，五时半散归。

二月初十日(3月1日) 早起。冷水浴。刘璞孙钟琳来谈，十一时顷到宪政馆。饭后到部办事，五时半散归。

预记事件：寄第二十三、二十四回《百科全书》价银共十四两。

二月十一日(3月2日) 早起。冷水浴。朱师晦来谈。接父大人正月廿九日自长沙寄书。饭后到部，日来厅区裁减人员，浮言蜂起，御史张世培据情上闻，奉旨交本部核实具奏。邸令拟稿覆陈。五时顷散归。晚饭后拟奏稿一通。

二月十二日(3月3日) 早起。耿伯齐来谈。十时顷，往宪政馆。午后一时顷到部,本日政务处会议,遇肃邸于东华门,约会议散后到署阅奏稿。四时顷,邸驾临,将奏稿呈阅,立饬缮折,定于明日呈递。五时散,与逵臣、仲和同往福全馆晚饭而归。汪穰卿、陆彤士来夜谈,承政厅送明日奏折请阅,校勘无误。

二月十三日(3月4日)　早起。译馆学生孙君百英以毕业来见。十时顷到宪政馆,本部具奏《覆陈核实整顿办法折》,奉旨"知道了"。在馆饭,饭后到部。承政厅拟定考试厅员日期、次第并大略办法,与逵臣同加酌核,送邸堂阅定。五时顷散归。

二月十四日(3月5日)　早起。三时半,往关帝庙陪祀(代裕左丞)。礼毕,天尚未明,回寓略睡,九时顷起。修订法律馆编纂《国籍条例》告成,日内即须奏交宪政馆覆核。仲和属余签注,悉心校阅,拟稍加修改。大风竟日。缪志平度支约聚宝堂饭,本不欲往,以来书有坐客除余外惟逵臣、月庄,务请必到,不敢固却。五时往访月庄,邀与同行。逵臣未到,宾主三人而已。九时顷散归。

二月十五日(3月6日)　早起。刘伯刚、张凤辉先后来谈。十一时顷到宪政馆,闻今日有旨申明实行新政宗旨,戒言事诸臣毋得摭拾浮言,淆乱聪明。召见学部堂官,面谕令将朝廷宗旨宣示朝臣。饭后到部,四时顷散。仲和、伯平、寿生同来手谈。坐定,吴向之来谈,旋去。手谈至十时顷而散。

二月十六日(3月7日)　早起。冷水浴。译馆学生钱文选、吉顺、张培三君以毕业来见。十一时顷,往陆彤士家贺其新婚,未见。旋往第一栈访张凤辉,谈片刻即往耿伯齐家。耿氏外甥以今日薙头,邀亲友小集也。饭后凤辉在邵厚甫家以电话来约手谈,即往。以缺一人不就,遂回城。顺道拜客一家,到彤士家拜见新夫人董氏,彤士设席款待新亲大媒,余陪坐。十时顷散归。

二月十七日(3月8日)　早起,本部定十七、十八、二十、二十一等日考试厅员,今日为第一次。十时顷前往,与逵臣、仲和拟题,呈邸堂点定。十一时顷,点名散卷毕。两侍郎先散。陪邸堂饭,饭后阅卷。耿宅以本日邀各戚党内眷小集，卣、秀同往，余到部后即放车回寓备用。五时顷衙散，步行而归，卣、秀以八时顷回寓。

二月十八日(3月9日)　早起。冷水浴。十时顷到部，与逵臣、仲和拟题，陪邸堂同饭，饭后阅卷，四时顷始毕事。到那中堂宅，吊其太夫人之丧，六时顷回寓。

二月十九日(3月10日)　早起。译学馆学生姚澄、陆绍治、黄寿萱、黄时俊先后以毕业来见。到宪政馆，遇荣中堂，以第四次人才考验在迩，人数过少，敦劝前往补验，余唯唯。饭后到部，同人来者寥寥，旋即散归。

二月二十日(3月11日)　早起。到部与逵臣、仲和拟题。候邸堂点名给卷毕，仍陪共饭。邸话庚子年乱事及西狩情形，令人追慕先帝不置。三时顷佐邸堂阅卷，抵暮而散。

二月廿一日(3月12日)　早起。十时顷诣观德殿，行四满月祭礼。至东安门，遇车马纷纷自西来，知已散，乃到部。与逵臣、仲和拟题，候邸点名给卷毕，仍共饭。饭后阅卷，至七时顷而毕。

二月廿二日(3月13日)　早起。十时顷诣皇极殿，行四满月祭礼。不及事，乃到宪政编查馆。饭后到部，厅丞、佥事等来部覆阅试卷，候邸至，公同拆封填名，凡优等四十九名，王式桢首列，其馀均中等。即夜发表，料理至七时顷事尚未毕。余以今晚与仲和、润田公请伦贝子、宝、沈两侍郎于六国ホテル[1]，未及事毕，先散。比余至，主客均已到齐，畅谈至十一时顷始回。席间伦贝子话庚子西狩轶事，较前日所闻尤悉，听之忘倦。

二月廿三日(3月14日)　早起。译学馆学生霍厚以毕业来见，旋吴鹤霄、朱苇庄及同乡吴君传球先后来谈。十一时顷出门拜客，晤凤永叔、章一山、汪颂年。永叔以丙午随使意大利，去冬回国，日前来京。欲访未值，今日访之，知其携西妇同来。谈次，西妇出见，法兰西

---

① ホテル：饭店。

人,年约二十许,能操英语。自颂年处出,拜客一二处,到仲和家,时已二时许。索面食之,遇刘伯刚、钮铁生永建。四时顷散,诣朗贝勒处,候半时许乃见。五时顷访伯平、润田于丰盛胡同,仲和亦来,手谈至十时顷而回。

二月廿四日(3月15日)　早起。十一时顷译学馆学生王敬礼以毕业来见。曹巽轩以考列优等来谈。签改《国籍条例》。饭后署中有电话,通知邸令诣府白事,乘马到署,与逵臣、尚之同往,谈至五时顷。天大雪,庭中积寸许,易车而归。

二月廿五日(3月16日)　早起。冷水浴。十时顷,乘马踏雪到宪政馆。饭后到部办事,五时顷回寓。提署司员△君、△君以京旗咨议局选举事来商办法。吴止欺新自欧洲归,主润田处,本日仲和约往伊斋夜谈,至十时许而回。

二月廿六日(3月17日)　早起。冷水浴。十时顷乘马到宪政馆,饭后与仲和商改《国籍条例草案》,至六时顷始毕。本日伯平、润田约止欺在丰盛胡同晚饭,邀余共谈。自宪政馆出,与仲和同车而往,十时许散归。

二月廿七日(3月18日)　早起。冷水浴。永年人寿公司经理葛义士携翻译关君来谈,意欲余为之招呼生意也,留章程数册而去。乘马到宪政馆,饭后到部。四时顷易车而回。本日约止欺、伯平、仲和、赉臣、哲子、念慈、润田在寓晚饭。仲和、赉臣、念慈均以事不果来。润田末至,已饭毕,别为面以飨之。天大雪,留止欺宿斋中,馀客至十时许均散。

预记事件:约葛义士午前十时来谈。

二月廿八日(3月19日)　早起。冷水浴。致陆季午书由邮局打还,知已出京。本日补考前次未许试各员。十时顷止欺去,余即到署与尚之拟题,陪三堂点名,到者六十馀人。午后二时顷,陪邸堂阅卷,六时顷事毕,各散。到陆彤士家,留晚饭而回。

预记事件:约陆季午午前十一时谈。

二月廿九日(3月20日) 早起。十时顷到宪政馆阅《国籍条例草案》,见改订处又多为两提调所改,语多不妥,不觉盛怒,形于词色。饭后以庆邸生辰,往投一刺回。至北城一带拜客数家,旋到部。六时顷散归,伯平同来谈。

二月三十日(3月21日) 早起。冷水浴。吴向之、朱苇庄来谈。为二伯父代书屏条一件。本日止欺东行,饭后到松树胡同曹宅访之,丁问槎、钱念慈、胡伯平诸君咸集,同送至东车场。仲和亦来送。候车发,与润田同往仲和家,商改《资政院章》。余意第二章《选举》、第十章《经费》不妥处甚多,必应大加修改,两君亦以为然。即草草签注若干条,属仲和润色之,晚饭后回寓。

闰二月初一日(3月22日) 早起。冷水[浴]。本日民部司员京察过堂,十一时顷到部,候正堂至午后一时许始至。旋偕丞参诸君倍三堂在后厅点名,分别等第。凡一等九人,舒郎中鸿贻、王郎中守恂、陆郎中增炜、熙郎中栋、钟郎中凯、蔡员外郎中燮、全员外郎兴、乔员外郎保衡、尚员外郎秉和。又小京官一等一人书元。五时顷与仲和同到外务部,约润田同诣伦贝子府,候一时许,润田始出,同往,又候良久乃入见。将签注《院章》应改各节详细讨论,贝子多以为可。留晚饭,饭罢又纵论院事,至一时顷始散归。

闰二月初二日(3月23日) 早起。冷水浴。本日以一二品大员京察,有旨分别出留,授乌珍民部左侍郎(由署任实授)、罢右侍郎赵秉钧(原品休致),以仓场侍郎林绍年调补,馀官分别议叙及照旧供职。饭后到部,将签改《资政院章》属方录事丽生代为缮写,诣赵侍郎家慰问,仍回署。胡伯平自馆至,言宁属绅士以咨议局宁属议员额数少于苏属,尚宁属盐厘负担及此次调查选举人数均多于苏属,电请加额,渠拟电驳之,就余商论。余意亦主驳,惟措词之法略加修改,共拟一稿而散。

闰二月初三日(3月24日) 早起。冷水浴。十时顷到宪政馆。本日有旨授俞廉三仓场侍郎,罢李灼华、俾寿、常徽,各回原衙门行走。饭后到资政院会议,俞、俾二公均在,察俾公状似尚不知今日谕旨者。二时半伦贝子至,余将签改《院章》及折稿呈阅,逐条讨论,迄六时顷方毕事,与润田同到仲和家。陆闰生新自奉天来,寓此,留晚饭而回。

闰二月初四日(3月25日) 早起。冷水浴。肃邸电约往谈,正欲出门而林侍郎见访,谈一时许,时已近午。邸电属午后在部相见。饭后到部议薪水及两厅事,邸言闰生在府,邀往共谈,即与邸同车而去。谈次,丁问槎来,七时顷四人同往福全馆晚饭,十时顷散归。

闰二月初五日(3月26日) 早起。冷水浴。到宪政馆。饭后到仓场衙门谒林侍郎,不值。过六条胡同,诣乌侍郎门,投一刺,贺其真除之喜。旋到部,同人已散,略坐而回。

闰二月初六日(3月27日) 早起。宪政馆同人、民部丞参均约本日公祭那相母太夫人。午刻到宪政馆。饭后一时顷,同往金鱼胡同那宅候宝侍郎,至三时许始至。行礼毕,与仲和同车到部会商两厅事宜。五时顷又与小鹏、惺庵、逵臣同往那宅致祭。仲和在德昌买物,余自金鱼胡同往会,买金边眼镜一事,价十一元。同车到祁罗弗洋行,买漆盘一具,价四元五角。六时半到六国饭店,应沈雨人侍郎之招,坐客即上月二十二日同坐诸人,无他客。十一时顷散归。

闰二月初七日(3月28日) 早起。冷水浴。林赞虞侍郎以本日午刻到任。十一时顷前往公见。一时顷散,与仲和同诣赵侍郎家一谈。旋同车到农事试验场,以电话约润田来会,与仲和在场内燕春园饭,饭后散步。四时顷润田携其姬人同来,在咖啡馆憩半时许,缓步出场。与仲和同车到丰盛胡同,同访延逵臣,旋到伯平家晚饭。本日伯平、润田公请闰生。祝砚溪新自欧洲归,亦同坐。十时顷散归。

闰二月初八日(3月29日) 早起。冷水浴。十时顷到宪政馆,世、张、鹿三枢相来馆,咨询本年筹备事宜办法,就中以厘订京师官制一条为最难着手。寻议定,分官制为二种一完全立宪国官制;一暂行官制。完全官制按照逐年筹备清单，于第八年一律实行。暂行官制自本年起次第修改。饭后二时顷到部办事，拟请拨贡院旧址建筑资政院折稿，八时顷与仲和同到六国ホテル，宝瑞臣约也。十一时顷散。

闰二月初九日(3月30日) 早起。冷水浴。陆凤石尚书来谈。饭后以资政院会议到西城访仲和，与同往。将昨拟折稿呈两总裁阅定，并决定钦选各议员额数。修改《院章》字句数处而散。仍到仲和家小憩，六时顷回寓。

闰二月初十日(3月31日) 早起。冷水浴。到宪政编查馆，旋以本部所属两厅各员于本日京察过堂往部。午后一时顷，与厅丞、丞参陪三堂点名过堂，定一等六员，中有三员为裁缺分厅知事，例不能列一等。邸属余往商凤石尚书，设法通融，六时顷散归。伯平同来，作一书致凤老，托伯平携归，代为饬送。

本日卣约陆彤士夫人、胡伯平夫人及其如君、曹润田如君、陆彤士令姊及彤士女宝生并六妹在寓斋饭，余衙散回寓，客方次第散归，留六妹晚饭。

闰二月十一日(4月1日) 早起。冷水浴。监国摄政王以本日△刻在文华殿班见王公百官。△时顷与二伯父同往。届时行礼凌乱无序，不可名状。礼毕，到宪政馆。饭后到部，拟《裁缺分厅知事请仍与两厅实缺各员一体保送一等片稿》。本部经费不敷，岁出超过岁入，至七十馀万。邸疑会计科核算不实，且思所以增加岁入之法，令于明日午后五时会府中筹议，并约厚斋将军溥倜、陆闰生京卿预议，六时顷散。

闰二月十二日(4月2日) 早起。陆闰生将以明日为其尊人征吊于源丰堂，思为联语挽之，苦不得佳。

百里有高贤，愿蓄抠衣，遽见德星沉迥夜；

一经遗令子，交深结绶，已看卿月丽层霄。

饭后书挽联，又楹联两副。四时半诣肃王府，遇逵臣、程咏清大澂及尚之于门。厚斋将军先在坐，仲和、闰生后至，议经费预算事。七时顷邸约赴福全馆晚饭，十时顷散归。

预记事件：换银鼠袍褂。

闰二月十三日(4月3日)　早起。冷水浴。到源丰堂吊陆闰生尊人之丧，为陪客。饭后以资政院会议往赴，伦贝子未到，无所议而散，拜客两家，回寓。

闰二月十四日(4月4日)　早起。冷水浴。出城拜客十馀家。入宣武门，到仲和家饭，饭后回寓。彤士招饮寓斋，六时顷往。携旧著《法言疏证》稿示君直请序。席间君直言胡绥之问文中用"与其"字当通俗何语？又"瓶笙"二字当何对？同坐苦思，卒不得相当之语。十时顷散归。

二伯父言文话"与其"字，吾乡俗话为"有格"字，"有格这样，情愿那亨"犹云与其如此，毋宁若何也。京语"与其"字亦为"有"。

预记事件：寄第二十五回《百科全书》价银七两，换珠皮袍褂。

闰二月十五日(4月5日)　早起到馆。《咨议局章程》各省议员定额以该省原设学额百分之五为准，江西来电言该省员额较学额为少，质问其故，同人议所以答之者。宝侍郎、杨皙子议主强辩，达侍郎主更正，余主允许更正而以局章六十二条定更正之手续。讨论半日，卒不决。饭后到署，草本部逐年筹备事宜清单。肃邸电召诣府，与仲和、尚之同往，会喀喇沁王来，因同往福全馆晚饭。饭罢各散归。

闰二月十六日(4月6日)　早起。冷水浴。补写旬馀日记。饭后到部，闻彤士言，胡劭介农部以今晨去世。京师喉疾盛行，劭介一家传染，连丧子女三人，今复身罹其厄，尚有老母在堂，为之凄恻。汪颂年提学以本日酉刻招饮城外广和居，努力往赴，未终席而还。

闰二月十七日(4月7日)　早起。冷水浴。到宪政馆，与仲和商榷覆吉林巡抚询变通议员名额分配各选举区办法电稿，并在编制局续草本部筹备事宜清单。饭后二时顷到部，堂官已散，将清单稿交录事缮写。四时顷回寓，伯平同来。严子猷姻丈自里来京见访。

闰二月十八日(4月8日)　早起。冷水浴。得八弟书。到宪政馆,饭后到部,将《逐年筹备未尽事宜折(单)》及《筹拟经费豫算事宜说帖》呈堂阅定。六时顷散归。上祖大人函一件。范同士炯泰警官来谈。

闰二月十九日(4月9日)　午后大风。早起。冷水浴。十时顷到宪政馆。饭后到部,便道在德昌洋货店购沙漏、警睡钟各一具。日来喉症盛行,传染甚速,同乡胡劭介竟罹是厄。本日与游星伯员外郎论豫防之法,星伯属购钾(录)[氯](kolas chlorat)一味,化以温水,时时含漱,回寓后即如法办理。

预记事件:换棉袍褂。

闰二月二十日(4月10日)　早起。冷水浴。为肃邸刻印一方,文曰“好贤如缁衣”。本日二伯父约严子猷姻丈、凤永叔在寓斋午饭,饭前并为手谈之局。饭后余到部拟堂谕一件,三时半与仲和同车到资政院公所会议《院章》,改正一二处,又议总裁以下薪水问题,未决而散。与蓉阁同到仲和寓中,留晚饭,并为手谈,十一时顷散归。

自修课程:(好贤如缁衣)

闰二月廿一日(4月11日)　早起。冷水浴。译学旧生徒秦君夏声、徐君鼎元先后来谈,饭后与家人手谈。吴季荃来谈。

闰二月廿二日(4月12日)　早起。冷水浴。十时顷到宪政馆,南皮相国方在,时提调诸君尚无到者,余往周旋,南皮问二伯父起居,将以分科大学格致科监督一席相属云。闻本日有旨,擢内城厅丞荣竹农为内阁学士。饭后到部办事,四时半散归。伯平同来,为伯平致朗贝勒一书,请于贵胄法政学堂管理员、教员中为留一席。与伯平、二伯父、蓉阁手谈。八时顷,李福孙、曹咏归来访。

闰二月廿三日(4月13日)　早起。冷水浴。访曹君直、陆彤士,徐少逵将余所集义山五七言诗检查、笺注,另写一通,寄君直处。有一首之内复用原诗同首中两句者数处,均经少逵签出,自取归改正。闻本日有旨,以仲和为内城巡警厅厅丞。留学生之离议论界而入办事界自此始,为之欣喜。旋仲和有电话来,欲呈请堂官代奏,恳收回成命云。饭后到部,仲和来,坚欲辞职,予颇劝其不必,为代拟谢恩折稿一件。寻与仲和同诣肃府,值邸出,因同往荣竹农处贺喜,少憩即回。至民部代阅谢恩折稿,知已缮发,便回寓。

闰二月廿四日(4月14日) 早起。冷水浴。到宪政馆,仲和谢恩召见事毕,来馆将召对情形约略述告。饭后到部办事,密陈肃邸,请以伯平继仲和之任,邸颇属意于伯刚。余谓参事有拟订法规之责,自以法律学者为宜,邸亦首肯。四时顷到资政院会议,将员额问题一律决定,并将总裁以下各员月薪数目发表。六时顷散,到仲和家小坐,旋与润田同车到丰盛胡同手谈,晚饭后即回。

闰二月廿五日(4月15日) 早起。冷水浴。到宪政编查馆,拟覆黑龙江、广西各抚电询咨议局议员选举事宜请交通办理电稿。闻宝侍郎言,学部本日具奏遴员派充分科大学监督,内有二伯父名,得旨俞允。饭后到部办事,五时顷散归。

闰二月廿六日(4月16日) 早起。冷水浴。由学部审定科取回自校《本朝史讲义》一册。饭后细加覆校,改定数处,竟日未出。

闰二月廿七日(4月17日) 早起。冷水浴。到宪政馆,饭后到部办事,旋回寓。

闰二月廿八日(4月18日) 早起。冷水浴。本日江苏同乡京官公祭省馆先贤祠。十时顷出城,拜客数家,十一时顷到省馆,十二时行礼,余读祝。饭后回城,便道访严子猷姻丈,不遇而归。王胜之年丈同愈自里来京见顾,谈乡里事甚欢。本日二伯父奏恳辞分科大学监督一折,奉旨"所请着毋庸置议,钦此"。

闰二月廿九日(4月19日) 早起。冷水浴。九时顷到宪政馆。世、张两枢相来馆,略谈本年豫备事宜,又传述摄政王谕"三月十二日德宗景皇帝梓宫奉移，所有各衙门恭送人员行礼处所，应由民政部妥为布置，毋令杂乱”云云。余与仲和同在座，拟到署后商办。张相先散，世相留饭。饭后又谈馆事，半时许始散。余到部办事，邸堂未到，回寓后以电话询仲和，知已见邸堂，将顷间枢府传谕面道矣。

三月初一日(4月20日) 早起。冷水浴。二伯父递谢恩折。邹子东侍郎来贺，伯父尚未回，由余延谈半时许。拜客数处，均未见，回寓饭。饭后到部，闻王少侯员外郎言琉璃厂翰文斋新到某氏收藏古书数十种求售，已为好古家瓜分殆尽，内有嘉靖本《扬子法言》，尚无买主。余心动，约少侯、伯平、寿生同往一观。所云《法言》，乃赵大纲注，向未之见，价十六金。余即属其为余留之，他日往取。旋同往宾宴楼茶话，八时顷回寓。

三月初二日(4月21日) 早起。冷水浴。到宪政馆。饭后到部办事，朗贝勒电询“梓宫奉移恭送人员行礼处所布置事宜，是否由民政部办理，如已办有头绪，即知照提署”云云。余就电话内略将现拟办法答复，尚恐不甚了了，于散署后又诣府面陈一切，遇陆闰生于座。八时顷散，与闰生同到伯平家晚饭。饭后又同访仲和，谈至十一时顷而回。

三月初三日(4月22日) 早起。冷水浴。督饬裱褙匠裱糊书室。定王府有电话通知，朗贝勒遇肃邸，属转谕办一片行礼部，查询十二日恭送梓宫各衙门官员应在何处行礼，人数有无限制，并拟令各官携带门照，由本部合同提署稽查云云。即作一书致王少侯员外郎念曾，托其速办。午后一时顷，与蓉阁陪外姑往游农事试验场，黄龙、喜生、秀英随行，在卍字楼、咖啡馆小憩各半时许，入畅春楼一游，六时半回城，与黄龙、秀英绕道到胡伯平家，一坐而回。

三月初四日(4月23日) 早起。冷水浴。清理书籍。王君九来谈，饭后伯平来谈。整理书室，至夜间十时顷始毕事。本日得修订法律馆知会，派余代仲和充第二科总纂。

三月初五日(4月24日) 早起。冷水浴。访汪伯棠侍郎不值，到宪政馆。饭后到部办事,定堂、司各官津贴,尚、侍、丞、参按原奏数目支给六成,参事以下支给五成,其科员及录事津贴各分为一二三等,一等五成,二等四成,三等三成。两厅则厅丞六成,佥事五成,科长、区长以下办法与本部科员同。本日日本伏见宫以恭送梓宫抵京,馆诸新造外务部衙门。六时顷回寓,伯平同来,旋同诣陆闰生家晚饭。

三月初六日(4月25日) 早起。冷水浴。十时顷游星伯员外郎敬森来诊卣及喜生咳嗽疾。马仰禹汝贤、费仲深、龟井陆良先后来谈。留仲深饭,饭后毓叔彭员外郎年来谈,客散后到庆王府,以振贝子生辰投一刺称祝。旋往胡伯平寓一谈,昨彤士言曹君直兄弟因徐少逵编修兆玮新自南来,将以今晚饮之醉琼林,邀余往陪。自伯平处出,即赴醉琼林,觅主人不得,余疑误记地方,复到荟芳园、同丰堂一访,亦不值,索然而回。

三月初七日(4月26日) 早起。冷水浴。到宪政馆,为时尚早,惟达侍郎以藩部值日奏事。黄次如御史以递对奏,退朝在馆。饭后与仲和同散,遇伯平方入东华门,属其折回,与同车到部,五时顷散归。本日遇彤士,知曹氏兄弟招饮醉琼林,实以今日午后七时,余误记为昨日耳。七时顷赴醉琼林,遇孙师郑吏部雄于坐上,剧谈甚快。十时顷回寓。

三月初八日(4月27日) 早起。冷水浴。到法律馆见沈、俞两大臣及提调诸君,到第二科视事。第二科现编《民事诉讼律草案》,甫成一半云。饭后到部办事,邸堂以接待外宾瞻仰梓宫奉移事,令赴外务部与润田接洽,并见周参议自齐、邹侍郎,谈半时许散归。

三月初九日(4月28日) 早起。冷水浴。到宪政馆,本馆奏设考核专科,闻各枢拟以劳玉初京卿为总办,余及恩咏春员外为帮办,行将奏派云。午后四时顷到部,旋散归。

三月初十日(4月29日) 早起。冷水浴。到宪政馆。饭后访吴尚之不遇,到部办事。三时半回寓,赵渭舫、胡伯平先后来谈,傍晚与伯平同访陆闰生，留晚饭而回。

三月十一日(4月30日) 早起。冷水浴。前闻日本伏见宫贞爱亲王等一行将以本日瞻仰颐和园，因托外部友人拟届时乘便同往瞻仰。本日午前九时顷，雇马车前往，顺道拜客一处。十时顷出西直门，遇伏见宫等一行于途，先至外务部公所小憩，旋入园门，周历各处，邃宇杰阁，山色湖光，实为尘寰胜境，并得在湖中乘坐小蒸汽船，尤为罕觏。一时顷到外部公所饭，饭后伏见宫往附近参观新练陆军第一镇操演，随同前往，由凤禹门山统制接待，步(代)[伐]整齐，动作敏活，尚为可观。操毕，余先回，行至地安门，伏见宫等一行踵至，因顺往新外务部衙门一游，五时顷回寓，伯平同来一谈。

三月十二日(5月1日) 早起。冷水浴。本日德宗景皇帝梓宫奉移山陵，余于九时顷诣观德殿外。候一时许，梓宫启行，步送出地安门折回，与仲和同车由间道到西四牌楼一带巡察一周，复同车由间道出阜成门。余往圆广寺小憩，一时许乌侍郎亦至，三时顷随梓宫前行，车马塞道，良久乃通。七时顷抵彰义村，候梓宫奉安芦殿，行礼毕，在村民石明河家止宿，夜与侍郎纳凉庭中，略论立宪政治之要义。

预记事件：寄第二十二回《百科全书》价银七两。

三月十三日(5月2日) 早四时顷起，诣芦殿，行礼毕。五时半乘马先行，行六十馀里易车，复行二十里，以十二时顷抵房山县之韩村河，止村民杨泽家。二时顷乌侍郎始至，梓宫以三时顷安抵，与侍郎同往芦殿候，奉安毕行礼，礼毕复回杨宅，薄暮出门散步，至外务部行幕内，入访紫东侍郎、揖清右丞，谈一时许回寓。夜与侍郎纳凉庭中，招居停杨氏子问话，略访近村风俗民情及巡警、教育、户口等事，此人言之颇悉，在村民中自是明白事理者。

三月十四日(5月3日) 早三时顷起，黎明诣芦殿，候行礼毕，五时半与仲鲁理卿乘马先行，行六十五里，抵涞水县之魏村，甫九时三十分止，下车亭高士远家，距魏村可二里馀。十一时顷乌侍郎至，梓宫以一时顷安抵，与侍郎同往芦殿候，奉安行礼毕归。归途经伦贝子行幕,入谒,贝子甫归,以汽水、麦酒相饷,暑气一清。谈一时许,回高宅。连日乘马,倦不可支,饭后即睡。比醒已暮,起坐片刻,便解衣就寝。

三月十五日(5月4日) 早三时顷起。黎明诣芦殿,候行礼毕,五时半仍与仲老乘马同行,行四十馀里,至易州城外,下马在茶棚内小憩半时许,复上马行二十里,至梁格庄,止昌陵总管房。甫坐定,天大风,时十时二十分左右也。少顷,乌侍郎至,天遽雨,余与侍郎方饭,闻梓宫至,侍郎匆匆冒雨先行。余饭毕,乘侍郎车诣行宫,雨渐已,止宫门外,遥睹梓宫安设殿中,皇太后素服举哀毕,余辈随行礼。礼毕,觅车不得,步行而回。雨后气候渐凉,原野如洗,心目爽快。六时顷,与侍郎散步,至行宫旁永福寺访延逵臣(逵臣以陵工监督先期汽车来此),谈一时许而出,在寺门遇金巩伯,徘徊片刻即回。

三月十六日(5月5日) 早起。六时诣行宫,随同行飨奠礼。礼毕,与刘仲老同往永福寺(寺成于乾隆己酉,有纯庙御书碑)小憩,旋与仲老及金巩伯乘马同诣金龙峪,瞻仰毕,回永福寺,同人有拟瞻仰世宗宪皇帝泰陵者,余欣然愿俱,由李佑山右丞经楚觅人向导。饭后闻佑山言,熙俊甫侍郎、祝紫笙参议均停车寺门外,拟同往,促余速行。佑山乘车先行,余乘马随熙、祝二君车,行半里许,觉途径不合,纵马出车前询之,乃知二君往金龙峪,非往泰陵也。怅然回马,归寓稍憩,邀书纪年为向导,志雨民贤、魁晋卿莹二君愿同游,四人联骑往,入陵门遇佑山等一行。徘徊松下,周览内外,日暮回寓。

三月十七日(5月6日) 早起。邮传部原定恭送梓宫大臣于本日十二时二分汽车回京,晨间闻本日八时三十分车甚空闲,可附,因即收拾行李,与乌侍郎同往,上车果不拥挤。已而子东、挹清、佑山诸公先后同来,午后一时顷抵前门,雇人力车回寓。饭后胡伯平、吕寿生、书纪年来谈。

本日立夏,循例权体重,余得九十六斤,卣一百〇二斤。

三月十八日(5月7日) 早起。冷水浴。六时半进内请安,在景运门外朝房小憩，尚无到者，以为时尚早，退至宪政馆，寻仲老偕乔左丞、徐国子丞同来，以昨日奉旨加级，与仲老等同往会议政务处访陈瑶圃侍郎，商酌谢恩折应否联衔，旋议定各自分递。仍回到宪政馆，已而牌子下，无召见。在宪政馆饭，饭后到部办事。五时顷散，与伯平同往黄绶胡同访闰生，已而胡雪生至，因共手谈，留晚饭。丁问槎亦来，至十时顷而散。

三月十九日(5月8日) 早起。进内谢恩，在宪政馆候旨，未蒙召见。旋出城，访王胜之年丈同愈及钱幹臣参赞，均不值。谒沈子敦侍郎，谈片刻，入宣武门，到仲和家，仲和尚未出，留午饭。饭后到部，五时顷散归，夜间与家人手谈，章曼仙来，夜话至十一时顷而去。

三月二十日(5月9日) 早起。邸有电话通知，属转约陆闰生陪钱幹臣于今日往见，即以电话通知钱、陆，饭后乘马到船板胡同，二君踵至，入谈一时许辞出，二君同到余寓一谈，幹臣以有事先散。留闰生晚饭，纵论时局，相对嗟叹。

三月廿一日(5月10日) 早起。冷水浴。九时顷到宪政编查馆，与达稺甫、杨皙子、胡伯平讨论本年厘订官制事宜。饭后到部，核议内厅申拟《违警案内抗传人犯及损坏官私物品办法》，呈堂阅定，又与两丞商拟刘伯刚补缺事，六时顷散归。

三月廿二日(5月11日) 早起。冷水浴。八时顷乘马到修订法律馆，阅《民事诉讼法草案》原文(日本文)，午刻到仲和家饭，饭后到部，四时顷散归。陆彤士、胡伯平、吕寿生来谈。

三月廿三日(5月12日) 早起。冷水浴。访杨皙子、季子。到宪政馆。舒宾如招饮政治官报局，午刻由馆与皙子同往，三时顷席散，到部办事。陈庚年、熙辅臣、胡伯平三君招饮庚年寓斋，本约午刻，五时顷往，坐客已散，与主人略一周旋而回。

三月廿四日(5月13日) 早起。冷水浴。天雨，潘经士太守盛年来谈，留之饭。饭后雨止，到部。乔亦香、凌瀛洲约申刻饭东兴楼。四时顷衙散，拜客两处(许叔伊晤，曾履初未遇)，旋赴乔、凌两君之约,六时半饭罢回寓。

三月廿五日(5月14日) 早起。冷水浴。八时顷乘马到法律馆,修改《民事诉讼律草案》七页。午刻到仲和家饭。饭后到部办事,拟堂谕一道、片稿一件。五时半到德昌饭店,本日与仲和同作主人,请孙慕韩、汪伯棠、钱榦臣、王丹揆、王胜之、彭子嘉、施植之、陶杏南、吴绶卿、陆闰生、胡雪生、良赉臣、曹润田、舒宾如诸君也。仲和旋亦到,胜之、丹揆、子嘉、植之、宾如辞,十时顷席散回寓。

三月廿六日(5月15日) 早起。九时顷谒那中堂,伦贝子先在座,已而世中堂至,余即辞出,到宪政馆。饭后到民政部。五时顷,天雨,到肃王府,邸出酌拟《筹办海军入手事宜奏稿》见示,令加润色。即就坐上与丁问槎、良赉臣两君商酌修改,七时顷毕事。邸约往福全馆晚饭,时喀喇沁王在座,因与二王同车而去,九时顷饭罢回寓。

三月廿七日(5月16日) 早起。冷水浴。本日四、五、六品京堂京察引见。六时半进内,遇曹润田于东华门,同诣北上房静候,旋入景运门内朝房小憩。八时顷,诣养心殿,引见毕退出,与润田同到宪政馆一坐,旋即回寓。本日奉旨以润田补外务部右参议,又三品以下京堂各官,均着照旧供职。饭后得胡伯平电话,云与伯初兄弟将往游农事试验场。余于二时顷乘马往会,三时到场,遇三君于咖啡馆,已而润田亦至,憩两时许,又在园内散步。六时顷乘马到丰盛胡同小坐。七时半回东城,到凤永叔寓晚饭,坐客惟二伯父、蓉阁、四弟及余,更无他客。饭罢已十时,稍坐即回寓。

三月廿八日(5月17日) 早起。冷水浴。到宪政馆,饭后到部。

三月廿九日(5月18日) 早起。冷水浴。以照旧供职进内谢恩,在宪政编查馆小憩,旋到修订法律馆修改《民诉律草案》正文。饭后到部,四时顷回寓。发表更换车夫事。

四月初一日(5月19日) 早起。冷水浴。得大兄自天津电话,云今日午前八时半汽车进京，属遣车往车场相迓。十一时半，余亲往迎候，大兄已下车，即同载回寓。饭后二时顷以肃邸召往府，仲和、逵臣、祥周三君先在坐，谈车捐事件，四时顷散。到署，同人已散，六时顷回寓。

四月初二日(5月20日)　早起。冷水浴。肃邸以电话约未刻在宪政馆一谈。午刻到馆，饭后二时顷，邸驾至，谈车捐事件，属转达仲和。本日刘仲鲁五十生辰，往祝，主人已他往，在听事一坐而出。到仲和处，仲和尊人以今日由里回京，谈良久。以黄次如约赴湖广会馆，未终席而返。

四月初三日(5月21日)　早起。冷水浴。到法律馆修改《民诉律草案》正文。午刻到仲和家饭。饭后与仲和同车到署，四时顷散，到宪政馆，与杨皙子讨论外省官制改正事。六时顷散，访陆闰生，留晚饭而回。

本日宪政馆大臣奏派余充考核专科帮办，奉旨"依议，钦此"。

四月初四日(5月22日)　早起。冷水浴。午前拜客数家，均不值。回寓饭。饭后到部，四时顷散归，伯平同来。

四月初五日(5月23日)　早起。冷水浴。七时半赴车场迎候徐尚书，知当以九时四十分到。候谒毕，闻朱桂辛同来，止陆闰生家，即往黄绶胡同访之，留饭。饭后回寓，写讣闻签数十件。岳凤五嗣彝来谈。

四月初六日(5月24日)　大风。早起。冷水浴。张菊生前以书来索余所编《本朝史讲义》，欲以五百金得是书版权，余答书允诺。今日将讲义目录写定，并自为题词一首，缀诸卷端。肃邸以电话召往，饭后到府，邸以此次考试列中等、未经留厅之各实缺警官联名递一禀，请予矜恤，令余拟一堂谕慰之，须剀切动人。谈次，适朱桂辛来见。三时顷辞出，到部与伯平商拟堂谕一道。王少侯拟奏明《考试警官分别去留先后办法折(单)》，余为改定数处，抵暮始散。

四月初七日(5月25日)　早起。八时顷乘马到法律馆修改《民诉律》正文。饭后到部,修正昨日折稿,与王少侯共商至六时半,始毕事回寓。

四月初八日(5月26日) 午后小雨。早起。冷水浴。十时顷贺程雪楼中丞摄奉抚,不值。谒徐菊人尚书,亦不值。遂到彤士寓,谈片刻,到宪政馆。三时半到琉璃厂商务印书馆,将《本朝史讲义》清本交孙君壮转寄菊生。孙君述菊生意,赠余该馆新出版之《大清光绪新法令》一部,孙君又赠余《城镇乡地方自治章程要义》一部。旋往邑馆访王胜之年丈,谈片刻而回。六时顷访李福孙,将本年人寿保险费三百六十六两五钱(合京平足三百七十二两),托其转交。

四月初九日(5月27日) 早起。冷水浴。张劭希约午前八时饮万福居,十一时顷散,到宪政馆。二时顷到部,将折稿携赴内厅示仲和,旋与同诣肃府,值邸驾出,乃回。往访乌侍郎,谈良久而散。

四月初十日(5月28日) 早起。冷水浴。到修订法律馆修改《民诉律草案》。午刻到仲和家饭,遇汪颂年提学。饭后诣定王府,与月华贝勒一谈。三时顷诣肃府白事,朱师晦及仲和、尚之陆续至,六时顷辞出,甚饥,约仲和到东安饭店饭,并约闰生,九时顷散归。

四月十一日(5月29日) 早起。冷水浴。为张劭希书屏一幅,饭后到部办事,酷暑几如盛夏。六时顷出城,拜客数家,到迎薰楼晚饭,汪晓村振声约也。饭罢到裕源一坐而回。

收信:白振民。

四月十二日(5月30日) 昨夜雨。早起。竟日未出,与家人手谈。

亲朋问候:寄李紫璈师奠敬叁拾金、王慎贤封翁奠敬一乙。

四月十三日(5月31日) 早起。冷水浴。饭后到部,三时顷到宪政馆。六时顷散,赴醉琼林,应富意城、嵇涤生、王鲁璠、高子来之招,九时半饭罢回寓。

收信:吴止欺自东京、饶咏卿自成都。

四月十四日(6月1日) 早起。冷水浴。访劳玉初。到修订法律馆，饭后到部办事。与侗将军、延逵臣商请核减消防队习艺所添设警官额缺，坚执不允，只得听之。五时顷回寓，得玉初书，附来父大人赐电一通，属向外务部密询铜官山矿案交涉应付情形，当即往外部晤邹紫东侍郎及丞参诸君，询悉大概，回寓拟覆电，仍送玉老处，请译发。刘仲鲁理卿来谈。

收信：劳玉初附南京电、曹润田、恩咏春。

覆信：劳玉初附覆南京电。

四月十五日(6月2日) 早起。饭后到部。本日具奏《裁缺警官改用办法》及消防队习艺所另设警官额缺，又请以刘道仁补民治司郎中，各折片均奉旨"依议"。三时半到宪政馆，与伯平商覆农工商部咨一件。六时顷回寓。

预记事件：送卞诒臣奠分。

收信：陆闰生、胡绥之、刘伯刚、霈厚、筱庵。

发信：刘伯刚、霈厚、胡绥之、吴止欺。

四月十六日(6月3日) 早起。冷水浴。九时顷到地方检察厅访张云抟，谈片刻而回。饭后到部，四时顷到宪政馆，与哲子论考核专科事，颇有争执之语。旋与哲子同车往访闰生，留晚饭，畅谈至十一时顷而回。

预记事件：寄第二十七回《百科全书》价银七两。

收信：秦闻诗、姚明德送书数册。

发信：饶咏卿、黄慎之、陆季午。

四月十七日(6月4日) 早起。冷水浴。乘马到丰盛胡同访伯平，旋到修订法律馆。饭后到部，五时顷散归。

收信：四叔父。

发信：蒋梅笙。

四月十八日(6月5日) 阴。早起。冷水浴。拜客十馀处。十二时顷回寓，遇曾敬贻于门，邀入，谈半时许。饭后到部，四时顷散。诣肃王府，六时顷回寓。

四月十九日(6月6日) 今日为先伯父在源丰堂开吊。早四时顷起。冷水浴。六时顷到源丰堂,周旋竟日,吊者二百六十馀人,九时顷晚饭后回寓。

收信:秦闻诗。

四月二十日(6月7日) 早起。本日民部始改早衙,九时顷到部,十二时顷散,回寓饭。昨拜跪频繁,微觉困倦,饭后熟寝四小时之久,精神顿爽。译馆毕业学生朱君是、张君钟霖、蔡君潞来谈。

四月廿一日(6月8日) 早起。冷水浴。到法律馆修改《民诉律》正文。饭后到宪政馆,四时顷与伯平、长卿、砺卿、念慈、月庄同到第一楼茗谈,旋往韩家潭新设弹子房一游,遇吴刚甫、吴石臣,与共为掷弹之戏。七时顷散,月庄约往醉琼林饭,十时顷席散回寓。

四月廿二日(6月9日) 早起。冷水浴。饭后代大兄在崇文门内拜客十馀处,到王吏部庆珍家吊其母夫人之丧,四时顷回寓。

收信:蒋梅笙、矢野仁一。

发信:矢野仁一还 Eite《香港史》一本、胡绥之。

四月廿三日(6月10日) 早晴,午后雨。早起。冷水浴。到部,十时半回寓。饭后拜客数处,遇暴雨,即到西斜街资政院公所,时俞侍郎已先在,诸人以次毕至。六时顷会议散,到仲和家小憩。伦贝子约六国饭店晚饭,座有那锡侯阁学晋、冯孔怀两君,十时顷散归。

收信:秦闻诗、岳凤五。

四月廿四日(6月11日) 晴。早起。到部。十一时顷到修订法律馆改《民诉律》。饭后二时顷到宪政馆,五时顷散归。

发信:秦闻诗、沈雨人、岳凤五。

四月廿五日(6月12日) 阴雨。早起。冷水浴。十时顷到部,一时顷散归,伯平同来。礼部奏恭备德宗景皇帝升祔大典,有旨令阁部院会议具奏,礼部议德宗宜与穆宗同居昭位,穆宗列左第五室,德宗宜列左第六室,而虚右第五室。予意兄弟同昭同穆,实为无可置议,惟穆宗列左第五室,而德宗列左第六室,则正如马贵与所讥"世次不紊而弟据孙庙者”也。议请析左第五室为二，恭奉穆宗居左，德宗居右，庶与古人昭穆同庙之旨相符，肃邸意亦相同。回寓后检查书籍，考证旧闻，颇喜所论之不谬。三时顷与伯平到宪政馆，六时顷散。章一山同年约嵩阳别业晚饭，九时顷散归。

四月廿六日(6月13日) 早起。冷水浴。大雨。刘仲鲁理卿约十时游积水潭，饮高庙。午刻雨止，乘马访君直，索还《法言疏证》一部，并晤彤士。旋往高庙，流连至四时顷始散。与金巩伯、章伯初往登庙后高邱一览。邱上有祠曰“汇通”，祠前有水，居人多坐石上钓鱼，风景良亦不恶。少选，乘马到西花厅胡同应岳凤五招饮，未终席而回。

来信(廿五):陆季午自天津、秦闻诗。

四月廿七日(6月14日) 早起。冷水浴。十时顷到部，午刻回寓。

收信:吴向之。

发信:秦闻诗、吴向之。

四月廿八日(6月15日) 早起。冷水浴。九时顷到部，以有事未及往法律馆，由电话通知子健。午刻回寓。饭后草《升祔大礼议》，未成。严子猷姻丈约福兴居晚饭，遇陆晋笙姻丈于座，询知到京甫半日也。九时顷席散回寓。

收信:马仰禹、袁伯葵。

发信:陆彤士、袁伯葵、陆季午。

四月廿九日(6月16日) 早起。冷水浴。草《升祔大礼议》，午后二时顷始脱稿。三时到宪政馆，六时顷散。访吴向之，谈一时许而回。明日大兄回南，今晚略备肴馔为饯行。

收信:父大人。

四月三十日(6月17日) 早起。冷水浴。七时半送大兄到东车场，八时三十分车发乃回。到部将《大礼议》呈堂，邸极赞赏，林侍郎亦甚以为然。十二时顷散归。傍晚沈硕人来谈，拟资政院片稿一件。

收信:张菊生、秦闻诗。

发信:张菊生。

五月初一日(6月18日) 早起。冷水浴。九时顷往法律馆。饭后在西单牌楼左近拜客两处。以资政院定申刻会议,到仲和寓小憩。伯初、仲和均不在家,见其尊人,坐候两时许。到院将片稿呈总裁,阅定、对读《院章》及折稿共三件。伦贝子将于明日携至会议政府处送各枢画奏。七时顷散归。

五月初二日(6月19日) 早起。冷水浴。赵渭舫、陆闰生来谈。饭时伯平来谈,留饭。饭罢与同诣闰生许,约共游农事试验场,余策马随二君车,行到卍字楼茗话,余觉腹痛,起如厕,已而仍不适,遂附闰生马车回,到闰生家坐谈,抵暮回寓。

五月初三日(6月20日) 早起。冷水浴。到部会议清理本部财政编造豫算、谘送度支部事,午刻散归。章仲和、丁问槎同来,留饭。饭后电邀陆闰生来谈。天雷电,微有雨。客散,与家人手谈。

收信:酉生、叶清猗。

五月初四日(6月21日) 早起。午刻与润田、仲和公请杨星垣、祝紫笙、诚钰如、邵厚甫、周子廙、继旭生、程书畬、张凤辉、王荃士于六国ホテル。杨、诚、程、张四君辞。饭罢,余到宪政馆,六时顷散归。

五月初五日(6月22日) 本日大祀,地于方泽,予当陪祀。午前二时顷起,三时半抵地坛,在行幕内小憩。五时行礼,六时事毕,更衣策骑而归,补睡至十二时。饭后与家人手谈。吴向之来谈。天大雨,庭有积水,纵雏鸭四五游泳其中,叹物理之妙。

收信:程雪楼中丞。

五月初六日(6月23日) 早起。冷水浴。到修订法律馆。十二时到东车场送振贝子行,不及而返。饭后与家人手谈。天雨,顷刻而至。

收信:孙子涵、陆季午。

五月初七日(6月24日) 早起。冷水浴。九时顷到部,将《京师地方自治章程草案》呈堂,午刻散归。伯平同来,饭后同往宪政馆。于晦若有疏攻击《咨议局章程》,词甚峻厉,奉旨“交馆妥议具奏”,酉刻散归。陆闰生来谈,留晚饭。

五月初八日(6月25日) 早起。冷水浴。九时顷到部,午刻会议清理财政事宜,议决。编造出入豫算清册,咨送度支部办理,未刻散归。饭后曹君直来谈。

收信:钱硕人借《水经注图》。

发信:程中丞。

五月初九日(6月26日) 早起。冷水浴。赵渭舫来谈。九时顷到部,十二时顷回寓。饭后到宪政馆,拟覆湘抚询咨议局选举疑义电稿一件。六时顷到肃王府,邸约晚餐也。坐客为徐菊人尚书、土尔扈特王、喀喇沁王、汪伯棠侍郎、孙慕韩京卿、朗贝勒、侗将军、陆闰生京卿、丁问槎、良赉臣两司长、刘伯刚郎中及余,十时顷回寓。

收信:秦闻诗。

五月初十日(6月27日) 早起。冷水浴。雨,竟日未出,饭后与家人手谈,至夜十二时始已。

发信:秦闻诗。

五月十一日(6月28日) 八时起。冷水浴。到部,闻直隶总督杨莲甫制军以昨日午前七时薨逝。本日有诏以端陶斋调直隶,暂以那相署理,以张安圃调两江,以袁海观署两广,以孙慕韩署山东巡抚。午刻回寓饭,饭后到宪政馆,六时顷散归。

五月十二日(6月29日) 早起。冷水浴。九时顷乘马到修订法律馆,改订《民诉律草案》,未刻回寓饭。仲和、润田约七时饭德昌,商酌购置化石桥房屋作为同学会馆,价一万七千。暂向正金借用,于一年内还清。约定同学十五人,共负此债,该屋所有权即属十五人。坐客陆闰生、哈云裳、良赉臣、章伯初、夏爽夫皆赞成,余亦允诺。饭罢回寓。

五月十三日(6月30日) 早起。九时顷到部。那相赴津,十二时顷往东车场送行,午后一时车发,回寓饭。喀喇沁王约于午后七时饭会贤堂,到闰生处与同车而往。坐客有土尔扈特王、肃邸、伯棠、赉臣、问槎。九时顷散,附闰生车送回。

收信:酉生、四妹。

发信:四妹。

五月十四日(7月1日) 早起。冷水浴。九时顷到部。回寓饭,饭后到宪政馆。江督电询馆定《各省调查局章程》"掌调查督抚权限内之单行法及行政规章"一语应如何解释,当经电复,以法律与命令之区别解释单行法及行政规章之异同。旋又准咨询"以旧制言之,何者为法,何者为令,请比附示遵"。本日与仲和、伯平、绶金、子东诸君拟一覆文,议论数刻,属稿未成而散。与仲和同车到黄绶胡同,应闰生招饮,十时顷散归。

收信:江晋侯、傅润沅。

发信:江第二十八回《百科全书》价银。

五月十五日(7月2日) 早起。冷水浴。到法律馆拟订《禁烟条例草案》。法律学堂暑假放学,照例置酒宴教习办事员。绶金邀余往预,席散回寓。

五月十六日(7月3日) 早起。冷水浴。饭后拟往宪政馆,中途遇雨,遂不往,改赴内城总厅,邀仲和同往肃府,在总厅勾留一时许,诣肃府,时邸以晚奠(孝钦显皇后几筵前)进内,候一时许乃归,入谈至暮而散。集义山成五言二十四韵,题曰《拟意》。

收信:王侃叔。

五月十七日(7月4日) 早起。冷水浴。大雨如注,庭有积水,亘数小时之久。肃邸原约今日午后三时游农事试验场,以雨阻,电辞未往。与家人手谈。

发信:王侃叔。

五月十八日(7月5日) 早起。冷水浴。章一山、黄次如约午刻饭德昌。十一时顷往访君直、彤士皆不值。到德昌，主人尚未来。因往访孙慕韩，亦不遇。回至德昌，遇一山于门，入候片刻，坐客徐菊人、孙慕韩、汪伯棠先后至，次如到已在慕韩后。三时顷饭罢到部，与逵臣及会计科诸君同往肃府会商豫算事件。抵暮散归。

五月十九日(7月6日) 早起。冷水浴。九时顷到法律馆。午刻到松树胡同访润田，同往新购会馆内一览，在曹宅饭。饭后到宪政馆拟覆粤督电一件，又覆外务部及江督咨文一件，六时顷回寓。

收信：八弟、民治司。

发信：民治司。

五月二十日(7月7日) 早起。冷水浴。八时顷秦闻诗来谈。到总布胡同访龟井陆良，谈片刻。到部办事，十二时三十分散归。饭后覆四叔父及八弟书各一件。到宪政馆，七时顷散归。

亲朋问候：约午前访龟井陆良。

收信：四叔父。

发信：四叔父、八弟、润田。

五月廿一日(7月8日) 早起。冷水浴。《朱门》四首集义山：

白夹经年卷，朱门此夜过。犹馀遗意在，不奈寸肠何。感激淮山馆，喧传郢市歌。关山已摇落，身世醉时多。

高阁客竟去，寒云路几层。英灵殊未已，风物正相仍。政已标三尚，言皆在中兴。鸾皇期一举，何不向雕陵。

猿别方长啸，鸿轩不可攀。刘桢元抱病，谢傅已登山。橐钥言方喻，关河梦几还。故园烟草色，归去有帘间。

北斗兼春远，西溪许日曛。可怜漳浦卧，方信阮家贫。自苦诚先檗，防虞要徙薪。京华他夜梦，远远隔芳尘。①

五月廿二日(7月9日) 早起。冷水浴。乘马到修订法律馆办

---

① 因本页篇幅不够，后两首原抄于五月廿二日下，今移至本日下。

事。饭后附润田马车,同到丰盛胡同小憩。润田到外务部,仍附载而归。

五月廿三日(7月10日) 早起。冷水浴。到大鹁鸽市访朱桂莘,旋到部办事。拟奏稿一件(《拟订巡视各省民政章程缮单呈览由》),十二时顷散归。二时半往资政院公所会议,《院章》本已定稿,近因于晦若侍郎折力陈《咨议局章程》之流弊,政府欲于《资政院章程》补救之,因议修改《院章》。本日议定修改数处,俟会商枢廷后再决。六时半散往福兴居,本日与仲和请同乡诸公新来京者于此。十时顷席散回寓。

五月廿四日(7月11日) 早起。冷水浴。本日与逵臣、润田、仲和、伯平公请肃邸、月华贝勒、喀剌沁王、侗将军、徐菊老、钱斡臣、陆闰生于农事试验场。十时顷到闰生家,与同车而往,主客陆续均到,在荟芳轩饭。游览竟日,六时顷回城,到仲和家小憩,知伦贝子有电话招饮,与仲和同往,遇贝子使者于途,改以明日午后一时云。仲和自回,余仍附闰生车回东城,在闰生家晚饭而归。

收信:徐尚之、又。

发信:徐、又。

五月廿五日(7月12日) 早起。林沅叔运判来谈。到部办事,知本日具奏各件均奉旨"依议"。十二时半到伦贝子府,仲和、润田先后至,商酌《资政院章程》。饭罢已三时,又谈三十分许,与仲、润二君同往宪政馆,七时顷散归。蓉阁设席寓斋请星季、君度、二伯父及余兄弟,龙儿同坐,九时顷散。

收信:曹君直。

五月廿六日(7月13日) 早起。冷水浴。到部办事。十一时顷赴法律馆,比至,同人已将次散尽,小憩一时许,赴宪政馆,由长安门步行而往。四时半散,到陆闰生家谈两时许,回寓。

收信:秦闻诗。

五月廿七日(7月14日) 早起。冷水浴。到部办事。李庆阶约午刻饭六国ホテル，二时顷散归，阅《长生殿》曲，觉其精妙。夜阅久保天随《支那文学史》。

收信：大兄、四妹、杨哲子。

五月廿八日（7月15日） 早起。朱桂辛来谈。十时顷到部办事，十二时回寓。饭后三时到宪政编查馆，达侍郎见示日本北鬼学士三郎所著《大清宪法案》，浏览一过，觉其精实，请得借归细读之。六时顷回寓，阅北鬼氏《宪法案》。

本日有诏：皇帝自为统率帝国海陆军大元帅，设军谘处，以朗贝勒为军谘大臣，洵贝勒为海军大臣。

五月廿九日（7月16日） 早起。冷水浴。黎明大雨，八时顷渐已。到法律馆，黑云如墨，甫至馆门，雨倾盆而来，历三时间未止。十二时顷乘雨势小杀，急回。中途又遇大雨，前门口水深尺许，寓斋庭前积水没踝。午后四时顷，渐晴霁。本日约朱桂辛、张劭希、李庆阶、章一山、陈启荣、周松生景涛（前译学馆教务提调）、王君九在寓斋晚饭。一山、启荣、松生辞。十时顷席散。

收信：吴止欺。

六月初一日（7月17日） 早起。冷水浴。到部办事，改定奏稿一件（《将本部出入预算及收入各款奏交度支部由》）。邸谕六月中旬具奏，今查取农工商部、法部等衙门奏交款项折稿，参酌修改。一时顷回寓。

发信：吴止欺。

六月初二日（7月18日） 早起。冷水浴。以振贝子由日本回京，八时顷往东车场迎候，事毕拜客数处。访章曼仙邮部，谈及丁叔雅病殁，今日诸名士借陶然亭为开追悼会，有某君挽联，传诵一时："工诗者穷，黄仲则之丧殡于朋友；抱琴以死，邝海雪而后君其乡人。"余以本日午刻与君九、一山、劭希共作主人，请译学馆毕业诸生于宗显堂，不能与会。在宗显堂周旋半日而归。

收信：五妹、朱苇庄。

发信:五妹。

六月初三日(7月19日) 早起。冷水浴。到部办事,回寓饭。三时顷到宪政馆,六时顷散。到闰生家,闰生约王季良、张耕农、陆彤士小集理曲,余甚思学曲,苦其难谐,十时顷散归。

收信:钱硕人。

六月初四日(7月20日) 早起。到法律馆,遇仲和、闰生。十二时顷同到仲和家午饭。二时顷到定王府贺月华贝勒得军谘大臣之喜,适肃邸亦至,共谈片刻。余以程子端之双亲七十生旬往祝,入坐半时许回寓。晚刻以伦贝子招饮往大甜水井,坐客尚有仲和、润田,畅谈至十二时而散。

六月初五日(7月21日) 早八时起。冷水浴。十时顷到部办事,十二时顷散归。伯平同来,渭舫亦在坐,同留午饭。三时顷到肃王府闲谈,会伯刚踵至,谈至日晡而回。

本届覃恩,余例得荫子,即将懋熙开送。本日经吏部奏闻,奉旨"依议,钦此"。

收信:大兄。

六月初六日(7月22日) 早八时顷起。冷水浴。得父大人书,知定于今日接印,写家信。饭后三时半到宪政编查馆,七时顷散。伦贝子约本日午后六时三十分往府议事,自馆出即赴,润田、子端先在,贝子以改定《院章》数条见示,云已与世相商妥,属子端持商南皮。谈三十分左右散归。

收信:父大人。

发信:父大人湘第一号、大兄。

六月初七日(7月23日) 酷暑。早六时起。冷水浴。因懋熙得正四品荫生,入内谢恩,在北上房与刘右丞同候旨,旋以未蒙召见而散。到宪政馆小憩,刘仲鲁以奏事在馆候旨。九时顷余往法律馆修改《民诉律草案》,十二时顷回寓。饭后与家人手谈。

六月初八日(7月24日) 酷暑。早起。九时顷到部办事,十一时顷散，谒徐菊老，不值而回。

六月初九日(7月25日)　酷暑。早起。冷水浴。直督端制军昨日到京请安，余今日往谒，未见，旋往庆王府贺振贝子得内廷行走之喜。回到东城，访杨皙子，不值而回。饭后与家人手谈，星季来寓，盘桓竟日。朱苇庄来谈。

六月初十日(7月26日)　有风凉爽。早起。冷水浴。连日酷暑，昨夜有雨，达晨始已，北风送凉，积困一解。到部，饭后到宪政编查馆，杨皙子拟于日内乞假回湘，仲和、伯平、润田拟公饯之于福全馆，约予同为主人。已而仲和拟改福全馆为德昌饭店，恩咏春闻知，亦欲加入。六时半与仲和、伯平同自馆赴德昌，发信及电话通知皙子、润田。会皙子以张相召谈，匆匆过德昌，约明日仍聚于此，十一时顷散。

收信：缪述篯。

六月十一日(7月27日)　早起。冷水浴。正拟到修订法律馆，以微雨不果行。旋雨止，到部办事。午刻回寓。七时顷到德昌饭店，应皙子之招，纵谈至十一时顷而回。

六月十二日(7月28日)　早起。冷水浴。得大兄及八弟书及五言古诗十二首。访费仲深，并示以八弟所寄诗，谈一时许到部，十二时顷散归。外姑、蓉阁、四弟、兆弟、茂生、孝生、喜生及秀英等往农事试验场一游。

收信：大兄、八弟。

发信：大兄、八弟。

六月十三日(7月29日)　早起。到部办事，未刻散归。饭后三时顷到新迁宪政馆，即前北洋公所，曾借为官制公所，后袁慰廷尚书买为居宅。今馆中以二百金月租向袁云台赁用云。在馆与皙子谈良久，并示以所集义山诗《朱门》四首，相对凄然。以早起未行冷水浴，临睡时补为之。

六月十四日(7月30日)　早起。到修订法律馆修正《民诉律草案》,午刻回寓。饭后胡伯平来谈。夜余东屏建侯来谈。

收信:奉天程中丞电云:“蒙远贺,感甚。”中丞新拜真除之命,余初无信电往贺,此谢电不知何自而发也。

六月十五日(7月31日) 大雨。早起。冷水浴。雷电,大雨如注,亘二小时。庭中积水成潢,不能出门,清理积年存贮各处来信。

六月十六日(8月1日) 早起。冷水浴。天气骤凉,殊有秋意。朱苇庄来谈。出城拜客数家,在镇江馆赵渭舫坐上遇大雨,冒雨而回。与家人手谈。八时顷伦贝子使来约晚餐,至则润田在座。《院章》经张中堂签出数条,大率多保护督抚权势之意,贝子颇不以为然,与余辈私议,谓仍当力争。饭罢贝子约同往崇文门观俄国马戏,遇振贝子兄弟、紫笙、厚夫及李福生诸君,十二时散归。

亲朋问候:吊熊畅九大人之丧。

发信:天津太晤士行第二十九回。

六月十七日(8月2日) 早起。冷水浴。到部办事,一时顷回寓。饭后三时顷到宪政馆,七时顷散归,肃邸电约观马戏。

六月十八日(8月3日) 早起。冷水浴。到部,将修订法律馆所拟《禁烟条例》呈三堂阅定,由馆主稿会奏,午刻回寓。

收信:陈仁先。

发信:仁先。

六月十九日(8月4日) 早起。冷水浴。到部办事,午刻回寓。饭后到宪政馆,仲和自总厅来电,谓延鸿贝子约伊往谈,曾否邀予。予因令李忠电询家中,忠径询伦贝子府,回称贝子约七时往府晚餐。已而仲和来馆,约同往。予颇疑电话不甚确,复令李忠电家中曾否得伦贝子府邀饮之信。俄而忠来言,电询家中,均不知有是。因复电伦贝子府,谓确系邀饮,即托章大人代邀云。余确知有误,姑与仲和同往,贝子出,知今日初无意邀余等晚饭,约仲和往谈者乃以昨夜遇惊车者冲突贝子夫人车,巡警将惊车者捉去,欲属仲和从宽办理,毋须深究,故邀往面谈也。惟今晚本备有晚餐请谢慰岑进士天保,适得予电，因即将错就错，邀往一谈耳。晚餐后谈至夜深而散。

六月二十日(8月5日) 早起。冷水浴。到部办事，十一时顷回。严子猷姻伯、星季妹丈将于日内回南，二伯父设席寓斋饯之，并约君度妹丈饭，时张云抟来谈。七时顷润田约同学诸君在德昌饭店会商化石桥会馆事，余亦往与。将《购屋合同》及《会馆规则》一律议决，十时顷散归。

六月廿一日(8月6日) 早起。冷水浴。到修订法律馆修改《民诉律草案》，到仲和家午饭。饭后宝瑞臣来访仲和，共谈片刻。余到宪政馆，五时顷散归。

赵师到家塾开课。

收信：嵇洛如。

发信：洛如内津贴凭单两张，银票陆张。

六月廿二日(8月7日) 早起。冷水浴。与二伯父、四弟到东车场送严子猷姻伯、星季妹丈行，事毕到部。午刻访余东屏，不值而回。饭后到宪政馆，世、鹿二相来馆，阅《覆于晦若奏陈咨议局流弊折稿》，并修改资政院之章稿，六时顷散。乌侍郎约聚寿堂晚饭，往赴，九时顷散归。

亲朋问候：伯平来谈，留饭。

收信：大兄。

六月廿三日(8月8日) 早起。冷水浴。溥侗将军约游农事试验场，余最先到，坐客为徐尚书、肃邸、喀喇沁邸、月华贝勒、润田、仲和、伯平、逵臣及蒋梅生佥事棻。饭后共在鬯春堂楼头畅谈，六时顷散。李新吾兄弟约晚饭，往赴。又以延鸿贝子约匆匆往，子端及谢慰岑先在坐，润田、仲和踵至，长谈至夜深而散，回寓已一时矣。

收信：父大人、于子昂。

六月廿四日(8月9日) 晚雨。早起。冷水浴。周少朴中丞五十，陈仁先属为诗以祝之。予久不作诗，甚觉其苦，乞于子昂捉刀，昨子昂诗来，阅之尚不惬意，更作一首："北门锁钥待元戎，尊俎何人倚折冲。使节早闻过大夏,官仪曾共定元丰。时危始信封疆重,地迥悬思鼓角雄。松漠尘清边柝静,祝公眉寿赋彤弓。"因书屏送陈仁先转寄。饭后诣肃府,与逵臣、介白、永清同白豫算奏案,长谈抵暮。

收信:仁先。

发信:仁先。

六月廿五日(8月10日) 早起。冷水浴。上父大人书。午刻王月庄侍御约福全馆饭,饭后以资政院会议赴西城,道经内城总厅,入访仲和。旋与仲和同到正金银行,定借款购化石桥房屋事,润田在坐,定议而出。同赴资政院会议,就枢府签改之处酌加修正,归入条文,颇费周折。伦贝子先散,已而拟稿成,同人属予持白贝子,因同仲和回家。借电话通知贝子,策骑而往,面陈修改理由,谈片刻而散。

发信:寄湘第三号。

收信:秦闻诗、秦通理。

六月廿六日(8月11日) 早七时起。冷水浴。到部办事,闻刘悝庵右丞丁其封翁忧,午刻回寓。内侄克缙来京,应财政学堂入学考试,于本日到京。三时顷到宪政馆,六时顷回寓。

收信:陆晋生、孙子涵。

覆信:晋生、闻诗。

六月廿七日(8月12日) 早六时,有客(汪季农观察时雍)顾访,急起延入,谈片刻。九时顷到部办事,午刻回寓。饭后四时顷到宪政馆,同人将次都散。旋往访闰生,斡臣、陶杏南大均并在坐,已而伯平亦至,与斡臣、杏南、闰生共为手谈。晚饭后伯平先散,余等至十一时顷始各散归。

六月廿八日(8月13日) 早起。冷水浴。往唁刘悝庵,旋往吊陈剑秋夫人之丧。又到常昭馆访徐少逵编修,谈片刻。十时顷到法律馆修改《民诉律草案》。午刻归寓,途遇汪仲虎曾武,知本部奏简右丞,奉旨以逵臣补授,余转左参议,而授绍叙五彝右参议。饭后到宪政编查馆,五时顷到肃王府,谈一时许而逵臣亦至,抵暮而回,知仲仁来见访，亟作书约明日午前往谈，覆书言："明日早发，不及把晤。"晚饭后即策马往访，谈至十时半而回。

六月廿九日(8月14日) 早五时半起。冷水浴。以转补左参议，六时半入内谢恩，在景运门外朝房候旨。逵臣及绍叙五先在。候一时许，有旨召见新署外务部右参议曾君述棨及余，旋诣养心殿旁值庐小憩。顷之，宣军机大臣入，约一时(将近九时)退出，宣曾君入，经数分钟而退，余随入诣御座前，谢恩讫，入东暖阁见监国摄政王，问答约五分钟，退出。到宪政馆小坐，往鹿、那、世三相处各投一刺，到部略憩即回。午后四时顷出城，往长椿寺致奠王文勤师，顺道拜客数家，在邵厚甫处略坐片刻，回到崇文门外，访徐尚之，略谈而回。得仲和、闰生电话，云在东安饭店晚饭，邀往一谈，即鼓勇而往。饭后又同观俄国马戏，夜深始散。

六月三十日(8月15日) 早起。冷水浴。饭后乘马往谒左右侍郎，均未见。诣肃府，问槎及尹及郎祚繤在座，寻闰生及陶杏南亦来，谈至七时顷而散。

七月初一日(8月16日) 昨夜十一时顷，卣觉腹痛，至十二时四十分产一男，时余已熟睡，闻啼声始警醒，同时斋藤看护妇因先得电话，驰至照料，一切颇为周妥。三时顷，复睡。早八时顷起，冷水浴。发镇江、湖南、南京、上海、东京各处信。十一时到署，旋往北城及西城拜客数处，晤沈雨人、延逵臣，最后到伯平家，时已及申，尚未饭，伯平为设面食啖余。已而金伯屏自天津来谈，抵暮散归。

发信：祖父大人、父大人、四妹、五妹、六弟。

收信：毓少岑。

七月初二日(8月17日) 早起。汪季农来谈。往西城拜客数处。到法律馆，午刻散。以铨燕平林副都统等四人招饮会贤堂，往赴。顺道复拜客两处。四时顷自会贤堂散，到宪政馆，六时顷散。与闰生、仲和、洛如、绶金共至东安饭店晚餐，闰生作主人。饭后绶金先归，余等往长安街观新到英国马戏，十二时顷始散。

收信:马仰禹、李福生、张云抟。

发信:毓少岑。

七月初三日(8月18日) 早起。冷水浴。到部办事,午刻散。往送三六桥行,未见,回寓饭。饭后金巩伯、陈子丹来谈。傍晚李福生、吴向之来谈。

收信:程子端。

七月初四日(8月19日) 早起。冷水浴。张仲仁自彰德回津道此,与云抟同来一谈,仲仁行将赴浙,费仲深约午刻在青云阁话别,邀予同往。十时顷到部,旋往拜绍参议彝、王员外郎念曾、钟郎中凯,均不值,即往青云阁,二仲已先在。饭后三时半,送仲仁至东车场上车,候将发乃回。到宪政馆,六时半散。访吴向之,寻与向之同往谒徐菊老,谈至九时许而回。

收信:陈师曾、李福生。

七月初五日(8月20日) 早起。冷水浴。吕寿生来谈。十一时顷诣肃邸,留午饭。饭后以资政院会议往与,《院章》已与枢府商妥,总裁定于初八日具奏,余与瑞臣侍郎、仲和警监磨勘折子无误,六时顷散。拜客数家,回到仲和处,留晚饭而回。

七月初六日(8月21日) 昨夕雨至,今晨八时始已早起。冷水浴。作七弟书,十时顷到部办事,十二时顷回。

发信:七弟诗五首。

七月初七日(8月22日) 早起。冷水浴。昨晚睡醒,微觉不适,似有微热。九时顷,朱苇庄来谈。客去遣人探姚石荃,如在家当往一谈。已而云抟来谈,适石荃遣人来邀,因留云抟在客坐略候,往石荃处谈二十分钟而回。留云抟饭。

收信:吴炯斋(复)。

发信:四叔父。

七月初八日(8月23日) 雨。早起。昨夜发热,体中不适。卣电邀川田来诊。送书署中,请假数日。宝侍郎电约午后三时到宪政馆，以感冒辞。饭后毓绍岑阁学来谈，属将《宗人学务处开办请款折底》代呈肃邸，并欲以余为该处提调，婉词谢之。闰生来谈，余将积存款项二千金托存交通银行。川田来寓诊察，言系感冒。

收信：王胜之。

发信：王胜之、绍叙五、徐尚之。

七月初九日（8月24日） 早起。送书法律馆，请假。午刻彤士来谈。饭后伯平、子昂先后来谈。本日资政院会议，以感冒未预。夜间，陪二伯父手谈一局。

发信：董绶金。

七月初十日（8月25日） 早起。九时顷，仲和来谈，留午饭。二时顷，逵臣来谈，抵暮。七时到延鸿贝子处晚饭，剧谈至十一时半而散。

酉生寄来短文三首，为加评点。

收信：钱硕人、吴彭秋。

发信：顾巨六。

七月十一日（8月26日） 早起。连日以感冒停止冷水浴，今日试以冷水擦拭周身。十时到部办事，午后一时顷散归。饭后睡一时许。钱硕人来谈，以长沙府复选当选人刘本钟劣迹多端，断不可充议员，属于作家信时详细函述。

收信：李福生。

发信：福生、钱硕人。

七月十二日（8月27日） 早起。冷水浴。拜客数处，晤嵇涤生。到修订法律馆修改《民诉案》数条，二时顷到宪政馆，五时顷访闰生，一谈而回。

七月十三日（8月28日） 早起。冷水浴。到部办事，午刻回寓。饭后三时顷以资政院会议往与。仲和拟《资政院议员选举章程》，分类编订，各自为件：（一）《宗室王公选举章程》，（二）《外藩王公选举章程》，（三）《满汉世爵选举章程》，（四）《宗室觉罗选举章程》,(五)《硕学通儒选举及纳税多额者选举章程》,(六)《各部院衙门官选举章程》,(七)《各省咨议局选举章程》。余分任自(一)至(四)四种,子端分任第(五)种,润田分任第(六)种,仲和分任第(七)种。限十九日脱稿,议定而散。

七月十四日(8月29日)　早起。冷水浴。往北城拜客十馀家,晤良赉臣。出西门到农事试验场,于子昂约也。在荟芳轩饭,饭后荡舟荷溪,旋在加非馆小憩,五时顷回城。同游者榦臣、璧臣、竹农、仲芗、仲和、闰生。

收信:父大人。

七月十五日(8月30日)　早起。冷水浴。到部办事,午刻伯平约到东安饭店午餐,吕寿生俱。二时顷散,与伯平同到宪政编查馆。与吴向之钩考外藩王公世爵数目、等级。四时顷散,到肃府,遇仲和于门,邸病未能见,与仲和同到新置会馆会议组织及筹画经费事宜,来会者赉臣、伯刚、爽夫、润田、伯初、仲和及余凡七人。

七月十六日(8月31日)　早起。冷水浴。到修订法律馆修改《民诉案》数条。饭后到西安门外拜客一家,旋往宪政馆。六时顷散,与嵇洛如到东安市场各书坊纵览一过而回。

收信:于实秋、大兄、毓少岑、秦闻诗。

七月十七日(9月1日)　早起。访毓绍岑,晤谈片刻,到部办事。午刻回寓,饭后拟草宗室王公世爵及宗室觉罗《选举资政院议员章程》,未就。凤永叔、秦通理先后来谈。

发信:于实秋、师曾、太晤士行三〇四。

七月十八日(9月2日)　早起。冷水浴。九时顷到部办事,一时顷回寓饭。饭后到宪政馆草《宗室王公世爵选举资政院议员章程》及《宗室觉罗选举资政院议员章程》各一件,六时顷始毕。与仲和到闰生家,留晚饭。饭后闰生奉其太夫人往观俄国马戏,邀仲和及余同往,十二时顷散归。

收信:秦通理、唐秀锋。

七月十九日(9月3日) 早起。汪季农来谈。到修订法律馆修改《民诉案》一条,午刻到仲和处饭。饭后以资政院会议与仲和同往,伦贝子以病泄不至,余等各散,到凤老家问疾,未见,拜客数家而回。

收信:四弟。

七月二十日(9月4日) 早起。冷水浴。九时顷到部,顺道拜客一家,十二时顷散署回寓。

发信:吴彭秋、唐秀锋。

七月廿一日(9月5日) 早起。出城拜客竟日,约三十馀处,在金巩伯家午饭。六妹处坐两时许,到瑞蚨祥购衣料数件。以叙斋贝子约晚饭,到大甜水井长谈,至一时顷而散。

七月廿二日(9月6日) 早起。雨。饭后到金井胡同祝沈子敦侍郎七十生辰,顺道拜客数处。晤顾玉溪、王书衡、王君九。七时顷以陆闰生约到聚福,老妓洪漱芳工崑曲,闰生约善曲诸君在此唱和,十一时席散回寓。

收信(二十一日)**:**父大人湘字四号。

七月廿三日(9月7日) 早起。昨晚雨后气候骤凉。十时顷到部,午刻回寓。饭后到宪政馆,以资政院三时顷有会议,略坐即行。同院诸君惟宝侍郎、曹参议未到,伦贝子将拟订各选举章程逐条讨论,仍付修改,约二十九日提出会议,至暮始散。

约六妹来寓午饭。

收信:四妹。

七月廿四日(9月8日) 早起。十时顷到部办事,午后一时许回寓。饭后胡伯平来谈,曹润田、章仲和夫妇约七时到六国饭店陪日本公使伊集院以下男女宾晚餐,十时许散归。

七月廿五日(9月9日) 早起。张云抟来谈。十时顷到部办事,一时顷散归。饭后到宪政馆,五时顷诣肃府,谈二小时许。到伦贝子府,谈片刻而回。

收信:天津陆季午。

七月廿六日(9月10日) 早起。到法律馆。午刻得仲和电,言润田在坐,有事邀往一商,即往谈,留饭。饭后到邵厚甫家访张凤辉,适管成甫在坐,留共手谈,傍晚回寓。

发信:吴季荃。

七月廿七日(9月11日) 早起。到部办事,午刻回寓。饭后到宪政馆,续拟资政院满汉世爵及外藩王公世爵《选举议员章程》,傍晚携稿回寓,续加修正。

七月廿八日(9月12日) 早起。修改《资政院选举章程》,并将仲和所拟《咨议局互选资政院议员章程》酌加修改,令与各种章程义例、文字一律,饭后三时顷毕事。闻仲和在闰生处,同携往共商,五时顷与闰生同出城,到瑞蚨祥购衣料数事。闰生欲到六国ホテル晚餐,坚约同往,至十时顷而回。

收信:六弟。

七月廿九日(9月13日) 早起。冷水浴。到部办事,午刻回寓。饭后二时顷,将续拟及修正各选举章程呈叙斋贝子阅讫,旋即到本院公所会议,六时顷散归。

发信:陆季午。

八月初一日(9月14日) 早起。寄六弟书一件。本日民部改晚衙。饭后到部,无事,早散。出城到瑞蚨祥购衣料数事,傍晚回寓。

发信:六弟。

八月初二日(9月15日) 三时半起,与二伯父同诣社稷坛陪祀,礼成回寓,天甫晓,复睡,至八时顷而起。拟订各部院衙门官及多额纳税人《选举资政院议员章程》各二十馀条。饭后到宪政馆拟订《硕学通儒选举资政院章程》,未成而回。晚间覆改各选举章程,至十时顷始毕。

八月初三日(9月16日) 早起。冷水浴。拟订《硕学通儒议员选举章程》九条成。饭后二时顷诣伦贝子府,将各稿呈阅,伦贝子属函送公所写印清本,公同加签议决,即行具奏,自伦贝子府散,以彤士、子昂等约到醉琼林。九时顷散，往聚福一坐，十时顷散归。

收信：汤用彬。

覆信：汤。

八月初四日（9月17日） 早起。到法律馆，十二时顷散。到象牙胡同访四弟等，值往学部考试未回，即回寓饭。饭后作家书三件，到部，四时顷散。到宪政馆，傍晚回寓，冯孔怀在长春亭电约晚餐，辞未赴。

发信：父大人、四妹、八弟。

八月初五日（9月18日） 早起。饭后到部办事，六时顷散归。闰生生子弥月，洪漱芳及张莺莺约于今晚往贺，闰生设席置酒待之，并邀善曲诸友及余往会，七时顷前往，余与莺接席而坐，颇有握手无罚之乐。席散回寓。

收信：朱寿臣。

八月初六日（9月19日） 早起。冷水浴。昨约莺莺于今晚观马戏，旋同外姑、卣、秀、有兴往观，当废昨约。饭后五时顷，出城到聚福面辞，坐片刻。到福隆堂应沙君祖烈招饮，坐客除予外仅到一人，约客先后辞，主人又素不相识，勉强酬酢一时，亟回寓。陪外姑、卣、秀往俄国马戏团，伯平夫人亦践约而来，至十二时顷散归。

八月初七日（9月20日） 早起。冷水浴。十时顷诣肃王府，留午餐。二时顷散归，憩两时许，以资政院会议往与。途遇仲和马车（仲和已与润田同载先行），乘之而往。校改各选举章程，至七时许始毕。到仲和处晚饭，电约秀英观俄国马戏，乘车到前门，遣仆以车归迓。余易人力车到聚福邀莺莺，雇马车同到马戏团，秀英及龙儿已先在，十二时顷散归。

收信：尹九韶。

八月初八日（9月21日） 晏起。饭后到部办事，四时顷散归。伦贝子约晚餐，七时顷往。坐客有日本青木少将、石丸、实相寺三君，又陶杏南、铨燕平、祝读楼、曹润田、冯孔怀、程子端及余，宾主凡十一人。饭罢,外宾先散,寻杏南、读楼、燕平亦散,独润田、孔怀与余三人留谈,至十二时许而散。

收信:秦通理。

八月初九日(9月22日) 晏起。冷水浴。饭后以顾玉溪统制大人之丧,往长椿寺致奠,旋往资政院公所,顺道拜客两家,将各种选举章程校勘一过,增修若干处,呈总裁阅定,六时顷散归。

发信:尹九韶。

八月初十日(9月23日) 晏起。留东毕业生阳湖唐易庵演来谈,并赠所著《日本地方自治制调查记》一册。谈次,云抟来访,先后辞去。饭后到民政部,三时顷散,到宪政馆,五时半散归。便道访李柳溪阁学,不值。

八月十一日(9月24日) 早起。冷水浴。到修订法律馆,饭后到部。本日奉旨:"着民政部保举熟悉警务应放道员数员,开单交军机处存记,钦此。"邸令迅速办理,并谕就本部及两厅京察记名各员内遴选系由警察学生出身及历办警政得力者数员,开单具奏。寻议定保举连印、全兴、舒鸿贻、王守恂、桂龄凡五员,由余草奏呈堂阅定,与绍参议、王少侯员外等查明五员履历,出具考语,开列清单。至六时顷粗定,余先散,出城到聚福一坐而回。夜间一时许,有送信来者,余从梦中惊醒,启视之,则以见今日上谕托为设法者也,方叹邸堂迅速具奏之妙用。即刻作书以保举已定,无从设法辞之。

八月十二日(9月25日) 早起。宪政编查馆自昨日始改于午前办事。九时顷到馆,拟覆鲁抚电一件。曹君直自会议政务处来谈。饭后二时顷,以资政院会议往预,遇赵竹垣侍御,秘告近杨叔乔之子庆昶及其门人某具呈察院,恭缴德宗景皇帝赐杨锐密谕一通,请代奏宣付实录馆。察院定于十四日具奏,竹垣意此件万一留中不发,甚非表章先帝圣德之道,属余密白肃邸,先以此意上达。预定办法,则临时自无他变,余允力为设法。已而竹垣先去,总裁至,将选举各章程覆加核定,俟十七日会议再决。七时顷散,在章宅晚饭,后回寓。

收信:恩咏春、章一山。

发信:恩咏春。

八月十三日(9月26日) 早起。冷水浴。寄陈善馀师信。李君景铼、饶君凤璜、恩君绶先后来谈。十一时顷,以肃邸约游陶然亭往赴,至则主宾均已到齐。将昨日竹垣所属一节密陈邸座,邸意此事未可孟浪,若明日具奏,仓卒间无从设法,脱有波折,转于大局无益,属余转达竹垣,请其稍缓。饭罢,余往见竹垣,告以邸意,并乞将手谕原文抄示。竹垣甚以为然,将所抄原文付余,而自往台长处商请缓递。余即辞出,到聚福一坐,途遇意城、涤生、子来,因与俱。五时顷回城,晚饭后到肃府,遇良赉臣于门,同入,将手谕原文捧出,邸令赉臣实时驰往涛贝勒府陈述原委,余亦辞归。顷之,肃府及赉臣均有电话,通知所事已安。又得赵竹垣书,知此件明日决定不递。

八月十四日(9月27日) 早起。冷水浴。作书致竹垣。到宪政编查馆,午刻与闰生同车诣肃王府,余先入,赉臣在坐,将昨夕办理情形详细面述。涛贝勒见此谕,非常感动:"先帝遗爱,在民凡有血气,无不哀慕,何况同气耶?"词毕,闰生入,赉臣寻辞去。余与闰生留饭,饭后与闰生同回寓斋。四时顷,伯平自署来谈。仲和约今夜观马戏,余不愿行,托闰生、伯平代辞,二君谈至六时半而去。

收信:程中丞。

八月十五日(9月28日) 早起。法律馆编纂现行《刑律》将次告竣,绶金属余草奏,忽忽月馀,屡见敦促,约以明日交卷,今日不得不发奋为之。晨起属草,至午后三时顷始毕事。仲和约游农事试验场,竟不能往。卣、秀同喜生往六妹家午饭,并游农工商部新办商品陈列所。得竹垣书,敬悉德宗景皇帝手谕定于十七日代奏恭缴。

八月十六日(9月29日) 早起。冷水浴。八时到修订法律馆,将奏稿呈堂,十一时半回寓。饭后二时到部办事,五时顷散归,与家人手谈。钱硕人同年来寓夜话,至九时顷而去。

收信:孙中丞、钱硕人。

发信:钱、孙。

八月十七日(9月30日)　早起。冷水浴。访李福生。到宪政编查馆。饭后二时顷以资政院会议往预。宝侍郎函送所签七条,李阁学亦有签改之处。五时半伦贝子始至,将宝、李所签各条一一议决,仍令余当场将原稿修改,作为改定底本,付余携归细加校勘,七时半始散。本日约周荃生、汪子健等在聚福晚饭,比余散会往赴时已将及九时,诸客来而复散,重行招集,先后来赴,十时五十分席散回寓。

本日都察院代递杨庆昶等呈恭缴德宗景皇帝硃谕,未奉谕旨宣布。晤竹垣,言已交军机处,归入档册矣。

八月十八日(10月1日)　早起。写四、五妹信,寄《百科全书》第三十一回价银。饭后二时顷到部办事,四时半回寓。何颂圻姻丈自上海到京来访,带到五妹书并所选相生弥月礼物两事。

收信:五妹。

发信:四妹、五妹、胡伯第三十一回。

八月十九日(10月2日)　早起。本日京张铁路举行开车式,邮部堂官柬邀各部院官前往南口参观。余于七时半往闰生家,邀同行,闰生不愿往,谈片刻。余乘马出西直门,以九时三十分车往南口,十时四十馀分到。邮部于此设芦棚、备饮食。余与仲和、润田诸君立食毕,至场内觅熟人谈话。一时许,闻肃邸已先至,在近旁旅馆内小憩,与仲和同往访,得诸南口铁路饭店内,赉臣、伯刚、问槎诸君咸在。少顷,喀喇沁王及润田等亦至,留憩二时许,闻有赴居庸关车,邸有兴往游,余等随行,于青龙桥停车半时许。仰望长城,令工人取得城砖数块及碎石有草纹者数枚携载以归。七时许抵西直门,与润田同到丰盛胡同,天微雨,遣仆骑马先归。晚饭后借胡伯平车而回。

八月二十日(10月3日)　早起。冷水浴。本日午刻同乡京官公祭省馆先贤祠,余以时往预。秦佩鹤主祭,吴蔚若、王胜之分献,余仍读祝。礼成会食,饭罢回寓。睡三时许,抵暮方起。

八月廿一日(10月4日)　早起。冷水浴。曾君彝进来谈,十时顷到宪政馆，与李柳溪讨论《资政院选举章程》良久。二时半以资政院会议往赴，满汉世爵议员原定公、侯选六人，伯、子、男选六人，本日据吏部抄送世爵名单，公、侯多于伯、子、男，因改为公、侯八人，伯、子、男四人。又宝瑞臣签改一条(《硕学通儒议员选举章程》第一条第三款)由李柳溪代为提出，馀无所更动，议定明日送枢府核阅，五时顷散。回寓，莺方在坐，余以彤士约晚饭，雇人力车赴闷葫芦罐，九时顷回。

八月廿二日(10月5日) 早起。闻法国人伯希者在敦煌石室中获得古书数十种，大半寄回本国。今其人在京，尚携秘笈十馀种，都中士大夫嗜古者争往求观。昨金巩伯电约今日午前八时至十二时均可往观，十时顷诣八宝胡同访之，得见唐写本《书·顾命》一页(内异文甚多，"率循大卞"作"师循大法")，唐绣《佛说斋法清净经》一卷、唐写《老子化胡经》、又唐拓《太宗温泉铭》、柳公权书《金刚经》、《化度寺碑》残本，均精妙无伦。又宋刻(太平兴国五年)《大随求陀罗尼经》数种，罗叔蕴参事为作书目，中有数种已付照印云。午刻回寓，闻南皮相国以昨日午后十时大去。饭后到部，肃邸胞弟善扬亭统制旗以前日逝世，本部丞参往吊，余同行，散后回寓。延逵臣来谈，至暮。黄君寿萱约申刻饭万福居，六时顷往赴，未终席而返。

八月廿三日(10月6日) 早起。冷水浴。十时顷到宪政编查馆，本日奉上谕，以法部尚书戴少怀鸿慈在军机大臣上学习行走，以廷杰补法部尚书，赠南皮相国太保，予谥文襄。饭后三时顷到部办事，四时顷散。拟访闰生，遇诸途，各停车谈数语遂回。已而闰生来谈，抵暮而去。

自修课程：挽张文襄联：匡时苦费调停策，绝笔惊看讽谕诗。

八月廿四日(10月7日) 早起。访李景钰孟鲁不遇，到宪政馆。本日有上谕，以诚勋调热河都统，以溥良补察哈尔都统，而授葛宝华礼部尚书。饭后二时顷，与向之参议同往白米斜街吊张文襄。以资政院会议往与，顺道谒朗贝勒，不值，遂到院。至五时顷同人始集,贝子以宝侍郎对于选章尚有异议数处,故尚未送枢,今日一一决定,至七时始散。张采南约长吴馆晚饭,辞未赴。到聚福,与莺莺同赴醉琼林饭。饭后回聚福清谈,至十时半而回。

收信:费仲深、吴季荃。

八月廿五日(10月8日) 早起。冷水浴。孙宗诚念祖来谈。到修订法律馆,午刻与仲和同到章宅饭。得家中电话,知日本青木少将宣纯将以午后二时见顾,急回寓候之。青木来谈,因资政院拟设一速记学校,前闻日本熊崎健一郎著《支那速记术》一书,余见其书,觉可采用,言于贝子,拟延为教习,托青木绍介。本日青木来言熊崎在本国有事未能就聘,属向贝子辞谢也。《资政院选举章程》稿已粗定,贝子属余草奏,夜间属稿,至十一时顷始毕。

收信:董恂士。

八月廿六日(10月9日) 早起。九时顷到宪政馆,与李柳溪阁学商榷《资政院选举章程奏稿》。饭后到部办事,四时顷散归。乘马至南小街,马前蹄陷,余自马上坠,伤腰,停片刻,仍跨马而回,偃卧至晚。夜间改《选举章程奏稿》,至十时顷而睡。

八月廿七日(10月10日) 早起。伦贝子以本日赴崇陵工次,邀润田及余同往一游,并商院事。十二时到西车场,林梅贞、绍叙五均在,已而贝子至,同上专车。梅贞及冯孔怀同行,叙五候车发而返。润田以今日擢署左丞,不能同往。四时许抵梁格庄,止贝子寓中。晚间贝子邀梅贞、孔怀、傅梦岩右丞及余同饭,饭罢又为西洋叶子戏,至二时顷始罢。

收信:父大人。

发信:良赉臣。

八月廿八日(10月11日) 九时半起。与孔怀同到永福寺访梅贞、梦岩,留午饭。饭罢回寓,贝子方候余等共饭,余本未饱,仍陪贝子饭。饭后贝子往工次视察,余与孔怀乘马先往,流连一时许回寓。晚间贝子仍邀梅贞诸君共饭,谈至十二时顷,余先睡。

八月廿九日(10月12日) 九时起。与孔怀陪贝子饭,饭后孔怀往访祺公。贝子与余清谈,至四时顷约同车往永福寺一游,登宝云阁,瞻礼诸佛像,贝子能一一举诸佛名号。流连至暮,余与梅贞诸君步行回寓,仍共饭。饭后杂谈一时许,又对神仙对,至十一时许而散。以明日回京,当早发,即就寝。

八月三十日(10月13日) 早六时半起。陪叙斋贝子饭,八时上车,十二时二十分到前门,绍叙五参议来迎,贝子知余无车,载余送归。饭后到宪政馆,月庄、伯平尚未散,三时顷与同出城,到青云阁茗谈两时许,遇阮子英同年,五时顷与月庄、伯平同到聚福一坐,旋共往醉琼林晚饭,月庄作主人,九时半散归。

收信:陈师曾、五妹、费仲深。

九月初一日(10月14日) 早起。张凤辉来谈。到宪政馆,各衙门会议德宗景皇帝升祔大典,由内阁主稿,定于本日画奏。饭后到内阁阅稿,仍主异昭穆说,亦复持之有故,言之成理。余意虽不甚赞成,以无关紧要,亦遂画奏而出。到民政部,邸有电话邀逵臣、仲和及余到府议事,与逵臣同往,并电知仲和。邸令余拟一奏稿,请修正《报律》。五时顷退出,仲和邀福全馆饭,以无隙地,乃改赴东安饭店饭。饭罢与仲和、逵臣到体育球房打地球两盘,至十时顷而回。

收信:四妹。

九月初二日(10月15日) 早起。到修订法律馆。一时顷到宪政馆为民政部草奏一件(《请修正报律由》),五时顷始脱稿,函送肃邸。旋赴石桥别业,将捐册缴还。润田备饭于此,饭罢已近十时,略谈而回。

发信:孙宗诚、肃邸。

九月初三日(10月16日) 早起。冷水浴。午前以更换车围未出。饭后到民政部,四时顷与子昂同出城,余到聚福一坐,子昂踵至,约醉琼林晚饭,遇沈俪崑,邀之同坐,九时顷散归。

九月初四日(10月17日) 早起。天雨。二伯父定本日午刻与余公请何颂麒、蔡清臣寅、耿伯齐、钱毓杭绶槃、孙子涵、孙宗诚，在福兴居饭，沙君祖烈辞。三时顷席散，到鸿升店访宗诚，谈片刻，到聚福一坐而回。晚饭后与家人手谈一局。

九月初五日(10月18日)　早起。到宪政编查馆，闻继佑堂言，此次学部考试留学生，种种规仿科场旧制，殊堪齿冷。饭后到部办事，四时顷回寓。

九月初六日(10月19日)　早起。到法律馆。午后二时顷到部，子涵应学部考试本日揭晓，取列中等第二十一名，顺道往贺，未值。四时许衙散回寓。

九月初七日(10月20日)　早起。冷水浴。张望屺太守来谈，十一时顷到宪政馆。饭后与仲和同车到部，仲和言阅日本杂志，述"克己"之法(一)早起，(二)禁烟，(三)冷水浴，(四)写日记。谓"君已行其二，余将实行禁烟"云。余昔日自定早起时刻，以午前六时三十分为率，比来习成懒惰，甚至九时许乃起。闻仲和言，良用自疚，今后当发奋改之。四时顷衙散回寓，伯平同来，留晚饭而去。

九月初八日(10月21日)　早七时起。冷水浴。十一时顷到宪政馆，得见张文襄《广雅堂诗集》。饭后到部，邸令将前拟《请修报律折底》酌加修改，定于本月十七日正班具奏，四时顷修改完竣。到溥玉岑师处贺其迁察哈尔都统之喜，投一刺而回。

九月初九日(10月22日)　早起。冷水浴。电约仲和游农事试验场，访意城不值，即往试验场，仲和与其夫人先在。在燕春园饭，饭后同登畅观楼，徘徊片刻，又往山亭一游，拟在卍字楼啜茗。人众不能容，出遇嵇洛如，略谈各散。以三时顷资政院有会议，与仲和同车往，而以余车送章夫人归。在资政院校勘折、单，签出讹误若处，付办事处修改，七时顷散归。

收信：八弟。

九月初十日(10月23日)　早起。冷水浴。本部乌侍郎奉命往明陵查工，定十一日早发，约余同往一游，余允之。因明日先母张夫人忌日，先于今午在寓中设祭。适金伯屏自津来访，拟止余家，势须留此招待，乃函乌侍郎罢陪游之约。伯屏因本部派充巡视员，辞不就，电邀仲和晚间来此共谈，而自往肃邸处面辞。五时顷伯屏、仲和同来，留晚饭，谈至九时顷而散，留伯屏宿书斋。

收信：乌侍郎。

发信：父大人、乌侍郎、张望屺。

九月十一日（10月24日） 早起。冷水浴。写挽张文襄联语。午后三时顷，到伦贝子府校对《选举章程折（单）》，柳溪阁学同校，五时顷毕事散归。晚饭后与伯屏论玉突术，虽游戏小道，而颇有学术寓其中。

收信：陈善馀、张望屺。

发信：章一山。

九月十二日（10月25日） 早起。冷水浴。伯屏定今日午车回津，胡文甫诒榖来谈，十时顷到宪政馆。饭后到部，四时顷散归。

预记事件：伯屏天津住址：仁寿里十八号皖南金。

九月十三日（10月26日） 微雨渐寒。早起。十时顷以徐菊人尚书常诞往祝，未见。到宪政馆，知本日资政院会奏选举章程一折，奉旨"依议，钦此"。饭后与柳溪阁学拟《通电各省督抚举行咨议局互选事宜文》及《通谘各衙门文》各一件，又函达叙斋贝子，索折、单原稿，豫备校阅登报，并另行排印若干分，以便分谘。三时顷到部，四时顷回寓。柳溪处送来《选举章程折（单）》原稿，校阅一过，仍即送还，请其覆校，又将电咨稿函送贝子。

发信：伦贝子二件、李柳溪。

九月十四日（10月27日） 早起。冷水浴。得肃邸电话，云昨日日本伊藤公爵在哈尔滨地方被韩人枪害，属探听详情。旋到宪政馆，遇富意城，询悉外部，已得确电：十三日公爵到哈尔滨下车，阅视俄国军队，有韩人四名，衣日本军服，突出狙击，公爵受伤甚重，阅一小时即逝云云。宪政馆因各省咨议局初次召集，拟派馆员分赴交通便利地方参观一切。余乞赴湘，顺便省亲，昨拟致一电与湘抚，本日知已由本馆王大臣画行，随即到部，将探听所得及奉派往湘事面陈邸座，邸属就便考察省城警政，令小彭、逵臣电达湘抚，三时半散归。子涵招饮福全馆，渭舫、蓉阁、韩晋卿、二伯父、四弟、兆弟、柏侄同席，晋卿沾醉，拉余家谈，刺刺不休，醉态可掬，十时顷回寓。

九月十五日(10月28日) 早起。汤逸庵来谈。本馆同人本日午前十一时公祭张文襄。余到馆拟会同前往，而来者寥寥，惟意城、绶金在，询之均不欲往。余度为时已迫，往恐无及，亦遂不赴。饭后，伯平、月庄诸君次第自张宅散至。二时顷到部办事，四时顷散，与伯平同往东安市场打球两盘，并电约仲和到东安饭店饭。凌瀛洲民部招饮东兴楼，以书往辞。饭后又与仲和、伯平往球房，遇毓紫琨、曹巽轩诸君，又打地球两盘，台球两盘。至十一时顷而回。

收信:伦贝子、汪季农。

发信:徐尚书。

九月十六日(10月29日) 早起。八时顷到修订法律馆，午刻回寓饭。二时顷到部，四时顷散归。凤永叔来谈。

收信:汪季农。

发信:汪、伦贝子。

九月十七日(10月30日) 早起。九时顷谒徐菊人尚书，前以赴湘函达尚书，请求京汉铁路免票，本日面谈，已蒙允诺。十一时顷，诣张文襄宅致奠，旋到宪政馆办事，并向提调诸君告辞。三时顷散，与伯平同到亚罗洋行，至则知已改为北洋商务公司，非复从前之定期竞买矣，徘徊俄顷各散。

收信:金伯屏、徐尚书。

九月十八日(10月31日) 早起。绍叙五约申刻饭福全馆，昨晚电话通知改以巳刻。十一时顷往赴，一时顷散，诣铁尚书、乌侍郎、肃邸、世、那、鹿三相，宝提调及伦贝子处辞行，惟肃邸及贝子得见，各谈半时许。自贝子处出，到东兴楼应章一山之招，八时顷散归。

预记事件:午前诣庆府辞行。午后诣肃府及乌侍郎处辞行。四时福全馆绍约。六时东兴楼章约。

收信:黄如山。

发信:四妹、五妹、大兄、董恂士、志田、实相寺。

九月十九日(11月1日)　早起。章曼仙来谈。十一时顷借陆闰生马车诣戴尚书、朗贝勒、庆亲王各处辞行,惟贝勒得见。到后门拜客一家(连心源印)。旋到民部,肃邸知余辞行未受宪政馆旅费,持赠二百金。三时半散,诣林侍郎处辞行。入谈一时许,侍郎痛论今日教育之不良,谓为亡国之本,语虽过激,盖亦非无所见也。五时顷到福全馆,徐尚之、曾介伯、胡伯平、吕寿生公饯余于此,九时顷散归。

预记事件:午前诣世、那、鹿三相邸辞行。午后一时到部,诣林侍郎处。三时到资政院。发湘署电。

收信:王庆甲。

发信:冯历甫、徐尚书、长沙府署电。

自修功课:寄第三十二回《百科全书》价银。

九月二十日(11月2日)　早七时起。八时自家发,到西车场。赵渭舫、胡伯平、吕寿生、徐尚之、绍叙五、曾介伯均来送。九时二十分车发,有一西人来同室,寂寥无事,阅说部《寒牡丹》一种。

收(发):汪伯棠。

九月廿一日(11月3日)　早八时起。车行过武胜关,山脉纡回,便入鄂境。同年胡莲舟编修以参观鄂省咨议局,奉其尊人由京回里,亦以昨日同行。连日来谈,稍解闷损。午后三时顷抵大智门,到如寿里访春舫,即止宿其家,寄君卣书一件。晚饭后与春舫同访李一栞,谈半时许而回。

发信:君卣(一号)。

九月廿二日(11月4日)　早八时起。冷水浴。李一栞来谈。十时顷乘肩舆渡汉,到汉阳见大姑母、程氏表姑母,数年不见,各增老态矣。在姑母处遇万春,父大人接十九日电后遣之来汉照料者也。

据称今日无赴湘轮船,明日太古公司吉安号晚间开行,此船闳敞整洁,附行甚宜,因决定明日行。姑母留住,作一夕谈。饭后到铁厂见大姑丈,导游各处,闻现在每日出铁约二百吨,钢约一百四五十吨,最多时可至百六十吨。项方添制新炉,不日竣工,出钢可加至二百吨,预计明年春间出铁日可四百馀吨,至秋间出钢日可三百馀吨云。傍晚与姑丈同回,夜谈至十一时顷而睡。

九月廿三日(11月5日)　早起。九时顷与大姑丈同到铁厂,略憩,乘肩舆渡汉至汉口,回黄寓。午后观祎侄读书,不假督责,自然勤奋,余令其默写蒙学课本一课,居然终篇,故自难得。余定乘坐本日吉安船赴湘,六时顷晚饭后,春舫及祎侄送余登舟。舟较江轮为小,余定坐大餐间,精美与江海轮船无二。春舫、祎侄留谈一小时自归,九时顷舟行。

九月廿四日(11月6日)　早起。午刻至新堤,六时顷至城陵矶,卸货三十分左右,驶抵岳州。因洞庭湖水浅多滩,不敢夜行,停舟待晓。晚餐后即就寝,夜半睡醒,闻开船声,披衣出视,湖光约略可辨,时方三点钟,距晓尚远,仍和衣就枕。

九月廿五日(11月7日)　早起。就舟中浴室行冷水浴,甚适。舟行自洞庭入湘水,凭栏观两岸山色,与同舟叶君舜山熙,吴县人谈话良久,叶君能英语,将于年内度欧,与余论中国实业不振,坐令两岸膏腴尽为芦滩,太息久之。午后三时半抵长沙埠头,大人遣肩舆在此相候,乘之入署拜见。大人丰采甚腴,精神弥健,九弟及庶母亦均安好,私怀大慰。宿上房西屋,与大人对房,侍谈至十一时半而睡。

九月廿六日(11月8日)　早起。出门拜客,见岑中丞、汤劝业道、赵侍御炳麟,时以省亲在湘、张编修启后。午刻回寓饭,阅《广雅堂诗集》。三时顷出门拜客,见庄方伯、吴文宗,五时顷回寓,张松雨观察鸿年来谈,夜间访王小圃,谈片刻。中丞、三司、三道公送酒馔一席,大人命分饷幕僚。晚饭后阅《抱冰堂弟子记》,侍大人谈至十一时半而睡。

收信:杨哲子。

发信:君直内附上二伯父书一件(二号)、哲子。

九月廿七日(11月9日) 阴雨。本日各省咨议局以孝钦显皇后梓宫奉移停会一日。早起。赵竹垣侍御、议长谭组庵太史延闿、张燕昌太史启后、陈子丹毓棻先后来谈,饭后阅《广雅堂诗集》,杨哲子、曾俟园熙来谈,抵暮而散。

发信:陈善馀南京。

九月廿八日(11月10日) 阴。早起。冷水浴。庄方伯赓良来谈,方伯今年七十一岁,望之尚如五十许人。十时顷孔静(阶)[皆]宪教、李佛翼祥霖来谈。饭后到咨议局参观一次。局尚未建筑,本年暂借府学明伦堂修葺为之。由周廉访儒臣、张松雨观察鸿年延余入局,□列行政委员席。午后一时半开议,议题为维持医学堂、设立医学会案,讨论之结果,多数否决作废。第二为禁止缠足案,提议人上台演说理由,语多陈腐,殊觉可厌。至二时半,休息三十分,复入坐,接续前议,结果将本案交委员会审查。本日议事日表只此两件,议毕尚未及四时,议长起询是否将明日议题提前讨议,抑即散会。众多愿散会,遂散。余亦出局,拜客数处,晤陈子丹、胡子靖,子靖新筑明德学堂中学校舍落成,今日方部署迁移之事。匆匆导游各处,校舍倚城西北隅,门前有塘,登楼一望,湘江及对岸山色历历在目。徘徊俄顷,以日暮而返。

九月廿九日(11月11日) 廿九日。早起。同年胡子靖及彭硕英大令杰墀来谈。陈子丹约申刻饮王绍臣纪康家,五时顷往赴,主人招歌者侑觞,九时顷席散回署,侍大人谈,至十一时半而睡。

发信:君直(三号)、胡伯平。

九月三十日(11月12日) 早起。冷水浴。许介侯年伯晋祁来谈。饭后到咨议局参观一次,议长谭组庵以感冒未到,由曾副议长熙代居议长席,议题为巡抚交议振兴工业大宗案及议员某提议商埠划定地址案。振兴工业案业经委员会审查,内以加重厘金为筹款之法,有议员数人起而反对,并有一人起询厘金究系国家税抑系地方税,当请抚院电询馆部。讨论之结果,将全案可决,惟将加重厘金成数略加减少而已。至二时半休息,余旋即出局,拜客八九处而回。叶焕彬吏部德辉赠书九种:(一)《观古堂汇刻书》,(二)《观古堂所著书》,(三)《丽楼丛书》,(四)《三教搜神大全》,(五)《翼教丛编》,(六)《觉迷要录》,(七)《石林燕语》,(八)《石林燕语辨》,(九)《岩下放言》。晚间阅《觉迷要录》一种,本书以讽康党为宗旨,亦近世史之资料也。

十月初一日(11月13日) 早起。竟日未出,客来亦未见。阅叶吏部所赠《丽楼丛书》。晚间六妹丈耿君度来署,君度以实业学堂修学旅行,到汉阳、大冶、萍乡等处考察铁厂及煤铁各矿,顷事毕回京,道经此间,来谒父大人也。谈至九时顷而去。

十月初二日(11月14日) 早起。冷水浴。本日中丞覆试本科选拔贡生,大人充内监试,午前二时半即入场。饭前无事,写家信两封。午后二时顷,叶焕彬吏部来谈,申刻庄方伯招饮署中,五时顷往。同坐者张燕昌、冯星槎侍御锡仁、谭组庵、朱樾庭观察祖荫,饮馔精美,京师所未有也。十时顷散归,大人甫自抚辕回署。

发信:大兄镇江、四妹南京。

十月初三日(11月15日) 早起。午前阅《石林燕语》。朱宝臣大令锡琛来谈。饭后一时许,拜客一处。到咨议局第三次参观,本日议事日表为抚部交议《改良扩充宣讲所案》及《组织禁烟会案》第三读会,又交议整顿田房税契案第二读会,又议员某提议组织土地保存会案。余到局已近二时,《禁烟会案》甫经议决,接议《田房税契案》,由书记将委员会修正各节对众宣读。讨论一时许,又经指出应行修改若干处,议决再付委员会修正之。时已三时半,照例休息,余小憩片刻即回。续阅《石林燕语》。晚饭后侍大人谈,至十时半而睡。

十月初四日(11月16日) 早起。冷水浴。本日以孝钦显皇后永远奉安,咨议局停会一日。午前阅《石林燕语》。饭后寄四姑母书一件，侍大人谈至十时顷。

收信：叶焕彬。

发信：四姑母苏州。

十月初五日（11月17日） 晴。早起。大人以分校选拔覆试卷上院，须竟日乃回。阅《石林燕语》载元厚之迁知广州谢表卷九云："横水明光之甲，得自虚传；云中赤白之囊，唱为危事。"神宗大称善。回检新旧《唐书·李德裕传》及《汉书·丙吉传》，详查出处，觉其隶事之妙。检书画箱，多霉湿，督仆辈取出罗暴之。检董文敏山水、徐文长山水、李长蘅山水、仇实父人物、奚铁生山水各一幅、陈曼生楹帖一副、日本峻南氏花鸟两幅另贮，拟带至京寓。午后四时，叶吏部招饮其家，出所藏汪洪度《风树图》（有王渔阳题）、姜女士《柏舟图》（有沈归愚题）及李长蘅、董文敏、杭大宗、阮文达、伊墨卿诸人书画扇面、厉樊榭手抄《辛稼轩词》、宋胶泥本《韦苏州集》见示，又将所刻吴荷屋中丞《消夏记》相赠，未终席，以胡慈圃观察德立招饮牙厘局往赴，九时顷席散回寓。

发信：大姑母汉阳、春舫汉口、君卣（四号）。

十月初六日（11月18日） 晴。初六日早起。冷水浴。昨检李长蘅山水一幅，题"辛酉秋日"。考长蘅，嘉定人，万历三十四年举于乡，辛酉为天启元年。阅吴中丞《消夏记》。胡少潜同年子清来谈。周镜渔廉访招饮署中，午后四时顷出门拜客，到臬署时尚早，坐中无他客，与廉访谈都下近状，秉烛后客始齐，九时顷席散回署。

十月初七日（11月19日） 晴。早起。阅吴中丞《销夏记》，申刻朱宝臣大令招饮天然台，四时半出门拜客，遂赴朱君之约。坐中尚无他客，阅半时许始有来者，席间叶焕彬、胡少卿棣华谈张文襄轶事，都堪喷饭。八时许散归。连日晴霁，燥热殊甚，初来时尚可勉强御薄裘，比日非夹衣不可矣。王小圃代购湘绣，携若干件来署，罗列听拣，因拣买挂屏、制屏、琴条各四幅，所绣花卉翎毛栩栩如有生气，殊不减日本绣。

发信:杨哲子。

十月初八日(11月20日) 晴。早起。出城访哲子,知已下乡,当以今晚归,遂回城,顺道拜客数处(辞行)。午刻回寓饭,饭后与王小圃同步至府署左近市街,拟再购绣货数种,历数家无当意者,购醴陵瓷器及本地漆器数件而归。醴陵新创瓷业公司,聘日本及西洋技师,仿制外国式器物,然瓷质殊不见佳,漆器颇有光洁者,略似闽产,价甚廉。酉刻张燕昌同年招饮调查局,七时顷入坐,九时许席散回署。大人得四弟来禀,知译学馆毕业考试等第揭晓,四弟取列中等第四十二名。

绣肆有悬所绣王文勤像者,阴阳向背,纤悉合度,与油画无二,望之如生,美术至此,可谓绝技矣。

十月初九日(11月21日) 早起。冷水浴。九时顷与小圃步至府署左近市街,购买漆器数件而回。十一时顷,哲子来谈,留之饭。哲子言湖南产锑额占世界总额十分之四,向以锑沙出口,无能制纯锑者。今哲子创办华昌公司,炼制纯锑,成绩良好,销路甚广。英人闻而妒之,近已联合世界炼锑各公司,鸠集巨资,包买湖南锑沙,此后湖南制锑之业不免大受影响,而政府不知设法补助维持,坐令莫大利源无可发展,良足嗟叹。二时半以张松雨观察招饮农业试验场往赴,顺道拜客数家。场在北门外,面积一百馀亩,内分四科:(一)普通科,(二)园艺科,(三)蚕桑科,(四)工艺科。讲习、实验同时并行,观察现为监督云。四时顷入席,七时顷席散回寓,整理行箧。

十月初十日(11月22日) 晴。早起。十时顷往中丞处辞行,中丞出《资政院选举章程》询考疑义数条,余一一解释,中丞方病欬,问余明日互选资政院议员,监督如不能亲莅,须电奏否?余言章程规定须亲莅,若欲变通,自以奏闻为宜。十二时顷辞出,赖子佩、朱益斋两观察以午刻招饮曾文正祠,往赴。二时半散,拜客数处,胡少潜同年子清以申刻招饮法政学堂,同时谭组庵、冯星槎、曾俟园三君招饮天星阁,余先赴少潜约,主人以事他出,候至四时半乃归,未及入席即辞去。拜客数家，赴天心[1]阁。阁在城南，为全城最高处，惜到时已昏暮，未能眺望。坐中有曾重伯，旧雨重逢，狂谈纵发，庄谐迭出，妙绪环生，满座哄笑。至九时顷而散。

收信：大兄、吴子修附先德著书数种，漆器、瓷器各两事。

十月十一日(11月23日) 晴，有风。十一日。早起。冷水浴。料理行箧。各省咨议局照章于本日闭会，故《资政院选举章程》定以本日为该局互选资政院议员之期，湘省咨议局以议案尚多未决，照章展会十日，而互选仍以本日举行。余于午前十一时顷前往参观，时投票尚未完竣，阅两时许检票事毕。得票合格者（湘省咨议局议员定额八十二人，投票者共七十六人，照章以得票满三十九票为当选）仅有一人（罗杰四十四票），照章须按缺额就得票次多数者加倍开列，再行选举，余即行回署。饭后五时顷，大人自局归，知二次检票之结果，又得合格者六人，尚缺三人（湘省互选当选人定额十名），须行第三次互选云。余以杨哲子招饮华昌公司，拟席散即行登舟，因即叩别大人。赴哲子约，坐有重伯、子靖、少潜及组庵、星槎、俟园三议长。重伯即席赠诗三章，组安诸公后到，知第三次选举已如额选足，星槎在前五名之列。畅谈至十一时顷，登吉安船，陈子丹已在船候送。坐定，星槎、俟园、少潜、子清、组庵、哲子踵至，谈半时许各散，哲子独留，又谈二十分左右而去。

十月十二日(11月24日) 十二日。早起。舟甫开行，日暮抛锚止洞庭湖中，阅重伯诗集（未刊本，重伯属余删定者），惊才绝艳，诚非同时流辈所有。

十月十三日(11月25日) 早起。舟于午前六时顷始行，十时顷过岳州。午后无事，就舟中补写前两日日记。今日为君卣生辰，客途寂寞，弥增思念。豫计舟行当以本日午前抵汉口，届时尚拟到汉阳、武昌一访邱氏姑母及孙氏妹。不意水浅行迟，须午后八九时顷始

---

① “心”原作“星”，圈去。然上文未改。

得达,而赴京快车以明日午前十时四十五分发,势更无暇他往,因作书致姑母及二妹,说明不能走访之故,并各送土宜两种。九时顷望见武汉灯火,三十分左右抵埠,将行李留舟上,明晨直接上车,仅携绒毯一件,往春舫家止宿。阅报知端午桥以此次奉安沿途遣人照相及乘舆横过神路,被李侯国杰疏劾。部议革职,诏以陈小石移督畿辅,以瑞洵如中丞权督荆湘,调宝湘石抚吴,擢丁衡甫抚晋。

十月十四日(11月26日) 早起。十时顷与春芳父子同至停车场,为时尚早,兼以遗忘物件,仍回黄寓,理发。寻春芳送余登车,将昨致大姑母及二妹书交万春分送。十时四十五分车发,饭时遇日本人实相寺君,知同车赴京,长途谈话,聊解岑寂。午后四时四十分抵信阳州,检时间表当以夜间十二时渡河桥,约实相寺君届时同起一观。晴天无云,月色甚皎,平原千里,实为陆海。夜中睡醒,正抵郑州,披衣起待渡河,与实相寺君凭窗眺望,车缓缓过桥,中流水涸,寒风懔懔,约十五分钟方渡过,复睡。

发信:大姑母、二妹。

十月十五日(11月27日) 早起。适抵邯郸驿,实相寺来闲谈。午后五时抵前门,家人遣车迎候,即回寓。

十月十六日(11月28日) 早起。本日二伯父五十九岁生辰,与四弟具衣冠拜祝,君度亦来祝。三时顷李福孙、张云抟来谈。晚刻设肴馔为伯父寿,适叙斋贝子闻余回京,遣人邀往晚饭,冒大风而往,坐无他客,惟余一人,谈至十时顷而回。

十月十七日(11月29日) 早起。拜那相,未会。到宪政馆,饭后到部,三时顷散。谒世相,谈刻许。诣肃府,适喀喇沁王在坐,已而金巩伯亦来,邸详述此次孝钦显皇后奉安大典及数日内历史。五时半退出,以润田尊人生辰往祝,在石桥别(桥)[业]晚饭,至九时而散。

十月十八日(11月30日) 早起。冷水浴。到修订法律馆,绶经属分任《刑律草案》修正事,余担任分则第一章至第二十章。饭后到宪政馆，三时顷到民部，旋往谒林侍郎，谈一时许而归。叙斋贝子邀往晚饭，坐有仲和、润田及程绍棠，长谈至十二时顷而散。

寿州相国以昨日辰刻辞世，本日奉上谕"赠太傅，谥文正"。

十月十九日(12月1日)　早起。冷水浴。实相寺、钱硕人、傅君汝勤先后来谈。十一时顷出门拜徐菊人尚书，未会。到宪政馆，饭后到部。肃邸电约与逵臣及两厅丞、两参事同往府中一谈。与仲和同车往，四时半散。到燕寿堂，与二伯父公请费仲深、章一山、王君九兄弟、何济川、吴赓夔、周赓咸、黄蓉阁晚饭，君九先散，八时半饭罢回寓。

十月二十日(12月2日)　早起。秦闻诗来谈，饭后到部，逐年筹备事宜清单本年应行颁布之《厅州县自治章程》当由民部起草，已由尚之参事草就，月内即可具奏，本日余为草折稿一通。四时半散，与伯平同到东安市场，并电约仲和来饭。先与伯平打球一盘，事毕而仲和来，因共饭，仲和作主人。饭罢又共打大小球各一盘，至九时顷而散。子涵在寓，又共手谈至十一时顷。

十月廿一日(12月3日)　早起。冷水浴。到修订法律馆。饭后到芥子胡同访王胜之年丈，将叶焕彬吏部属赠之书籍数种并致胜之书一件面交，谈半时许回东城，到民部与尚之讨论《府厅州县自治章程草案》，四时半散归，修改《自治章程草案》。

十月廿二日(12月4日)　早起。冷水浴。到宪政馆，与柳溪商定咨议局互选资政院议员执照格式，并电稿数件。又与伯平商改《府厅州县自治章程草案》，三时顷携稿赴部，示尚之，尚之以为然，属书记写稿。四时半散，访伯棠侍郎，未见，到醉琼林应曹巽轩招饮，未终席而回。

十月廿三日(12月5日)　早起。寄父大人书一件。诣庆王府投一刺，谒朗贝勒，未见。到伯平家饭，延逵臣有嫂夫人之丧，顺道往吊。回东城，访陆闰生，不值而归。六时顷与君卣、秀英同到东安饭店饭，饭罢购物数种回寓。

发信:长沙上父大人。

十月廿四日(12月6日) 早起。陆闰生来谈,与同车到宪政馆。饭后到部,阅定《府厅州县自治章程》及《选举章程》清单,酌改数处,交民治司缮折。沈雨人侍郎为郎君授室,往贺。孙子涵到津迎其夫人,以本日早车来京,赁居西城武功卫,往访之,行装甫卸,四弟、柏侄等方助之整理,屋小物多,几无容膝之地,喜生亦随外姑在此,略坐即去。以宝瑞臣侍郎招饮往赴,十时顷散归。

收信:父大人与四弟书,内附列陈善馀、胡伯平书各一件。

十月廿五日(12月7日) 早起。冷水浴。与卣同车到武功卫孙宅,余旋往法律馆办事。饭后回到孙宅,谈至三时半,与卣携喜生同回,纡道至东安市场,入购女兜及食物数事而归。胡子靖自湘来京枉顾,谈片刻。

十月廿六日(12月8日) 早起。于晦若侍郎来谈。到宪政编查馆,李柳溪建议就各部现行职掌分别事理,何者属于国家行政,何者属于地方行政,按部列表,为说以明之,名曰《行政纲要》。将来厘定官制、编制预算,均可以是为标准。表成示余,窃叹其用意之善。讨论至五时顷,以资政院事与同诣伦贝子府,五时顷各散。实相寺君及其夫人约仲和、润田及余夫妇在正金银行住宅晚饭,余自贝子府径往,遣车归迓卣。坐客除宾主男女八人外有下濑、石丸两君,十一时顷散。

收信:张云抟。

十月廿七日(12月9日) 早起。拜徐菊人尚书,未会。到宪政馆将李柳溪所编《行政纲要》表式交还,讨论厘定官制问题。吴向之方校改现行律草案,因痛陈旧律之万不可用,谓若欲以此保存礼教,则唐宋元明何以亡国?余戏言公论诚新奇可喜,若使文襄有知,必将与公为难。刘仲老因言八月以前似不闻公有此论,向之甚窘。三时顷到部,旋诣肃府,邸令明日午后约柳溪阁学同来一谈。四时半回寓,闰生电约晚饭,伯平在坐,共谈至九时顷而散。

十月廿八日(12月10日) 早起。赵竹垣来谈,访李柳溪,已往宪政馆,随即到馆约饭,同诣肃府,讨论馆事。午后与柳溪同车谒邸,闰生亦来谒,同见,谈一时顷而散。诣伦贝子府,梅贞、孔怀先在,贝子畜鸽数百头,就庭中放之,回翔片刻而下,分曹各归其巢,叹物性之妙。紫笙、仲和、润田先后至,同商酌资政院秘书厅奏调人员名单,程绍唐遵尧约孔怀、仲和、润田及余陪贝子在六国饭店晚餐,八时顷余等先往,阅一时许,贝子至。饭罢陪贝子打球两盘,至十二时许散归。

收信:李福孙、刘国彦。

十月廿九日(12月11日) 早起。冷水浴。补写日记(自廿三日至昨日)。作上四叔父书一件。饭后到民政部办事,四时顷散归。得大姑丈书并惠画扇一事,立作一书谢之。草《刑律草案》分则按语第一章毕。

收信:延子澄、大姑丈。

发信:四叔父、延子澄、大姑丈。

十月三十日(12月12日) 早起。冷水浴。出城拜客。午刻在六妹处饭,饭后接续拜客数处。入宣武门,访子涵,适茂儿在焉,留一时许,携之同归。

十一月初一日(12月13日) 早起。出使义国大臣钱念劬恂奏:保和第二会约文应译汉公布,研究利害以备将来第三会讨议之资。得旨"令该衙门议奏",于是陆军部、海军处、军谘处、法律馆各遣员赴外务部会议,法律馆派员为许推丞受衡、章编修宗元及余凡三人。本日午前十时赴外部,议至午后二时顷而散,订初六日再议。散后到民政部办事,旋回寓,伯平同来。本日晚六时,伯平与仲和在石桥别业宴于晦若、李木斋、汪伯棠、王侃叔诸公,予在陪客之列。五时顷与伯平同往,八时顷散归。

收信:曹君直。

十一月初二日(12月14日) 晏起。十一时赴法律馆,将《刑律草案》分则第一章按语交书记清写,旋往烂面胡同贺张劭希续室,及门则知改期以初四日。到珠巢街贺丁巡卿得候补侍郎之喜,入谈片刻,访刘省庵略谈,回到宪政馆小憩。往吴蔚若家贺其郎君授室之喜,旋回寓。孙子涵来谈,留晚饭。大风。写廿九日至本日日记。

发信:李柳溪。

十一月初三日(12月15日)　早起。冷水浴。本日午刻举行崇上隆裕皇太后徽号典礼,三品以上各官在午门外行礼,予于十一时顷朝服前往,未及事而退。到宪政馆饭,饭后到部,四时顷散。访乌侍郎,谈一小时许。肃邸约李柳溪在府晚饭,闰生、仲和及予陪客,五时半往赴,席散又长谈,至十时顷而回。得谭组庵电,问资政院速记学堂何时开办。

收信:谭组庵电。

十一月初四日(12月16日)　早起。续纂《刑律草案》按语,尽分则第二章。饭后以黄次如嫁妹,张劭希续室之喜,往两家贺。次如他出,在劭希家略憩,赴资政院会议,叙斋贝子不到,同人渐散。将组庵来电及覆电一件交云企韩同年。往子涵家,值子涵出,匆匆到松树胡同润田家,访金伯屏。贝子将以伯屏为本院秘书厅长,自津来接洽也。润田留共晚饭,谈至九时顷而回。

收信:黄寿萱。

十一月初五日(12月17日)　早起。昨有诏以崇上皇太后徽号礼成,加在京文四品、武三品以上官各一级。七时顷与二伯父同入谢恩候旨,事毕与仲和同车到其家早餐,憩一时许,到法律馆以《刑律》分则第二章按语付书记清写。绶金以敦煌石室秘笈写真一分见付,直银七十元。饭后到部办事,四时半散,访云抟,谈片刻。本日酉刻约熊秉三、胡子靖、王侃叔、金伯屏、钱念慈诸君饮福全馆,请伯刚、仲和、润田、闰生、伯平陪客,润田、闰生辞,九时许散归。

十一月初六日(12月18日)　早起。月华贝勒来谈一时许。十时顷拜陈小石制军、吴鹏秋京卿,均未会。到宪政馆。饭后到部,四时顷散。叙斋贝子招饮邸第,衙散往赴,便访厚斋将军,不值。在贝子坐中长谈至夜二时顷始散。

李柳溪拟《覆吴炯斋疏陈各省咨议权限折》,请改会议厅编制,而以审查该局议决案件可行不可行之权付之,若厅议不可即毋庸交局复议。予以如此则与局章二十二、二十三两条抵牾,反复辩论,卒改其议。凡该局不应议决之件(逾越权限、违背法律)由厅审查属实,不交复议,其馀虽厅议不以为然,仍交复议。又与吴向之讨论《禁烟条例》,删并数条。

预记事件:午前外务部会议,未赴。

十一月初七日(12月19日) 早起。赵御史熙昨有疏劾宪政馆员多权重,或借考察为名,出京省亲访旧,又多兼资政院差,行政、立法萃于一身,因言各部设丞参无用罢之便。各枢堂定今日午前到馆会阅此疏,余于八时顷前往候之,提调局长及仲和、润田咸在。九时顷,世、那、鹿三相及戴尚书同莅阅折,鹿相闻假考察之名省亲语,因言:"是得毋指汪某耶?"时余与鹿对面坐,瑞臣提调因指余告鹿:"汪君现在坐,此人即是。"世相言:"此次派员分赴各省考察事,已面陈摄政,摄政深然之。"那相言:"衮父此行未尝受馆中资斧,顺道省亲,人情之常。"余因言:"疏劾馆员兼资政院差,此特帮同筹办理开院事耳,明年资政院成立,荣等皆无事矣,非长此兼差也。"那相言:"不第此也,诸君事甚冗,不兼资政院事,度皆甚愿,设均辞院事者,伦贝子不太窘耶?"因言此疏奉旨交馆知道,无覆奏之必要,置不议可耳。旋会阅李柳溪拟覆吴炯斋各折片及他稿件。鹿相先散,世、那、戴三枢留片刻亦去,饭后回寓。

十一月初八日(12月20日) 初八日。早起。冷水浴。续纂《刑律草案》分则第三章按语,未竟。饭后到部,三时半得仲和电,叙斋贝子约德国工程师于今日测量贡院地址,属余往会,急驾往赴,工程师正以卷尺自南而北施测量,余陪之,行荆棘瓦砾中。会仲和亦至,在行幕内小憩。已而贝子偕冯孔怀、程绍唐及德人喀由斯同来,陪贝子登明远楼,四壁尽圮,寒风扑面,徘徊俄顷而下。润田约测量事毕后到六国饭店晚餐,予以伯刚招饮石桥别业拟先赴,坐有仲和,因同车往,仲和有事,未坐即行,余亦不及终席,辞出,赴六国饭店,流连至十二时顷而回。

十一月初九日(12月21日) 早起。王侃叔赴比,以今日发,往送之西车场,良久乃至,匆匆话别。到法律馆续纂《刑律草案》按语,尽分则第三章,付书记清写。饭后到部办事,五时顷散归,朱诚侯兴汾、余东屏建侯先后来谈,留东屏晚饭。以明早陪祀圜邱,早睡。

收信:四姑母、秦闻诗。

十一月初十日(12月22日) 本日大祀天于圜邱,余当陪祀。午前二时半起,盥洗饮食。三时许往,与钟郎中凯在本部行幕内小憩,旋入诣拜位,候至五时顷,恭代王豫邸始到,礼毕已七时矣。归途大风,窃窃称幸。回寓和衣假寐两小时。写初四日至本日日记。饭后到部办事,四时顷先散。到源丰堂吊周子异参议尊人之丧,又往宝瑞臣侍郎家祝其母太夫人生辰,时已薄暮,资政院有会议事件,以时晏不能往,即回寓。

收信:彭子嘉。

十一月十一日(12月23日) 早起。冷水浴。比利时君主崩逝,本日午前十一时,驻京比使在东交民巷礼拜堂诵经祈福。上命那亲王恭代慰唁,监国遣曹右丞汝霖代唁,由外部知照各部各遣丞参一员代表致吊,本部遣余代表。十时顷往外部,知各部代表均已径往礼拜堂,随即驰往,由通译官引入。堂中央设木架一,作长方形,上覆以三色布,花草环之。堂南有楼,楼上设风琴,中西人长幼十馀辈列坐其间,唱歌略如梵呗。堂北设供,正中立神像,上有旛盖、香烛毕具,教徒四五辈,盘辟拱拜其前,迤南设坐,东西两行。各国驻京公使以下在西,又西为妇人席。那邸以下各华官在东,又东为各国武官及使馆员席。余等以次入坐,楼上乐歌屡唱屡止,已而神供前教徒提炉、提杖,诣中央木架旁,念念有词,观者均肃立,自始至终。约两小时事毕,各散。余往宪政馆饭,饭后与柳溪阁学拟订《资政院附设速记学堂章程》十二条及《经费豫算单》一件，三时顷散。到部，会两厅丞、佥事议巡警补习所改良办法，至秉烛乃已。与仲芗、仲和同往东安球场打地弹一盘，伯平踵至，在东安饭店共饭，余作主人。饭后又打地弹两盘、台球一盘，十时顷散归。写昨日及本日日记。

十一月十二日(12 月 24 日)　十二日。早起。乘马访柳溪，谈半时许。到法律馆续草《刑律草案》分则按语，尽第四章。天大风，家中以车来备用，乘之到部。三时半散归，得大兄、八弟书，又余东屏书各一件。写本日日记，灯下覆大兄及八弟书各一件。

十一月十三日(12 月 25 日)　早起。冷水浴。拜端陶斋，未会。到宪政馆，与柳溪讨论各部官制通则问题。饭后到部，覆勘本部《胪陈整顿警务办法》、《恳恩饬部拨款折底》，酌改数处，封送邸堂。四时顷散，访闰生，谈片刻，以赵渭舫招饮福全馆往赴。八时许散归，写本日日记。

发信：大兄内附八弟书、赵竹垣。

十一月十四日(12 月 26 日)　早起。王君九兄弟约本日午刻饮其第，九时顷出门拜客十馀家(晤秦少观)，赴君九之招，时已过午，坐中尚无他客，知为时尚早，复往近旁拜客数家(晤吕寿生)。又以同年夏蔚如邮部尊人之丧往吊。再赴王宅，少选入席，至三时顷而散。入顺治门，拜客一家，回寓写本日日记。伦贝子约晚饭，五时顷往，坐有润田、仲和、绍棠，贝子将以伯屏奏署秘书长，并派润田、仲和、竺垣，又调绍棠、孔怀、张执中随办资政院工程事宜，由润田拟稿，并拟续请开办经费四万两，由余酌定一片稿，至夜深二时顷而散。

预记事件：夏吊。

收信：嵇洛如、费仲深。

发信：费仲深、吴向之。

十一月十五日(12 月 27 日)　早起。冷水浴。到宪政馆，闰生约共修改《法院编制法草案》，寻议定先由闰生、仲和两君修正，俟脱稿后再由余增润文句。饭后到部，邸堂阅定请款折稿，属再修改数处,即日缮写。余先散,以同年顾枚良母太夫人六十生辰往省馆庆祝。匆匆入宣武门,赴资政院会议,将《遴保秘书长折》、《派员随办院工折》及《续请开办经费片》一一商酌定稿,并将前拟《速记学堂章程》及《经费豫算》呈总裁核阅,七时半始散。赵仲宣员外招饮石桥别业,与润田同载往赴,九时顷席散,与仲和、闰生、伯平、爽甫同到润田寓斋,聚谈一时许而散。与闰生同载,在黄绶胡同一过,送余回寓。

预记事件:顾庆。

十一月十六日(12 月 28 日) 早起。冷水浴。饶聘卿来谈,续纂《刑律草案》分则按语,尽第五章。饭后以同年全玉如员外兴嫁妹,往贺。拜客两家,到部办事,与逵臣校勘请款折(准定明日具奏)。事毕回寓,伯平同来,子涵先在,凤永叔踵至,谈至晚饭后,共为手谈。

预记事件:全庆。

十一月十七日(12 月 29 日) 早起。冷水浴。汪穰卿来谈。到宪政馆,与柳溪酌拟《资政院经费款目豫算概要》,每年约需二十九万有奇。饭后到部办事,改电稿一件(《覆粤督电询城镇乡自治章程疑义》),四时顷回寓。到四弟家一坐而回,代卣致蓤舫八妹书,又与四妹书各一件,写十五日至本日日记。九兄约东安饭店晚饭,七时顷往,坐有子涵、四弟、外客二人。饭罢,抛球两局,至十一时顷而散。

十一月十八日(12 月 30 日) 早起。冷水浴。游星伯员外来谈。到宪政馆,与柳溪酌议《资政院经费款目豫算》,并拟请蔡子馨充速记教习电稿,约午后五时同诣伦贝子面商。饭后到部,签驳陕西巡抚咨送该省《违警章程草案》。四时半到伦贝子府,坐定,柳溪亦至。《豫算款目》尚须酌改,电照发,七时顷回寓。

发信:四妹、八妹。

十一月十九日(12 月 31 日) 大风。早起。十时顷到修订法律馆,续纂《刑律草案》分则按语,至午后三时尽第六章。以钱斡臣赘婿往贺,顺道拜客两家。回到资政院,阅折片三件,总裁拟二十二日具奏。事毕与润田、仲和同到章宅,晚饭后回寓。

预记事件：李庆，钱仝，舒、黄仝。

十一月二十日(1910年1月1日) 早起。冷水浴。以阳历元旦，差片往日本使署及正金银行贺新禧。十一时到宪政馆，拟覆湘抚电稿一件。湖南咨议局订《议事细则》，有"巡抚与各国缔结关于湖南之契约应由局议"等语，湘抚以为干涉外交，电馆请示。余以外交事件应由外部主持，各省本不应与各国缔约，如与外国商缔结契约，可由督抚专决者，即不在外交事件之内。讨论数四，拟稿候公酌。饭后到部办事，四时半散归。写昨、今两日日记，伯平来谈，留晚饭。又电约闰生来寓夜话，三人手谈至十一时。

发信：陈善馀。

十一月廿一日(1月2日) 早起。冷水浴。十时顷闰生来谈，同往观贡院西边阿氏屋，大小六七十间，议价在八千金以上，览毕与闰生同回。十二时顷以舒宾如郎中招饮东兴楼往赴，一时半席散，在东北城一带拜客数家，晤朱桂辛，四时顷回寓。章曼仙以《铜官感旧图》属题，此图余于光绪庚子春间尝题辞一篇，并为书之，闻曼仙将付石印，余自嫌书劣，请为重写，故曼仙以册页四幅乞另书也。薄暮奋笔书此，顷刻尽四页而词尚未毕，乃函致曼仙更补两页备写。叙斋贝子约晚饭，六时半往，坐有润田及谢卫臣主事天保，剧谈至一时半而散。

十一月廿二日(1月3日) 昨夜迟眠，今日起已十时半矣。以戴少怀协办大学士往贺，投一刺。答访贺月槎年丈辉玉，攸县人，不值回。入宣武门，到武功卫孙宅午饭，饭后往六条胡同贺乌侍郎介弟振林君续室之喜。旋到部，四时半散归，子涵来谈。写昨、今两日日记。

预记事件：乌庆。

收信：连心源。

发信：曼仙。

十一月廿三日(1月4日) 早起。冷水浴。到法律馆续纂《刑律草案》分则按语，尽第七章。以吴彭秋昆仲招饮福全馆往赴，迂道到南宽街贺凤石相国大拜之喜。二时半自福全馆散，到部，肃邸有电话邀往府中议事，适冯历甫孝廉阅模来访，接待诸咨议官厅。谈次，仲和来，知余将诣府，袖出公事数件，内一件系某贵族府开设博场，经巡警侦访得实，须请示办法，属为代陈。余随到肃府，坐有逵臣及刘卓东景沂，丁问槎亦至，讨论《议覆麦侍御秩岩奏参广东警政腐败请筹拟考核各省巡警道章程折稿》。余意改巡警道为巡警使，由部请旨暂以各省巡警道员试署，嗣后应仿照学部与各省提学使之关系，由本部遴员豫保，邸亦甚然其说。寻议定，先将广东警政现在调查情形覆奏，其警道官制详细议定后再行覆陈。某府聚赌事，邸拟由部派员往抄，俟明日与乌侍郎商定再办。五时顷散，余往内城总厅将此件办法通知仲和，兼以资政院会议不能往预，属仲和代白叙斋贝子，匆匆一谈而回。写本日日记。

十一月廿四日(1月5日) 二十四日。叙斋贝子以午后二时会资政院同人，诣孙文正灵筵致奠，事毕往贡院旧址相度地形，约过余斋晚饭。午前整理书室客座，并治具以待。饭后诣孙宅公祭，贝子约先到余家更衣乃往贡院。余与润田同车回寓，竹垣、孔怀、绍唐踵至，旋贝子亦来，小憩，同往贡院，踏勘一周，贝子以有外国工程师相随，恐不习华餐，欲改至六国饭店饭，由仲和揽作主人。踏勘完毕，各散。仲和、竹垣、张执中锳绪同到余斋，略坐即共往六国饭店，流连至十一时半而回。

收信：贺月槎。

发信：天津太晤士行《百科全书》价银第三十三、第三十四回，全数清讫。

十一月廿五日(1月6日) 二十五日。早起。贺月槎来谈。昨日肴馔备而未用，因约冯立夫阅模、仲和、润田、闰生、伯平诸君来寓晚饭。十时顷到宪政馆，又添邀李柳溪阁学。饭后到部办事，廿三日议定《覆奏麦侍御条陈办法》，林侍郎不甚以为然，因另拟办法，无须汲汲具奏。四时半散归，续写《铜官感旧图序》，甫半页，以客至搁笔，酬酢至十时顷而散。伯平未到,金伯屏、丁问槎不速至,柳溪未入席先散。

预记事件:廉吊,广惠寺。

十一月廿六日(1月7日) 早起。曹巽轩来谈。到修订法律馆续纂《刑律草案》分则第八章按语,未竟。饭后到部,定明日值日具奏各折片稿,四时半散归。与卣等同往观东邻蓉阁、子涵共赁之屋,糊表一新,子涵定来月初五日迁入。伯平来谈。曾重伯属余删定诗集,久未着手,本日得胡子靖书,将以来月朔还湘,原约曾集阅竟,托子靖带归,不可不发奋评阅。灯下与伯平共读之,选定数十首。

预记事件:庆吊。

收信:胡子靖。

十一月廿七日(1月8日) 早起。贺月槎来谈。到宪政馆,计算本年应奏之件,列一清单(凡八件)。与劳玉初、章仲和讨论司法区域问题。午后二时顷到部,本日具奏各折片,均得旨俞允,四时回寓。伯平来,同阅重伯诗集。写二十四日至本日日记。

收信:石桥别业。

十一月廿八日(1月9日) 早起。冷水浴。雇马车拜徐尚书,未会。以秦君曾诰、吴君传球昆季招饮省馆往赴,二时顷席散,在近旁拜客数家,回至石桥别业。泽公新拜盐政大臣之命,欲赁别业为公所,同人会议可否,余与刘伯刚主将此屋售与盐政公所,众多不以为然。已而雷季兴奋来谈,季兴新自南来,有所勾当,约留一星期即回,五时顷散。以湖南同乡京官招饮德昌饭店往赴,湘绅以铁路事议举黄君志浩为主持总理,余离湘时曾受谭组安、龙研仙诸君均托回京向徐尚书代达此意。其后,胡子靖来京,运动此事,由同乡京官具呈邮部,请为奏派,部中议未决。本日特邀伯棠侍郎、梁燕生参议诸人一谈,以余与此事略有关系,故亦列席。席间袁伯葵郎中质问伯棠侍郎,语颇激昂。余为邮驿其间,伯棠言俟沈雨人侍郎回京后再定,九时顷散归。

十一月廿九日(1月10日) 早起。冷水浴。到宪政编查馆。本日学部具奏《译学馆乙级毕业学生照章请奖折》,四弟考列中等,照章得奖,给举人出身,并以七品小京官分部学习,得旨俞允。与刘仲鲁讨论《府厅州县自治章程》,略有所争持,然仲老所主张者固不为无理,余寻悟,改容谢之。二时半到部,肃邸将于明日赴崇陵行宫值班,当以十六日回京,特将年内本部应办事件属丞参条记照办。三时半到资政院,总裁有信不到,同人将次散尽。随诣仲老家一谈,归途访仲和,不值而回。草《刑律》分则按语自第八章至第十章,至十二时顷始毕。

收信:大兄。

十二月初一日(1月11日) 天微雪。早起。冷水浴(始加盐)。到修订法律馆,将《刑律草案》按语交绶金。本日午刻,苏府同乡为凤石相国悬匾三邑馆,设宴致贺。余以十一时半自法律馆往会,宾主已集,席散后往崇文门外拜客两处。旋到部,五时顷散归。润田约石桥别业饭,辞未赴。

十二月初二日(1月12日) 天微雪。早起。冷水浴。孟庸生昭常来谈,送所纂《商法调查案理由书》一部,言将呈诸修订法律大臣,以备采取,属为赞助。日来各省士绅纷纷举代表赴京请迅开国会,庸生盖亦代表之一。余因与讨论此事之当否,并略述所见,供其参考,庸生亦颇以为然,谈四十分而去。余往宪政馆,仲和草《奏进法院编制法折稿》成,属余酌加修润,又顾巨六拟《奏进府厅州县自治章程折稿》,同人嫌其词费,属余删定,余允携归删改。三时半出城拜客数处,均不值。钱毓杭以六时招饮万福居,余往太早,主人尚未至,因到升平园理发、沐浴,事毕再往,主客陆续到,九时顷席散回寓。写廿八日至本日日记。

收信:润田、霳厚、四妹。

十二月初三日(1月13日) 大雪竟日。早起。冷水浴。夜来大雪,庭除积寸许,达晨未已。改《法院编制法折稿》,并删定《府厅州县自治章程折稿》，十一时顷冒雪携稿赴宪政馆。饭后到部办事，四时半回寓。卣、秀往伯平家贺其得子周岁之喜，以雪凝路滑，中道折回。上父大人书一件。写本日日记。

十二月初四日(1月14日) 晴有风。早起。冷水浴。草《议覆御史麦秩严条陈警务折稿》。饭后到部，接续前稿，语多未惬。傍晚回寓改稿，会子涵来谈，暂行搁笔。客散复草，将前一段改定。

预记事件：宋吊。

发信：长沙十四号。

收信：余东屏。

十二月初五日(1月15日) 大风严寒。早起。冷水浴。写昨日日记，作家书二件。本日子涵夫妇迁居小杨宜宾胡同，在余居之东，为比邻。中间仅隔一小巷，眷属往来至为利便矣。饭后到部，续草《议覆麦侍御奏稿》，抵暮始毕。以资政院会议顺道往内城总厅，仲和尚未散，因与同车而去。七时顷散，仲和邀往其家，陪孟庸生、雷季兴诸君晚餐，至九时半而散。

预记事件：严君家榦约福兴居午饭，辞。

发信：大兄、恩荫伯、四妹。

收信：恩。

十二月初六日(1月16日) 早起。冷水浴。民政部拟订《府厅州县自治章程》多袭用《城镇乡》条文，柳溪以为上级自治制与下级自治制精神不同，编制各异，提议修正，余甚是之。柳溪约本日在馆会商，竟日讨论，觉应改之处甚多，薄暮携稿而归。

收信：父大人、曾理初。

十二月初七日(1月17日) 早起。冷水浴。雷季兴来谈。饭后到部，将《议覆麦侍御折稿》呈左右堂核阅。侍御原奏请嗣后各省民政司或巡警道员缺一律由民政部预保候简，毋庸再由督抚保奏，余恐限制太严，议覆稿而仍推督抚预保，惟须先行谘部核准再奏。林侍郎以为如此则部有考核之虚名，尚负保荐之责任，力持不可。余因如其意删定之，函送肃邸核定，五时顷回寓。伯平同来，商酌修正《报律》事，逐条讨论，不觉夜深，散已一时半矣。

收信：汪季农。

发信：父大人(十五号)。

十二月初八日(1月18日)　早起。冷水浴。函约叙斋贝子以明日午后二时饮寓斋。到宪政馆讨论年内应奏各件，内有《请禁革卖买人口、删除律内关于奴婢各条》一折，为劳玉初、许叔伊两君手笔，此事得请，亦历史上文明进步之一大举动也。三时许散归，函约润田、绍棠、孔怀三君陪叙斋贝子饭。蓉阁右腋下生一痈，痛甚，昨延日医川田疗治，谓须奏刀，乃移住川田病院，今日闻已剜割，创甚巨，可谓无妄之灾也。

发信：伦贝子、润田、绍棠、孔怀。

十二月初九日(1月19日)　早起。冷水浴。邓孝先、张性初天元，译学馆毕业生、雷季兴先后来谈，留季兴饭，电邀仲和来寓晚饭。孔怀赴天津未回。叙斋贝子以电话通知伯屏来京，已属今晚同来一谈。薄暮微雪，伯屏、绍棠、仲和、润田次第至，候叙斋贝子，至八时顷乃到，入坐，畅谈，雪渐止，十一时许客散。

预记事件：雷季兴，上海西门外宁康里六四号。

十二月初十日(1月20日)　早起。上年四弟纳爱新觉罗氏为室，未有亲命，此次回湘面奉父大人谕，令四弟于毕业得奖后即举行正式结婚。回京后白诸二伯父，定以本日举行此事。午刻四弟夫妇来寓交拜，遥谒重闱，以次与家中长幼行相见礼，六妹及子涵夫妇咸来会，旋就堂中设案，祭祖礼毕，家宴尽欢。以林赞虞侍郎为孙世兄授室往贺，略坐而回。伯平、寿生踵来致贺，留憩片刻。七时顷日本驻使伊集院君以新馆落成邀饮，余往赴，中日官绅会者数十人，十时许散归。

预记事件：陈少云家栋约万福居晚饭，辞。

十二月十一日(1月21日)　早起，往川田医院访蓉阁，创痛渐已，尚难转侧。旋访金伯屏，商酌《速记学堂章程》。到法律馆，饭后以耿伯齐招饮往赴，傍晚与杏衢、君善、胜之三君手谈一局，晚饭后回寓。

收信：劳玉初。

十二月十二日(1月22日) 严寒。早起。冷水浴。到宪政馆，将修改《府厅州县自治章程》大意面商诸李孟鲁、顾巨六，并酌定目次（一、总纲，二、议事会，三、参事会，四、行政，五、财政，六、监督，七、文书格式，八、附则），属二君分任起草（前四章属孟鲁，后四章属巨六，期来水曜日交稿）。午后四时顷，世、那、戴三枢到馆，五时半散，予与仲和同车诣伦贝子府，商定《速记学堂章程》稿。七时顷到石桥别业，法律馆同人公宴孟、秦二君也。席散到润田家一坐，遇王侃叔，知新自南来，将改道由西伯利亚赴欧，十一时顷回寓。

收信：胡子靖。

十二月十三日(1月23日) 早起。冷水浴。午前李庆阶来谈。君度妹丈来寓，适余有代拟文件属草，半日未能酬客。三时许脱稿，为子靖同年书扇一柄，又与皙子、叶焕彬及组安、倏园、星槎三议长书各一件。六时顷以林蕙亭招饮寓斋往赴，坐有子靖，将书扇及函件面交。九时顷散，与闰生同车，到其家商榷今日所拟之稿，酌改一二处，旋即回寓写定之。

十二月十四日(1月24日) 早起。补写初五日至昨日日记，未竟，时已近午。到宪政馆，将昨日代拟文件面交润田，与柳溪、孟鲁诸君讨论《府厅州县自治章程》及其他稿件。饭后二时顷到部，改定各司拟奏之稿，凡四件，四时顷散。以资政院会议便道赴总厅，附仲和车而往，酌定速记学堂常年经费豫算，总裁属余草奏，约以明日脱稿。七时许散归。续行补写日记，覆田自芸同年书一件。

收信：田自芸。

十二月十五日(1月25日) 早起。本日应赴法律馆，以草《速记学堂章程奏稿》，不果行。午刻草奏毕，函送叙斋贝子校阅。饭后到部办事,四时半散。以月华贝勒生辰往祝,入谈片刻。访伯平未遇,旋以端陶斋招饮石桥别业往赴,坐客数十人,列筵凡七,至九时顷而散。与问槎、闰生、仲和共诣润田家,旋又同往其新营香巢,谈至十时三刻而回。

发信:自芸。

十二月十六日(1月26日) 早起。叙斋贝子枉顾,商酌《速记学堂章程奏稿》,议定而散。到宪政馆,孟鲁草《府厅州县自治章程修正案》,成四章,本日与柳溪、孟鲁同加讨论,将第一条至第四十一条决定。三时顷到部办事,四时顷散归。许俊人同年自奉天回京来谈。写昨日及本日日记。

收信:曹润田、张星五。

十二月十七日(1月27日) 早起。冷水浴。张生卓修以毕业得奖来见。到宪政馆,续与柳溪、孟鲁讨论《自治章程案》,决定二十馀条。饭后到部,肃邸自梁格庄行宫回京,三时顷与丞参、参事诸君同往见,余与逵臣入谈一时许,《议覆麦侍御条陈警务折稿》邸嫌太长,属为删节。四时半以耿氏外甥周岁往贺,留饮,席散又手谈一局而回。

十二月十八日(1月28日) 早起。江苏请愿国会代表方君还、于君定一来访,以方欲赴法律馆未能延入。旋到法律馆,润田出《速记学堂章程奏稿》,传叙斋贝子谕"有应行酌增辞句,即酌量修改",约午后五时顷同往一谈。午刻与仲和同到其寓饭,饭后到宪政馆,与柳溪、孟鲁接续讨论《自治章程案》,决定二十馀条。巨六所拟后半数章,亦一律脱稿,与柳溪约定明日讨论而散。回寓酌改《议覆麦侍御条陈警务折稿》,封送肃邸。写昨、今两日日记。到伦贝子府,润田、孔怀先在,坐谈一时许。

收信:秦闻诗、周少朴、钱文选。

发信:秦、张星五、肃邸。

十二月十九日(1月29日) 大风竟日。早起。到宪政馆,续与柳溪、孟鲁讨论《自治章程案》，将财政、监督两章逐条修改，至日暮乃已。又秉烛将《文书格式》及《附条》两章一律草定，付写官清写。柳溪奉旨署学部左侍郎。七时顷自馆回寓，叙斋贝子送来《速记学堂章程折》，属为磨勘。余以柳溪新署学侍，折内叙述柳溪官衔之处能否不改。磨勘毕，附一书致贝子，商酌此事。

收信：顾枚良、肃邸。

发信：枚良、王仲芗、伦贝子。

预记事件：朱庆。

十二月二十日(1月30日)　早起。叙斋贝子询诸枢府，折内柳溪官衔必应增改，因将原折送还，属转致西园照改。遂携赴宪政馆，函送西园。覆阅《自治章程》，又修改数处。旋将《选举章程》详细复核，原章多与《城镇乡选举章程》规定相同，现《自治章程》既经修改，则此项选章自不得一并厘正，以资连贯，因议定改为《议事会议员选举章程》，参照日本《府县郡制内选举办法》逐条拟订，六时顷回寓，接续前稿。

收信：叙斋贝子、程雪楼、萨季谦。

发信：李西园。

十二月廿一日(1月31日)　早起。到宪政馆，续草《议事会选举章程》，午后脱稿，付写官清写。二时顷到部，将《议覆麦侍御条陈警务折》呈三堂阅定画奏，定于明日呈递。五时顷回寓。

收信：陆季午、陆闰生。

十二月廿二日(2月1日)　早起。出城访方君还、于君定一于崑新馆，于君已归，晤方君，谈片刻。旋往武阳馆访孟君昭常、秦君瑞□，略谈近事，并论编纂法典之难。午刻到修订法律馆，得睹《刑律草案会奏稿》。法部允于明日具奏，惟于《草案》内加《附则》五条，大旨谓关于伦纪各条悉依旧律办理。二时顷到宪政馆，柳溪拟《府厅州县自治章程奏稿》成，余为参赞书数语，又覆校《选举章程》一过，旋将《法院编制法》详加校阅，觉应行删改之处尚多，即携归细校改订，至一时顷而睡。

收信:劳玉初、王侃叔、徐尚之。

十二月廿三日(2月2日) 早起。到宪政馆,续改《法院编制法》条文,午后毕事。到部,阒甚无人,送一书于尚之,回寓。连日为馆事焦头烂额,寝食不安,将冷水浴及写日记两事一概停止。本日乃始事毕,心神为之一快,写十九日至本日日记。

收信:陈善馀。

发信:尚之。

十二月廿四日(2月3日) 早起。冷水浴。赖香生机以毕业得奖来见。到宪政馆,覆阅《法院编制法》案,又酌改《审判衙门管辖事件》及《区域分划》各暂行章程。四时半到资政院办事,六时顷散归。伦贝子约往便饭,坐有孔怀、仲和、润田,十时顷散归。

收信:余东屏、沙淮山祖烈、徐尚之、民治司。

发信:沙送十元、肃邸、民治司。

十二月廿五日(2月4日) 早起。冷水浴。到宪政编查馆,与廉励卿对读《府厅州县自治章程》及《选举章程折(单)》,又覆阅《司法区域分划》及《审判厅管辖事件》各暂行章程。本日资政院奏《速记学堂章程》,并请派柳溪、子端及余综理其事,得旨俞允。午后到部,高等巡警学堂第一次毕业教员管理员请奖,与小彭、辅臣复核一过,函送肃邸。前与柳溪商定用蔡毅若锡勇《传音快字》充速记教本,即延其郎君子馨玮为教习。回寓后拟一电稿,送伦贝子核定。写昨日日记。杨生毓毕业得奖来见。夏坚仲循垍自法国回朝来谈,阔别八年,一旦握手,至为欣快。

收信:丁衡甫。

发信:伦贝子。

十二月廿六日(2月5日) 早起,寄奉抚、江抚、驻俄使及陆季午等处覆信,并以延聘速记教习电稿函送李西园照发。金伯屏来谈,十一时顷到宪政馆,定兴相国方在坐,阅《法院编制法》,颇有所疑问。

余与仲鲁、稺甫从容解释，并修改一二文字。定兴意解，阅竟，属再详细校勘而去。午后二时顷，与仲和同车到部，会议消防队巡警学堂医院及各司乌布裁并事，抵暮而散。

发信：奉抚程、江抚周、驻俄使馆、陆季午、李西园。

十二月廿七日(2月6日) 早起。冷水浴。青木少将宣纯、孟庸生、陆彤士、朱苇庄陆续来谈。饭后王月庄来谈。写廿五日至本日日记。寄大人及刘幼云书各一件。四时顷王少侯员外郎来，商酌巡警学堂保案，并交到代拟致湘省官场各函。本日宪政馆奏《府厅州县地方自治章程》并《府厅州县议事会议员选举章程》，得旨宣布。去年宣布《城镇乡地方自治章程》，亦以十二月二十七日，然则是日真自治制之纪念日矣。

收信：父大人、潘延祖。

发信：父大人、刘幼云、潘延祖、湘抚、湘藩、湘学、湘臬、湘警道、湘盐道、晋抚。

十二月廿八日(2月7日) 早起。冷水浴。补写昨日日记。到宪政编查馆，本日奏《法院编制法》及《法官考试任用》、《司法区域分划》、《初级及地方审判厅管辖事件》各暂行章程，得旨颁布。司法独立之基础，至是始为确定，冈田博士朝太郎言《法院编制法》行而立宪政体已得三之一矣。饭后到部，阅明日具奏各折片，邸以消防队问题属逵臣与余往询月华贝勒，六时顷与逵臣同车往，留晚饭，谈至九时顷而散。

十二月廿九日(2月8日) 早起。君度妹丈来访，共为手谈竟日。五时顷肃邸电话招往府，因留晚饭，坐惟逵臣及余。邸决意收回消防队，归部直接管辖，移厚斋将军总理宪政筹备处事务。口授大意，令逵臣拟堂谕两道，即于明日发表之。九时顷各散回寓，卣、秀等在孙宅晚饭未回，往视之，甫饭罢，秀英又酩酊矣。留为手谈一局，至一时顷而回。

收信：四妹、晋警道连。

十二月三十日(2月9日) 早起。写二十八、二十九日日记。与子涵同往升平园理发、沐浴,事毕又同往琉璃厂书肆,购书数种及日记册一本而回。饭后得蔡子馨覆电,因病未痊,荐其兄璋,娴熟快字,代理两月,再行接任。陪二伯父、蓉阁、子涵手谈,饭后又为博士之戏,至二时顷始寝,卣、秀等守岁达旦。

收信:刘幼云。

全家生日记: 己酉十月初七日从父大人处抄记。

祖父,道光丁亥四月十七日卯时(五月十二日)。

大伯母丁淑人,道光戊申十二月初七日寅时(十二月三十一日)。

二伯父,咸丰辛亥十月十六日酉时(十二月初八日)。

二伯母黄夫人,咸丰辛亥三月十二日寅时(四月十三日)。

父亲,咸丰甲寅二月二十七日未时(三月二十五日)。

庶母蔡,光绪庚辰八月二十四日辰时。

四叔父,咸丰丁巳三月初四日卯时(三月二十九日)。

庶叔母尹,光绪丁亥十二月十三日。

大兄,同治辛未七月初五日巳时(八月二十日)。

大嫂石宜人,同治壬申六月二十四日巳时(七月二十九日)。

二嫂潘孺人,同治辛未三月十二日酉时(五月初一日)。

荣,光绪戊寅十月初一日子时(十月二十六日)。

黄夫人,光绪戊寅十月十三日(十一月初七日)。

张,光绪己丑二月十二日(三月十三日)。

四弟,光绪辛巳六月十九日辰时(七月十四日)。

爱新觉罗宜人,光绪己丑九月二十四日(十月十八日)。

五弟妇袁孺人,光绪甲申八月初六日子时(九月二十四日)。

六弟,光绪壬午十二月十三日巳时(正月二十一日)。

六弟妇黄孺人,光绪癸未四月二十九日酉时(六月初四日)。

七弟,光绪戊子五月十一日申时(六月二十日)。

七弟妇张孺人，光绪戊子四月二十九日（五月二十八日）。

八弟，光绪庚寅闰二月初十日亥时（三月三十日）。

八弟妇费孺人，光绪己丑。

九弟，宣统己酉正月十八日丑时（二月初八日）。

十弟，宣统己酉三月初二日（四月二十一日）。

大侄伏生，光绪癸巳六月十三日酉时（七月二十三）。

酉生，光绪丁酉八月初四日戌时（八月三十一日）。

茂生，光绪戊戌八月十九日丑时（十月十四日）。

黄龙，光绪甲辰二月二十五日酉时（四月初十）。

五侄未生，光绪丁未十一月廿七日（十二月三十一日）。

六侄荷生，宣统己酉六月十七日（八月初二日）

相生，宣统己酉七月初一日子时（八月十六日）。

富生，宣统辛亥三月初六日（四月初四日）。

二妹，光绪庚辰二月二十八日（四月初七日）。

三妹，光绪癸未十月。

四妹，光绪癸未十一月二十五日（十二月二十四日）。

五妹，光绪丙戌七月初九日（八月初八日）。

六妹，光绪丁亥九月二十七日（十一月十二日）。

七妹，光绪己丑十二月初二日（十二月廿三日）。

大侄女丙生，光绪丙申十月初一日（十一月初五日）。

二侄女庚生，光绪庚子九月二十七日（十一月十八日）。

喜生，光绪丙午六月三十日。

四侄女勤生，宣统己酉正月十九日。

忌日：

曾祖父，十一月初八日。

曾祖母裴夫人，七月二十四日。

母范夫人，十二月二十四日。

先母张夫人,九月十二日。
大伯父,正月初九日。
四叔母陆淑人,十月初二日。
二兄,十月十三日。
四弟妇孙,九月廿九日。
五弟,十二月初九日。

译馆毕业学生送贽录:
孙百英,二两。
钱文选,仝。
吉顺,仝。
张培,仝。
黄寿萱,四金。
黄时俊,仝。
姚澄,二两。
陆绍治,仝。
靃厚,仝。
王敬礼,仝。
汤用彬,仝。
李光荣,仝。
陈廷骥,二金。
苏晋,二金。
赖机,四金。
张卓修,四金。
沈宝璿,四金。

江抚周[1]，三〇。
驻俄使萨，二〇。
郑思壬，一〇。
鲁抚孙，三〇。
晋抚丁，三〇。
鲁警道潘，四〇。

往来书信表：

来信	何处寄来	何人	寄信	寄何处	何人
正月初五日	达子营	胡绥之	正月初八日	顺庆	
正月初七日	天津	陆季午	正月初九日	天津	陆季午
正月初八日	顺庆	四叔父	同日		赵竹垣
正月初十日	柳州会馆	赵竹垣	正月初十日		肃邸
正月十一日	白米斜街	张望屺	正月十一日		宝瑞臣
正月十七日	顺庆	四叔父	正月十三日	本部参议厅	
	南京	四妹			
正月廿三日	南宽街	陆凤石	正月廿五日	上海	田北湖
正月廿四日	上海	田北湖	正月廿六日	南京	四妹
正月廿六日		曹君直	正月廿九日	苏州	杨翼之
正月廿八日		张叔鹏	二月初七日	天津	陆季午
二月初二日		王君九			顾枚良
		袁巽初			袁巽初

① 自“江抚周”另起一页，当为收礼之单。

续表

来　信	何处寄来	何　人	寄　信	寄何处	何　人
			二月初九日		胡漱堂
二月初六日		顾枚良	二月初十日	天津	胡伯(第廿三廿四回)
	湖北	刘国彦	二月十二日		曹君直
二月初七日	南京	四妹	又		刘仲鲁
二月初九日		书儿	二月廿二日	长沙	父大人
二月十一日	长沙	父大人	二月廿五日		钱硕人
	上海	田北湖			葛义士
二月十三日	天津	陆季午	二月廿六日	长元吴馆	陆季午
		缪志平	闰二月初一日	天津	仝上
	天津	太晤士行胡伯	闰二月十二日	顺庆	四叔
二月十四日		仲和，即覆	又		缪志平
		硕人，即覆	闰二月十四日	天津	胡伯(第廿五回)
二月十五日		朱师晦	补闰二月初十日		陆凤老
二月十八日		云抟	闰二月十八日	镇江	祖大人
		徐幼松	又		张采南
二月廿一日		章一山	闰二月十九日		胡绥之附覆张叔鹏书
二月廿一日		君直，又苇庄	又		缪志平

续表

来信	何处寄来	何人	寄信	寄何处	何人
二月廿一日	长沙	父大人、大兄	闰二月廿一日	上海	张菊生
二月廿三日		钱硕人	补闰二月十九日		朗贝勒
二月廿九日		又	闰二月廿二日		朗贝勒
二月三十日	天津	陆季午	闰二月廿五日		沈慕楼
			闰二月廿六日		王君九
闰二月初十日		四叔父	三月初三日		王少侯
又		缪志平	同日		祖父大人
闰二月十三日		韩晋卿	同日		五妹
闰二月十六日		陶联善	三月十七日		六弟
闰二月十八日	镇江	八弟			王侃叔
又	天津	胡伯	三月二十日		四叔父
闰二月十九日		缪志平	三月廿二日		马仰禹
闰二月二十日	上海	张菊生	三月廿二日		金伯屏
闰二月廿一日		王侃叔			
闰二月廿五日		钱硕人			
补		章一山			
补闰二月廿三日		王少侯			
闰二月廿六日		王君九			
闰二月廿八日		秦闻诗			

续表

来信	何处寄来	何人	寄信	寄何处	何人
闰二月廿九日	上海	五妹			
	天津	陆季午			
		钱硕人			
		张采南			
三月初三日		王少侯			
三月初五日		宝瑞臣			
三月初九日		曹君直			
同日	比利时	王侃叔			
三月二十日		四叔父			
三月廿一日	天津	马仰禹			
		又			
四月		孙壮			
		徐尚之			
		马仰禹			
四月五日		父大人	四月六日		父大人

支出款项：

二月廿二日			二月廿五日	一圆	
收	四十五圆		二月廿五日	四圆	
又	四十两		二月廿五日	一两	

赴湘支出款项：

九月二十日					
	收	二十五圆	九月二十、二十一日	快车两餐	三圆
		一百两合	九月二十一日	付李忠又茶房	一五圆
		一百三十七圆一角	九月二十三日	付轿钱等等	一圆
	共计	一百六十二圆一角		赏黄宅男女仆	一圆
			九月二十五日	赏吉安茶房	三圆
				付万春，又零用	一圆
				吉安来回票	四十三圆
				电报	一圆二角七分
				万春船票	三圆
				茶房及挑力	六角
				共计	四十七圆八角七分
			九月二十七日	付李忠	一十圆
				共计	七十圆八角七分
				净存	八十九圆二角三分
			十月八、九日	付绣屏大小十二幅	四十四圆

续表

				付长方漆盒两套	二圆
				漆图墨盒三个	
				鼓式漆茶叶瓶两对	一圆三角
				漆盘四只香珠盒一只	二圆
				漆面盆一只小瓶一对墨盒一只	
				醴陵瓷茶壶两只	二圆二角
				小说,又长方小漆盒一只	
			十月初十日	本朝史讲义	一圆二角
			十月十一日	竹箱	一圆

宣统二年庚戌(1910)

一年中行事豫记：

甲、修订法律馆事件

1、民事诉讼律(五月内具奏)

2、刑事诉讼律(八月内具奏)

3、商律(同上)

4、民律(十二月内具奏)

正月初一日(2月10日) 晴。昨夜迟眠，今早九时半起。天日晴朗，气象甚佳。补写昨日日记。卣自去年十月后月事停止，本日忽红潮大至，意是经病，已而出血不止，渐苦委顿，急延下濑学士来诊。午后二时顷下濑至，卣强起晕绝，下濑急施针两次，一在胁间，一在腹际，人渐苏醒，出血良已，举家欢慰。下濑讨论病原，谓恐是小产，当遣产婆来寓看护一夕。四时顷斋藤产婆至，检查便器，于血块中得胎儿，长二寸许，尚未具人形。知确系小产，因言无碍，休养旬日自愈。斋藤留宿病者榻前。

交际：严子猷姻伯来寓，留午饭。

正月初二日(2月11日) 晴。早起。冷水浴。余东屏、耿君度来寓，留共手谈竟日。卣精神渐佳，笑语如常，晚饭后家人共为博士之戏，卣亦倚榻握管画道，传语下注，终局不倦，至一时顷始已。

正月初三日(2月12日) 大风。早间闻家人以电话招斋藤产婆，询知卣苦腹痛，急披衣起视，病状殆与戊申五月间所苦相似，殊为焦灼。斋藤来视，言是子宫收缩，理当作痛，初无大碍，匆匆而去。旋取得散药三包，一服痛略减，朦胧睡去，至四时顷，痛复作，并苦烦躁，体中有热，试之在一百〇二度上下。前年痛剧时尝两用吗啡针，应手即愈，病者颇思一试，因属子涵同四弟往询下濑，下濑则谓此不可轻用，必万不得已之际始可用以救急。然散药之力止能维持二三小时，过此即又如旧，因函达下濑，更乞数包，下濑复与五包，痛时即服。六时半服第三包，又即倦睡，余看护竟日，心绪烦闷。写元旦至本日日记。

通信：瑞臣侍郎来书，即复之。送下濑学士一书，乞散药。蔡公湛自南昌来书。

正月初四日(2月13日) 晴。早起。昨夜卣痛不止，家人电招斋藤产婆来寓施用药针，并另用膏药敷腹，嗣后痛渐减。今晨视之，气色较昨略胜，九时顷又服散药一包。余以元和相国招饮往赴，便道拜客数家，席散到辟材胡同访仲和，三时顷回寓，与蓉阁、五姊、廉士手谈两局。

交际：诣李柳溪、陆中堂、章仲和、宝瑞臣，瑞臣未遇。

通信：肃邸。

四月初五日(2月14日) 晴。早起。冷水浴。卣昨夜安眠，所苦大减。饭后写昨日日记。六妹来寓。午后三时顷仲和来谈，邀请子涵、蓉阁共为手谈两局，晚饭后又为博士之戏，至十一时顷而散。客散后，又与家人续为一局，至一时顷就寝。

通信：接五妹丈信，探询京师法政学堂情形，即属四弟代致林肖项一书询之。

正月初六日(2月15日) 晴。早起。拜客两家。到宪政编查馆讨论本年应办事宜、办法次第，近来本馆起草各法令，刊印时均照原奏折、单式样排列，签题“宪政编查馆奏某某章程”、“某某法律折”，附清单。余意立法大权在于君上，凡诸法令既以上谕公布，即为钦定，不应仅目为馆奏。向来律例均缮写黄册进呈，标题“钦定”字样，盖立法方式自当郑重。近来办法实为不合（如《咨议局章程》、《城镇乡自治章程》均为钦定法律，而各省电咨目为馆章，比于外国之阁令，殊属失当），因建议此次刊印《法院编制法》，断不可沿袭旧误，须仿照《大清会典》、《大清律例》诸书式样为之，同人均以为然，因即照办。饭后到部，堂司齐集行礼，四时顷散归，伯平、润田先后来，留共手谈，至十一时半而散。

通信：将蔡子馨覆电函询伦贝子办法。大隈伯、高田早苗、青柳笃恒寄来贺年柬。

正月初七日（2月16日）　晴。早起。冷水浴。卣渐次平复，为之欣慰。寄信两件，写初五、初六两日日记。饭后毓杭表妹丈来寓，邀子涵、蓉阁、四弟共为博士之戏，晚饭后散。

通信：寄四妹及五妹丈各一缄，赵竹垣来信。

正月初八日（2月17日）　晴。早起。冷水浴。到宪政编查馆。饭后到民部，阒其无人，坐片刻而回，到子涵寓斋手谈。晚饭后邀之来寓，共为博士之戏，至十二时顷而散。

通信：初九日林肖项及六弟来信各一件。初八日蔡子馨来信一件。

正月初九日（2月18日）　上午阴，下午晴。早起。本日为先伯父中宪公周年忌日，谢绝宴会。十时顷到宪政编查馆，饭后拜客数处，晤延逵臣，五时顷回寓。

隆裕皇太后赏茶色及绛色江绸各一端。写初七日至本日日记。

通信：寄大隈伯、高田早苗、青柳笃恒贺年柬。

正月初十日（2月19日）　晴。早六时起。拟入内谢赏，电询小彭，云可无庸，乃不果行。午后在子涵寓斋手谈。叙斋贝子邀饮其邸，五时顷润田来约同往。贝子出示所得郎士宁画虎绢本，纵横各约丈四五尺许，以中国笔墨参用西洋画法，灯下望之，奕奕如生，草花敷地，旁有长松，浓淡远近，各臻神妙，坐客无不屏息叹赏，十二时顷宴罢各散。

正月十一日(2月20日) 晴。早起。吴蔚若诸公招饮长元吴馆,往赴。同时嵇洛如招饮其寓斋,辞未往,在邑馆手谈竟日。六时顷到润田家,留晚饭,九时顷散归。

正月十二日(2月21日) 晴。早起。冷水浴。到宪政馆,饭后到部,三时顷以唐益吾诸君招饮,赴邑馆。与榦臣、季荃共赴厂肆一游,余购得唐善业泥造像一区,广四寸长五寸,首锐体略弯,背有文,凡十二,曰"大唐善业泥压得真如妙色身",价十金。季荃购得余秋室手抄词一卷,价止十九千。途过赵剑秋、宝瑞臣诸公,见之无不惊叹。游罢回邑馆,小憩而归。夜间金伯屏来谈,留之饭。饭后共商速记学堂招考事宜,九时顷散。

正月十三日(2月22日) 晴。早起。访伯屏于石桥别业,知方在润田家,往谈片刻。到修订法律馆,与子健诸君商定第二科课程分担事宜,余自任《民诉修正》至一百二十条,限三月十五日以前一律告竣,本日修正数条(尽第五十条)。午刻散,到张紫东度支家为博士之会,至十二时顷而散。

正月十四日(2月23日) 晴。早起。十一时顷,正拟到宪政馆,适肃邸有电话招往一谈,即诣邸,留午饭。京城路工事自去年正月以来归并两厅办理,乌侍郎近欲收回自办,力请于邸,将车捐及泼洒经费专充路工之用,于部中设立路工处,总揽其事。令下,两厅哗然,余亦深知办法之不当,与邸详细讨论,邸碍于侍郎体面,属与丞参、厅丞设法转圜。余即到部将此意转告两丞、两厅丞,约十六日到部解决此事。四时顷散归,子涵招饮其居,席散又为博士会,一时顷乃散。

通信:春舫来信。湘咨议局来电。

正月十五日(2月24日) 晴。早起。王胜之、杨允之诸君招饮潘轶仲寓斋,十时顷往赴,为博士之戏竟日,至夜十一时半散归。

正月十六日(2月25日) 晴。早起。章一山来谈。本日与二伯父、严小秋、严子猷、曹君直、刘荫之、侯星伯公请同乡诸君于长元吴馆。十一时顷往，一时半以部中有事先散。与小彭、逵臣共诣肃邸，商酌路工事宜，邸令小彭、逵臣往商诸乌侍郎，留余闲谈，会丁问槎至，以本日路透电有探载中国进兵西藏情事，特译呈邸阅焉。五时顷回寓。

通信：（来）桑田丰藏。

正月十七日（2月26日） 晴。早起。冷水浴。正拟赴宪政馆，适午桥以书邀谈，因往谈一时许。午刻到宪馆。三时顷往资政院公所，筹拟速记学堂布置及修改屋舍事宜。六时半散，到仲和家一坐，旋往椿树胡同刘引之家晚饭，主人为吴蔚老，有博士之局，十二时顷散归。

写初十日至本日日记。

通信：（来）秦闻诗、端午桥。覆湘议局电。

正月十八日（2月27日） 晴。早起以潘仲樵诸公招饮，赴长元吴馆，至则知假坐长吴馆，乃复折而东。席间闻本日有谕，以蔚老为军机大臣，殊非始计所及。三邑自潘文勤以后，未尝有入枢府者，今揆辅、枢相同时并出吾邑，可谓盛矣。席散寿丞、萃青、伯荃诸君欲为博士之戏，而苦于无地，乃相将赴大耳胡同朱家，拟借作战场，会主人不在，余力持不可冒昧，乃改赴三邑馆，匆匆为两局而散。伯屏约七时饭石桥别业，首席为叙斋贝子，局散往赴，至十一时顷而回。

通信：（来）严孟繁、蔡璋电、四妹。

正月十九日（2月28日） 晴。早起。叙斋贝子枉顾，谈片刻，共往加藤洋行及蓬莱园购物数种，旋赴宪政馆。饭后到部办事，四时顷散归。余东屏方在坐，已而伯平来谈，兼邀子涵与二伯父为手谈。张凤辉、施端生来谈，留东屏、伯平晚饭。

通信：（来）张菊生。

正月二十日（3月1日） 晴。早起。到徐菊人尚书家贺其得协揆之喜，旋往兵马司吊景月汀将军之丧。到法律馆修改《民诉律案》数条，未刻以叶叔谦诸君招饮赴三邑馆。三时顷散，到宪政馆，同人已尽散,乃回写信数件,补十七日至本日日记。

通信:(往)张菊生、春舫、严孟繁、桑田丰藏、肃王。

正月二十一日(3月2日) 晴。早起。冷水浴。到宪政馆。饭后到部办事,五时顷散,访林侍郎,谈片刻而回,写本日日记。

闻驻行春旆,应官解玉坊。永怀当此节,何日免殊方。别浦晴霞委,东亭霁日凉。花情羞脉脉,春物太昌昌。柳暗将翻巷,池光忽隐墙。斗鸡回玉勒,下马捧椒浆。班扇慵裁素,宫眉正斗强。减衣怜蕙若,恼带拂鸳鸯。侵夜鸾开镜,投岩麝退香。终应催竹叶,长不掩兰房。语罢休边角,仙归敕玉箱。心悬紫云阁,簟卷碧牙床。锦石分棋子,鲛丝熨下裳。月轮移枍诣,魂梦过潇湘。见说风流极,深度许直妨。别离真不那,名誉底相伤。世界微尘里,乾坤百战场。归期无雁报,著处断猿肠。万里悬离抱,旬时到旧乡。岂关无景物,不待作年芳。古木含风久,嘉瓜引蔓长。只知防灏露,实是怯残阳。何处无佳梦,兹身亦厚亡。遥知沾洒意,独自有波光。补录《拟意集义山二十四韵》。

正月二十二日(3月3日) 晴。早起。到宪政馆。与李柳溪同拟京师、奉天宗室觉罗互选资政院议员当选人额数分配,并草致东督电咨及宗人府咨各一件,送叙斋贝子核办。又与柳溪拟本馆本年应办事宜进行表式,饭后得贝子覆书"一律照办",即函致李西园分别缮发。到民部办事,四时散归。王胜之、陆彤士先后来谈。

通信:寄吴止欺。

正月二十三日(3月4日) 晴。早起。冷水浴。访方守六大理臬,晤谈片刻,到法律馆酌拟《第二科课程单》,并修改《民诉律草案》十条。午刻散,贺王胜之得江西提学使之喜,未晤。以汪范老、秦佩老诸公招饮江苏馆往赴,三时半散。访夏坚仲循垍,晤谈片刻而回。写昨日及本日日记。

通信:(来)秦闻诗,(寄)父大人。

正月二十四日(3月5日) 早起。冷水浴。任君士铿来谈。到宪政馆，饭后到部，四时顷回寓。叙斋贝子招饮邸第，七时顷往赴，坐有润田、绍唐、紫笙诸君，十二时顷散归。

通信：（来）叙斋贝子、父大人、黎桂森。

正月二十五日（3月6日） 早起。蔡子英璋自湖北应聘到京来访，略谈速记学堂开办情形，并示以熊崎氏《支那速记术》，已而唐易庵来谈。十一时顷到元和相国邸，有博士之会，至夜十二时而散。

通信：父大人（来）。

正月二十六日（3月7日） 早起。到宪政馆。饭后到部，约嵇涤生自外务部散值后同到升平园沐浴、理发。五时顷衙散，到升平园，涤生已先在，余仍冷水浴，事毕与涤生同到醉琼林饭，饭罢一访莺巢，知已出谷，殊有人面桃花之感，旋即回寓。

正月二十七日（3月8日） 早起。到修订法律馆修改《民诉律草案》至六十九条，午刻到宪政馆复核资政院电稿、咨稿三件，函送叙斋贝子，饭后到部，拟堂谕一道（定到署时刻）。五时顷回寓，写二十四日至本日日记。

通信：伦贝子来、蔡子英往。

正月二十八日（3月9日） 早起。寄信两件，到宪政馆，饭后到部。三时顷以江苏同乡在省馆会议互选资政院议员事往赴，推定候补有六人，余在其列。六时顷以程子端、刘伯刚招饮石桥别业往赴，九时顷席散回寓。

通信：父大人（往）、何少圻（往）。

正月二十九日（3月10日） 早起。钱硕人来谈。王胜之、杨允之、严小秋三君借元和相国邸第招饮，有博士之局，流连竟日，至十一时顷而回。

通信：黄慎之（往）、又（来）。

二月初一日（3月11日） 早起。往修订法律馆修改《民诉律》条文，午刻到都察院投票互选资政院议员，予举胡伯平，并代陆闰生投一票，投票场秩序颇为整肃，事毕到宪政馆。饭后到部，四时顷回寓。

二月初二日(3月12日) 早起。冷水浴。到琉璃厂访黄慎之,谈三十分左右回寓。饭后到部,三时顷散归。六时顷以向之参议招饮赴福全馆,因明日陪祀文庙须早睡,未终席而返。夏爽甫农部招饮石桥别业,辞未往。

通信:夏爽甫(往)。

二月初三日(3月13日) 早二时半起。三时半朝服诣文庙陪祀,四时顷行礼,礼毕在行幕内陪林侍郎略谈片刻,天明回寓复睡至九时顷。苏府同乡在三邑馆团拜,并公宴吴蔚若枢密、王胜之学使,余亦往预,未及入席先散,诣润田处午饭。本日旧同学诸君在石桥别业开会,同时劳玉初亦借别业东院开简字会,余两在会员之列。午后二时顷先到简字会,候一时顷来者渐多,三时开会,由玉老演说简字之功用,继由余演说文字与语言之关系及声韵配合之理。演毕适西院亦将开会,促余往赴,先由延逵臣演述开会词,继由曹润田报告别业成立始末及收支情形,旋由余宣读别业草章,逐条讨论约两时之久,始经公决名为《石桥别业章程》,复投票选举值年董事四人,当场开票,润田得四十馀票,仲和三十馀票,逵臣十九票,余与王小宋皆十六票,拈阄得予名,于是曹、章、延及余当选。事毕又照相、立食,抵暮乃散。同人多往润田家聚谈,留晚饭,手谈至十一时顷而回。

二月初四日(3月14日) 早起。到宪政编查馆拟覆直督、闽督电文各一件,饭后到部,五时顷散。叙斋贝子约以五时后到柳溪侍郎家谈速记学堂事,早间柳溪约余届时前往一谈,比往则伯屏先在,谈次贝子亦至,将考试事宜匆匆订定而散,晚间修改《报律》条文。

通信:黄慎之(来)、王仲芗(往)。

二月初五日(3月15日) 早起。接续修正《报律》条文,以王月庄侍御来谈阁笔,十一时顷到修订法律馆校阅《民诉律》,修正条文至七十一条。饭后续《报律》稿,一时半竣事。到资政院,修缮房屋尚未完工,与柳溪、伯屏诸君商定考试速记学生事宜,三时半到定王府晤月华贝勒，谈一时许而回。写上月二十八日至本日日记。晚间撰《报律》修正按语十馀条。

通信：李兆麟（来）。

二月初六日（3月16日）　早起。续撰《报律》修正按语，午刻一律脱稿。饭后到部，比日邸以余反对路工事宜颇相嫌忌，屡有后言，余不能平。本日在部相见，怒形于色，相对嘿然。三时顷余先散，到宪政馆，枢堂咸在，会议法部与大理院权限樛槁各问题，终不得要领而散，与润田、仲和、伯平同往东安市场击球一局，余胜。在东安饭店晚饭，饭罢与润田、伯平同在丹桂茶园听戏，至十二时顷余先散，从舞台后面出，觅车不得，步行而归。经石大人胡同，夜深无一人，突过两犬，遮道狂吠，余视若无睹，仍从容步回。

通信：李振甫（往）。

二月初七日（3月17日）　早起。昨夜回寓知偶邸枉顾，今日午前往候，值朝回偃息，未及请见，到宪政馆。饭后到部，与伯平覆阅《报律》修正条文及按语，讨论至暮而散，彭星伯招饮集云楼，严子猷、管成甫同招饮成甫寓斋，八时顷自集云楼散，与胜之年伯同赴严、管之约，至十时许散归。

通信：王君九（来）、朱师诲（来）。

二月初八日（3月18日）　早起。作上偶公书一件。午刻到福全馆应云抟招饮，未终席而散，到部。以偶公电招往赴，偶深自引咎，余亦释然，早间作书匿不复呈。四时顷到资政院会议，抵暮而散，以华璧臣、吴向之、沈侣崑三局长招饮官报局，与仲和同车往赴，未终席。又以叙斋贝子之约，与润田、仲和同往，饭罢已近十二时，又出所藏金石书画相与展览，客倦甚而主人意兴益佳，至二时乃散。

通信：张仁（来）、王月庄（往）、又（来）、蔡子英（往）、劳玉初（来）、陆闰生（来）。

二月初九日（3月19日）　早起。到修订法律馆修改《民诉律草案》至一百条。午刻往宪政编查馆。二时顷到部校勘《报律折（单）》，交警政司缮写。五时顷回寓,伯平、毓杭、仲麒先后来谈,留伯平晚饭,九时顷客去即睡。

通信:蔡子英(来)、吴刚甫(来)。

二月初十日(3月20日)　早起。杨范甫来谈,本日巳刻与二伯父借福兴居共作主人,饮王耜云按察、王胜之提学等八九人,一时顷入坐,三时半散。刘仲鲁理卿招饮农事试验场,雇马车而往,比至已宴罢,与主人及端午桥、宝瑞臣诸君游览各地,在畅观楼上憩一时许,日暮而散。往石桥别业应冯历甫之招,九时顷席散回寓。

二月十一日(3月21日)　早起。十时顷到宪政馆,遇闰生,询知以昨日还京。饭后与仲和同车到部,阅《报律奏折》,五时顷散归。叙斋贝子邀往晚饭,七时顷电约仲和,共诣闰生家一谈,遇伯平于坐,八时顷与仲和同赴叙斋贝子约,商定速记学堂入学考试各事及开学日期(本月二十日),十时顷散,不及待车,徒步至大街呼人力车乘之而回。

通信:蔚老(来)。

二月十二日(3月22日)　早起。访王月庄,探悉接租房屋事,已议有头绪。十一时顷到修订法律馆,续订《民诉律案》,至一百〇九条。饭后到资政院公所,与柳溪、伯屏会速记学堂各校习,议定课程分配时刻及关于教授事宜,又因明日举行入学考试,拟历史、地理、国文题各数道,五时顷散。到升平园拟理发、沐浴,而坐客已满,无可容足,乃往宾晏楼、青云阁各茶肆一游,不遇一友,索然意尽。往福兴居应何颂麒招饮,坐定而主人至,七时许入坐,九时顷散归。

二月十三日(3月23日)　早起。旬日来以感冒停止冷水浴,今晨复为之。十时顷到学部考院,与柳溪、子端、伯屏诸君考试速记学堂入学各生,点名、发题事毕,与柳溪同到学部衙门一游,仍回考院饭。二时顷各生第一次试卷(历史、地理)交齐,凡二百〇八卷,余先散。到民部办事,五时顷散归。补写初七日及初十日至昨日日记。肃邸约柳溪与余于今晚到府夜谈,七时顷往,遇柳溪于门,因入。留晚饭，剧谈至十二时顷而散。

通信：月庄（往）。

二月十四日（3月24日） 早起。到修订法律馆续订《民诉律草案》至一百二十条，自一百二十一条至二百条由同科诸君分任，一律告成。午刻与张棣生同车到宪政馆，此马车为黎伯颜物，伯颜近欲货之，直二百二十金，由棣生绍介于余，故同坐试之。车虽旧而尚未敝，因决意购买，即车中付六十金为定。在宪政馆饭，饭后与柳溪商订《行政纲目》数条。旋与伯平同车到部办事，闻尚之于昨晨失火，焚帐伤及子女，尚之从火中取出，致伤其手，约非两周间不能愈云。五时顷衙散回寓。

通信：肃邸（往）、子昂（来）。

二月十五日（3月25日） 早起。得月庄书，房屋事已议妥，即书新折并备京平足银七百二十两，送黄慎老，此新折订定各节大要如左：

一、从本年二月起增加房租为每月京平足银二十两；

一、于本年二月预付三十六个月房租京平银七百二十两；

一、住满三十六个月后仍行接续居住，照现定房租数目按月支付；

一、至宣统十二年正月为止不得加增房租，并许租户有自由转租之权。

十时顷到宪政馆，饭后到资政院，与程子端、范任卿、朱懋溪分阅速记学堂入学试卷，历史、地理问题能对者甚鲜，惟有一卷列举详确，不愧中学毕业程度，亟求该号国文、英文各卷阅之，亦复可观，允宜拔置前茅，六时顷散。同部延鹤年、王少侯、曾介伯诸公招饮宗显堂，未及终席，以程绍唐有六国饭店之约，先散往赴，坐有叙斋贝子、润田、执中、仲和，饭罢陪贝子为玉突之戏，至十二时顷而散。

二月十六日（3月26日） 早起。冷水浴。到修订法律馆覆校《民诉律草案》，自第一条至一百二十条。午刻到资政院，阅卷四十馀本,二时顷到宪政馆,三时半以那相太夫人周年祭,与仲和同往城北柏林寺致奠,遇润田、闰生、仲鲁诸公,候选库事毕而散。顾养吾澄招饮其寓斋,自柏林寺往赴,坐中尚无他客,候一时许始有来者。七时顷以入坐尚早,托词辞归,同署诸公有招饮宗显堂者,亦辞未赴。

通信:何少麒自上海,寄肃邸。

二月十七日(3月27日) 早起。冷水浴。十时顷到资政院公所覆阅试卷,定正取十二名,附取十二名,备取十二名,由柳溪侍郎甲乙之,送叙斋贝子核定。午后三时顷到石桥别业赴简字研究会,与玉老讨论一小时。晚刻钱念慈、曹润田、卢心渊、顾巨六、刘莼生五君借别业饮宪政馆同人,七时顷入座,尽欢而罢。遣车先行,在敷文坊相候,附闰生马车,到坊下易车而回。

通信:陶斋约二十日午饭。叙斋贝子催办《奏报速记学堂开办折稿》。朱寿丞约谈。

二月十八日(3月28日) 昨夜雪,阴。早起。冷水浴。昨夜雨雪,今日阴寒。十时顷到宪政编查馆,以陶氏学堂举行毕业及开学式,与宝、李两侍郎、劳玉初、吴向之两京卿前往参观,至一时半而散。到部办事,三时顷散。拟赴丞相胡同戴文诚第致奠,中途以阴寒不果行,即回寓写昨、今两日日记。阅李柳溪《行政纲目》及工藤重义《帝国法制》。

通信:寄范任卿、寄王书衡、任卿来信、又覆任卿。

二月十九日(3月29日) 早起。到修订法律馆修改《民诉律案》,自二百〇一条至二百十二条。午后二时顷到资政院公所,会商速记学堂开学准备事宜,候一小时,朱、秦两教习及李西园、范任卿陆续到。柳溪以学部有事,须五时顷方可来,余不能待,与任卿商拟《报告学堂开办情形折稿》一件及《进呈传音快字片稿》一件,函送叙斋贝子,迄即先散。诣茶叶胡同,访裕小彭左丞,在其小园中盘桓一时许,小彭尔来托病请假,颇有退志,与余论部事,慨叹不已,余婉劝之。六时顷回寓。

二月二十日(3月30日)　早起。冷水浴。到宪政编查馆。午刻以陶斋尚书招饮,赴其邸第,坐有西宾二人:丁韪良年八十有三,李提摩太年六十有四。席间得叙斋贝子电话邀往,有事面谈,匆匆诣其邸,将昨拟《奏报速记学堂开办折底》商酌改定,属送公所照缮,其附片所陈各节,须商诸枢廷再行定稿。三时顷到部办事,并将《速记学堂折底》函送范任卿。五时顷诣肃邸,邸出李柳溪所拟《行政纲目》咨询疑义,余逐条讨论,至八时顷而回。晚饭后与卣同往子涵寓一坐,十时顷归,闻葛振卿宗伯以十八日酉刻辞世。

交际:饶聘卿来谈。

通信:寄陆彤士、寄范任卿。

二月二十一日(3月31日)　早起。庆邸以今上登极,蒙恩以亲王世袭罔替,本日举行册封典礼,诏以叙斋贝子及景东甫宫令为正副使。九时顷往贺,润田、仲和、仲芗诸君咸在。少选使节至,主人跪迎大门外,使者持节导册宝入,宣读册语,主人跪,受册宝讫。礼成,各向主人及育周贝子致贺而退。余往法律馆修改《民诉律案》,迄二百二十条。午后到部办事,三时顷回寓,写十九日至本日日记。叙斋贝子约六时顷往谈,知昨拟附片已与枢堂接洽,准于二十四日呈递,并定二十五日开学,因就坐上函送范任卿,属照办。八时顷陪贝子往六国饭店饭,坐有那锡侯侍郎、罗克格工程师、喀由斯并德人,又一美国人,不知其名,十二时顷散归。

通信:致范任卿。

二月二十二日(4月1日)　早起。十时顷到宪政馆。本日奉谕以蒙古相国调礼相,擢唐春卿文相,以蔚老补吏侍。午后一时顷到部,与逵臣、叙五、介白、辅臣、仁安、伯刚、彤士诸公会商奏报第一年第二期筹备成绩事,六时顷散。与伯平重到宪政馆,枢堂甫散,《议覆法部条陈行政司法权限折稿》业经阅定,旋与伯平同到东安饭店饭,并约子涵同来,拟饭罢往城外观王钟声演新剧。旋探悉钟声将以明后日来东安市场内吉祥园奏艺,因议以明晚就近一观。饭罢与子涵、伯平同往球场,欲为抛球之戏,人多不能容,伫观片刻而返,阅资政院《奏报速记学堂开办折》及《进呈传音快字片》。

通信:致柳溪。

二月二十三日(4月2日) 早起。冷水浴。赵竹垣来谈。十时顷往法律馆,饭后到部,四时顷回寓。六时顷伯平来谈,留晚饭。与伯平、子涵、蓉阁同往东安市场吉祥戏园观王钟声新剧《缘外缘》,外姑、五姊、四娣及卣、秀同往,至十二时散场,与子涵、蓉阁步行而回。

通信:致端陶斋。

二月二十四日(4月3日) 早起。仲和夫人等诸女士设一女学讲习会于西城蒙养院,乞余以星期日往讲国文文法一小时,本日前往教授一小时一〇至一一。课毕,到章宅与仲和一谈。本日午前三时顷,在后门外监国摄政王邸第至禁城之道中桥下发见极猛烈之爆裂弹,系英国格拉斯哥地方所制造,验之,内含甘油九十三分,绵火药七分,名"胶状勃拉斯丁",用以炸矿石者。幸而早发,得以无事,否则不堪设想矣。此种逆谋,究系何党所为,殊不可解。十二时顷以子涵招饮,赴福兴居,三时顷散,到湖广会馆吊胡濂周母太夫人之丧,归途访徐尚之,尚未能见客,即回寓。写二十二日至本日日记。

通信:陶斋(来)、钱文选(来)。

二月二十五日(4月4日) 早起。资政院附设速记学堂定于本日午刻行开学礼,余于十时顷往,总裁以下先后咸集。十一时顷,余与柳溪侍郎、子端太史、伯屏秘书长及学堂教员、公所办事员等率同诸生行谒圣礼。旋入讲堂,引总裁、协理、帮办以次与诸生相见,坐定,贝子述训词,柳溪侍郎演说设学宗旨,蔡子英太守演说速记术大意及中国速记术(传音快字)之历史。事毕,就食堂饭,饭罢与仲和同车到部,尚、侍、丞、参以昨日之事相顾叹诧,谋增加警卫并研究此事发生之原因。五时顷散,到内城总厅晤仲和,以邸堂有所属付令余传达也。昨夕首先发见逆迹者,为该地居民刘培真,本日经内厅传询发见情形,并给相当之奖励。七时顷散归。

二月二十六日(4月5日)　早起。饭后到部办事。三时顷到宪政编查馆,枢堂莅馆,阅定《行政纲目》及《议覆法部条陈行政司法权限折》,定期入奏,五时半散。张星五约六时饭福全馆,而喀喇沁王亦以同时同地招饮。六时顷往,坐定而星五至,谈两时许,客尚未集,转赴喀喇沁席,至十时顷散归。

白虹昨夜应荆轲,十日长安斥堠多。玉宇霜寒凄叠鼓,金门风细静鸣珂。严更近署屯龙虎,神策新军列鹳鹅。闻道属车辍游豫,山灵望幸定如何。

二月二十七日(4月6日)　早起。裕小彭、芦君兆梅、沈君宝璿先后来谈。到宪政编查馆,刘仲鲁理卿闻速记学堂开办,以他日审判衙门需用此术甚广,拟选学员四名咨送肄习,属函请叙斋贝子准予收学。饭后到部,自前日发见危险物品,驰道警卫当益加严密,邸意欲选本部司员若干人分班稽察。本日与小彭左丞酌拟员名单候派,三时顷回寓。胡伯平来谈,七时顷诣肃王府,推论二十四日之事,并商榷善后办法,留晚饭,十时顷回寓。

通信:上叙斋贝子。润田来信,即覆。

二月二十八日(4月7日)　早起。冷水浴。雇车马出城拜客,晤孟庸生。入宣武门,访曾孟璞未见。到修订法律馆修正《民诉律案》,至二百三十一条,十二时顷回寓。饭后到部办事,至六时顷而散。乌恪谨侍郎、鹤松亭春、毓松泉岫两总兵约酉刻饭石桥别业,衙散与绍叙五参议同往。同时赵竹垣侍御亦假别业东院宴叙斋贝子及同院诸君,余在其列。往来周旋,至十时顷而回。

二月二十九日(4月8日)　早起。冷水浴。十时顷到宪政馆,《行政纲目》及《议覆法部条陈行政司法权限折》于本日呈递,得旨俞允。午刻细雨。饭后以庆邸生辰,往投一刺而回。

通信:寄张敬孺。陆季午来信,即覆。上肃邸。

二月三十日(4月9日)　早起。骑马到法律馆,覆改《民诉律案》"诉讼救助"一章。午刻到章宅饭,饭后与(章)[仲]和同车到部办事,四时顷散,跨马而回。胡伯平来谈。晚饭后与卣、秀为除红之戏。十时顷睡,久不乘马,偶尔策骑便觉腰背酸楚。

通信:张劭希来信,即覆。八弟来信。

三月初一日(4月10日) 早起。冷水浴。清伊来谈。十时顷到蒙养院预备授课,以为时尚早,到章宅与仲和谈片刻。十一时到院,上堂讲名词之分类及名词之构成法,十二时顷课毕,回章宅与伯初谈片刻。以彤士招饮斌升楼往赴,未终席而回,与家人手谈。

三月初二日(4月11日) 早起。冷水浴。唐易庵来谈,到宪政馆。昨年本馆奏《法院编制法》,同时奏陈暂行章程数种,其一为《考试任用法官章程》,桂抚张坚白中丞屡向馆部电咨,请酌量变通,宝侍郎意颇游移,而顾巨六佥事持之甚力。本日在馆中争辩良久,窃叹佥事之坚卓。饭后到部,会小彭、逵臣、天池及参事、郎中诸君公决《宪政筹备处简章》八条,四时顷散归。七时以屈均侯招饮同丰堂往赴,九时顷席散即回。

三月初三日(4月12日) 早起。冷水浴。昨晤仲和,云沈叔占太守金鉴将以今日见访,余以本日须赴法律馆,不能久候,留一书交门者,俟沈来与之。到馆修改《民诉案》,自二百三十二条至二百五十条。三时顷到资政院公所,叙斋贝子以事不克来,无复会议。与伯平诸君商酌奏请钦选议员各项名单,修正数处,四时半回寓。

通信:仲和来信。

三月初四日(4月13日) 早起。冷水浴。访吴子修提学(以实授陛见来京),未遇。到宪政馆,林蕙亭言杨哲子以上书邮部论铁路借款事,为湘鄂拒款会所痛恨,此次入都过汉,竟有人谋施暗杀,并有聚众要劫情事,为英国巡警遮救得免,现止英警署中云云。此种横逆,真为不可思议之举。饭后到部,立属警政司拟一电致鄂督,迅饬警道严密保护,并将情节详白邸堂。五时顷回寓,寄父大人禀。吴提学来谈。

通信:陆季午来信。钱硕人来信。上父大人书第廿一号。

三月初五日(4月14日) 早起。冷水浴。沈叔占来谈。到法律馆修改《民诉律案》。午刻以子健招饮其寓往赴,未终席先散。到部,上海《天铎报》、《中外日报》载上月二十四日京城发觉事件,语颇妄诞。此事初发,即由本部令总厅禁止京城报纸登载,并电沪道谕禁,沪道亦已电覆遵办,不意仍复妄登,邸属电致该道诘问。又丞参公电武昌巡警道,请加意照料晳子京卿,并传邸谕慰问,六时散。以瑞臣转左,柳溪真除往贺。诣伦贝子府,与伯屏诸君参酌秘书厅奏调人员事,七时顷回寓。

三月初六日(4月15日) 早起。冷水浴。往北城拜客两处,均未遇。以育周贝子生辰,往投一刺。到宪政馆,闻初四日长沙饥民聚众夺米,巡警逮捕数人,众怒殴伤警道,群集抚署,拥挤喧嚷,竟夕不散。中丞调兵防护,初五晨开枪伤毙多人,众大愤,焚烧教堂,全城罢市。湘抚电政府,言藩司庄赓良出而劝散,略能领悟,自请罢斥而以藩司代之,湘绅亦电同乡京官及鄂督,奏请易人定乱。本日枢堂到馆,黄次腴侍御以湘绅公电呈阅,枢府意似以为督抚大员未可以绅民好恶进退,旋讨论他事,至四时顷而散。余到部发一电致父大人,问署中安否,旋即回寓。

通信:吴刚甫来信,即复。发长沙电。永明人寿保险公司来信。

三月初七日(4月16日) 早起。冷水浴。在寓修改《民事诉讼律案》,至二百六十四条,又追改第一百六十八条至二百条。饭后一时半到部,得武昌巡警道电,知晳子已由该道派人保护送赴上海矣。正办事间,得仲和自内城左一区来电,言上月廿四日炸药罪犯已踪迹确实,刻经逮捕,并搜出证据甚多,一并带区。当即代白邸堂,同车往验,犯者共三人,一汪季恂,一黄复生,一罗世勋,在琉璃厂设守真照相馆,区官觉其形迹有异,侦察数日,粗得确证,今日前往该照相馆蒐查,起出炸药、铁瓶、电机、手枪等十馀件,馀物甚多。炸药与上次发觉者正同,遂将人证一并逮送,两侍郎、左丞、右参议、外城厅丞先后闻信至,检点证物,知系实犯无疑。邸先归,寻遣人召余往府商酌办法,五时顷仍回左一区,两侍郎甫散,仲和方派区官研讯犯者供状。顷之得一纸,乃汪季恂所书,略谓别号精卫,曾在东京为《民报》主笔,生平宗旨均发之于《民报》,无待多言。孙逸仙起事镇南关时,曾预其谋,兵败携炸药他往,兹以京师根本之地,思为震奋天下人心之举,故来。又以在东京时交游甚多,即今京师宪政编查馆熟人尚多,不易避面,适闻黄君等(指黄复生)在此设映相馆,因投资三百元为股本寄迹焉。黄等不知余目的所在,近始稍稍见疑,同人中有辞而去者(尚有一人姓喻,于上月杪赴东,供词指此),今事发不欲连累无辜云云。其他二人无供。阅毕与逵臣同赴东兴楼,应陆天池、王月庄招饮,未终席而回。有顷得逵臣自家中来电,言得洵贝勒电,海军处得长沙电报,巡抚已故,不知系自杀,抑系被戕。余昨、今两发湘电,均不得覆,兹闻此耗,益深焦急。电询润田、紫东,均不在家,因以书询吴慰老,亦值他出,不得覆。旋电询伯棠,据言本日得长沙电,乱事粗定,已照常开市,尚不知中丞死耗。殊为疑虑,遣仆人询诸西邻姚石荃侍郎,亦无确耗。往东邻孙子涵家闲谈,十一时半回寓。

三月初八日(4 月 17 日) 初八日。早起。冷水浴。得吴宅电言,昨日未得湘电,顷蔚老已入朝,如有所闻,归后当再相告。旋电询仲和,言适闻日人某君言,长沙乱事甚炽,抚署及领事馆并已焚毁,英、日均以兵舰往护。又得部中电话云,自湘阴至长沙电线已断,长沙电报须由湘阴转送。教堂、学堂及抚署均毁。写昨日及本日日记,饭后得润田自外部电话,岑抚已故之说系属不确。本日奉旨"将岑开缺查办,以鄂藩杨文鼎暂署湘抚"云云。伯平来谈,七时顷以陈士可、林小旭诸君招饮石桥别业往赴,九时顷散归。得蔡子英信、何仲麒信各一件,并即覆。

三月初九日(4 月 18 日) 初九日。早起。冷水浴。汪季农来谈,探问曾否得湘署电报,并称湘人官京师者二十馀家,各发电往问乱耗,无得覆者,以此推之,当是电线未通。昨闻已接通者,诡言耳。十时顷到宪政馆,饭后到部办事,五时顷散归。得蔚老信一件。傍晚得仲和电，到左一区，炸药罪犯汪、黄二人均隔别拘禁一室中。余自窗外望之，各默坐观书，态度从容，旁有二警守之。寻偕仲和同回寓斋，留仲和晚饭，略谈此事发觉之始末，并处分方法。得张吟生太守信。

三月初十日(4月19日) 初十日。早起。冷水浴。胜之学使本日赴任，以午前九时二十分发，与子涵同车往送。陆晋生姻丈亦以今日赴鄂，并拟随杨中丞赴湘，遇诸车场，略谈数语，候车发而散。到法律馆，拟咨覆法部文两件，修改《民诉律案》至二百七十条。午后一时顷到宪政馆，拟咨覆民政部文一件，晤黄次腴，见湘咨议局致同乡京官电及鄂督致枢电，窃怪西林办事之谬，其咎真无可逭也。二时半，以陶斋尚书五十生辰往视，主人不在，未见而返，得哲子电，知已抵沪。徐尚之来谈，适得父大人虞洪电，自部中借得洪字密本，与尚之共翻之，所述乱情与连日官电大略相同，末有“事渐平，署无恙”之语，为之欣慰。

通信：收赵竹垣、长沙电、钱硕人、朱师晦、汪季农、杨哲子电。覆赵、钱、汪。去姚石荃、曹润田。

三月十一日(4月20日) 早起。冷水浴。微雨。到宪政馆，理藩部奏设咨议官，欲以劳玉初、吴向之、曹润田、文伯英、殷楫臣及余充之。本日午刻寿尚书、达、恩两侍郎招饮石桥别业，道达此意。二时顷散，到部，与伯平讨论《城镇乡地方自治章程》内应行修改之处(去年宪政馆奏陈《府厅州县地方自治章程》折内有“条文内涉及《城镇乡地方自治章程》，所有歧异之处应请饬下民政部另案更正”之语，故余与伯平议，欲乘此机会大加修正也)。五时半到福全馆，与小彭、逵臣、叙五、尚之、介伯、辅臣、伯平、寿生同作主人，请舒宾如观察，并邀同部诸君作陪。为早到诸客先设一席，席散而宾如尚未至，余以叙斋贝子招饮，不能久候，托逵臣诸公款客而自往贝子邸。坐有梅贞、润田、仲和，润田有他约，未入席而去。饭罢观贝子所藏石刻及乾嘉朝名人进御书画小册数种，并精妙可喜，想见先朝文采风流之盛。十一时半各散归。

三月十二日(4月21日) 阴。早起。冷水浴。到法律馆修改《民诉律案》,止得两条。午刻到宪政馆,与巨六密录汪、黄供词。汪名兆铭,字季新,番禺人。黄名崇德,字复生,四川人。年均二十七岁。汪供"此次举动意在牺牲性命,震奋人心,并非预备暴动,亦无人为事后之接济",又称"罪止兆铭一人,请勿株连"。黄供"与汪旧识,以汪宗旨过激,尝规劝汪。来京后亦曾加以劝阻,旋以其持之有故,不得已遂赞成此伤心之举,一切布置均某与汪共同为之,此外更无关于其事者",又云"我死之后,惟望中国官吏办事程度日高一日,于愿足矣"。四时顷到部,旋回寓,本日二伯母六十生辰,又为二嫂四十生辰。晚间寓中略备饮馔,为二伯父母寿。得父大人十一日电"署中安",又得陆晋生自武昌来电"荃安"。宝侍郎来谈。

通信:长沙电,武昌电,朱师晦。

三月十三日(4月22日) 阴。早起。冷水浴。昨夜大雨,庭除积润,群花含媚。卢心渊来谈。写前、昨两日日记。到宪政馆校阅修订法律大臣奏《新刑律草案》印本。饭后到部办事,三时半散归。六时半曹润田来谈,述叙斋贝子意邀往晚饭,余以先有志雨民贤约,辞。旋往志氏半亩园,九时顷散归。

三月十四日(4月23日) 早起。冷水浴。到修订法律馆修改《民诉律案》,至二百九十条。饭后到部,会仲和至,得总厅电话,云邸堂将以午后三四时顷到厅,余因与仲和同往候之,见汪季新所书《政见》一篇,发挥革命宗旨,并痛论请愿国会之无益,约七八千言,持论偏宕,按之实无真理。四时许邸堂至,商榷办法,六时顷散,余即回寓。

三月十五日(4月24日) 早起。冷水浴。以良赉臣有欧洲之行,往送诸京奉车场,候车发而散。拜客两处,吊丧两处(杨宜曾悼亡,伍仲文丁艰)。十一时顷到石桥别业,与二伯父同作主人,宴吴子修、许九香、吴颖芝、鲍川如、顾养吾、单耆仲毓年诸君,张采南辞以疾,三时顷席散。诣润田一谈,旋即回寓。

通信: 得六弟、春舫各一缄,又君卣得八妹二缄。

三月十六日(4月25日) 早起。冷水浴。写信数函。饭后写十三日至昨日日记。到部办事。三时到宪政馆,世、那两相在坐。余建议近来沿江各省年岁不登,米价腾贵,饥民艰于得食,相聚暴动,湘乱甫平,闻海州又有警报。一处破裂,四方响应,患将不可胜言。亟宜设法救济,以弥巨患,拟请责成沿江各督抚联络绅商筹集款项,采办米粮,设局平粜。两相深然余言,立属余代拟一稿,持商庆邸,面奏施行。因与沈侣崑、林蔚亭二君到编制局商酌起草,呈诸世相。五时顷散,以象鹤生贤招饮福全馆,往赴。席散偕伯平、寿生到东安市场抛球一盘,伯平负。六时半回寓。

通信:寄信: 六弟、八妹(代卣)、四妹、春舫。

三月十七日(4月26日) 早起。冷水浴。吴绶卿副都统来谈,十时顷到法律馆修改《民诉律案》至三百〇二条,饭后到部办事,三时顷回寓。

三月十八日(4月27日) 早起。冷水浴。访吴绶卿不值,到宪政编查馆。饭后到部办事,四时顷回寓。卫生司送来奏稿一件(《核定购烟牌照及膏土营业凭照各章程奏明立案由》),当即覆核送还。寄长沙信一件,写十六日至本日日记。

通信: 寄长沙信廿二号,沈宝璿来信一件。

三月十九日(4月28日) 早起。冷水浴。到修订法律馆修改《民诉律草案》如干条。饭后到部,得肃邸电话,令往内城总厅,因即驰往,肃邸及月华贝勒先后至,汪、黄一案已由两邸面请监国指示办法。监国仁恕宽大,不欲置诸极刑,拟以永远监禁处之,政府及两邸均赞成。顷两邸来厅宣示此意,属余与厅员迅速草奏,将以明日呈递请旨定罪,由顾巨六佥事起一稿,余酌加修正,略谓"该犯等胆敢在京师地方埋藏炸药,有意扰乱治安,不法已极,情罪重大,应如何从严惩治之处,臣等未敢擅便,谨请旨遵行"。经两部阅定,厅丞、佥事等旋提汪、黄先后上堂画供,余列坐旁听,汪、黄均有所陈述,将供词略改数语,各画押而退,余即散归。得父大人十三日手书,寄蔚老一缄。

三月二十日(4月29日) 早起。冷水浴。到宪政编查馆,以电话询本部,知本日会同步军统领衙门具奏事件,奉有廷寄一道,已驰送肃府。饭后到部,恭读本日廷寄,奉上谕:"民政部会奏拿获要犯,请旨严惩一折,汪兆铭、黄复生着交法部永远牢固监禁,罗世勋着交法部牢固监禁十年,馀依议,钦此。"朝廷仁至义尽,中外同钦矣。旋以乌恪谨侍郎为公子授室,往贺,略坐即归。以《民诉律》内所用术语多承袭东人名词,思酌量改易,阅渡部万藏《法律大辞典》及上野贞正《法律辞典》,并参考英字,翻检《经籍(纂)[籑]诂》,反复斟酌,卒不能一一得确译之字,始叹制作之难。七时顷以叙斋贝子约谈往赴,则已到六国饭店,即往会,饭毕早散。"蔼蔼龙旗色,琅琅木铎音。数行宽大诏,四海发生心。"诵坡公《春帖子词》,为之欢忭。

三月二十一日(4月30日) 早起。冷水浴。资政院钦选议员名单照章应于选举年分三月以前奏陈,本年为第一次选举之期,各项备选人员名册除纳税多额者因展缓互选尚未一律选定外,均先后经各该衙门咨送到院。本院另缮清单,亦已齐备,月内必须奏上。午前为草奏一通,饭后到部办事,滇督奏保该省禁烟出力人员,奉旨"交该部议奏",本部正具稿未上,而度支部、吏部各主稿先后来会。本部以事情歧出,请吏、度两部各遣员来部会议,本日吏部派两员来商,度支部未派员,仅咨称已将前稿酌改,拟先行陈奏,俟奉旨后再由吏部核准会奏云云。因即照此定议。三时顷到资政院公所将奏稿公同核定,并由总裁将应办各件提要开单,拟以明日政务处会议之便持商各枢,六时散。到章宅小憩,以贝子约晚饭,与仲和同往,贝子出调员名单及本院建筑图样,商定而散。

三月二十二日(5月1日) 早起。冷水浴。到西城蒙养院女学讲习班授课一小时一一至一二。课毕到章宅小憩,伯平在坐。旋以于子昂招饮陶然亭,与伯平、仲和同往赴,三时顷席散回城。北行里许,骡大奔,驭者不能止,遇陆闰生马车在前,骡欲旁窜,为陆氏小马夫扣住,亦幸矣。归寓略憩,到子涵家手谈。晚饭时得叙斋贝子自六国饭店电话招往,云有紧要公事面商,雇人力车而往。贝子本日到会议政务处,晤各枢,将应商各件一一商妥,名单当于二十六七日奏上,传枢令有所代拟,属与润田、伯屏同商之。十一时半散归。

通信:蔚老来信,即覆。蔡子英。

三月二十三日(5月2日) 早起。冷水浴。付永明人寿保险公司第四回保险费公砝平足银三百六十六两五钱。写十九日至昨日日记。到宪政编查馆,与许叔伊商榷共任修正《新刑律案》文句。饭后与仲和同车到部,三时顷散。以汪兆铭、黄复生供词及亲笔原供往送蔚老一阅,谈次锡聘之学士至,留共谈半时许,余先辞归。胡伯平来谈,抵暮而去。代二伯父写楹帖一事,又自写屏条一幅。

通信:寄永明公司一缄,丁梅轩来信。

三月二十四日(5月3日) 早起。到石桥别业,与伯屏、润田代拟召集资政院议员文件一道。旋与润田同车往法律馆,本年资政院开院须借用房屋为之,初拟借新筑外务部衙门,以有窒碍而止,近乃议于财政学堂、法律学堂两处内择用其一。本日与润田、伯屏前往审察,先诣财政学堂,与监督章伯初商酌。以寄宿学生人数较众,一时无地可迁,惟讲堂尚有馀裕,若将法律学堂借作资政院,而以财政学堂之一部借与法律学堂,应用则甚合式。因与伯屏、润田、伯初同往法律学堂视察一周,讲堂甚大,可供议事堂之用,馀屋改作休息办事等处,约计亦尚敷用。即以此意商诸该堂提调董受经,得其承诺。十二时顷,与润田同车到宪政馆,饭后以代拟文稿内有尚须酌改之处,诣叙斋贝子许,时伯屏已先在,将稿改正。知钦选议员名单当以本月廿七日具奏,四时顷到部,傍晚散归。大风。写十九日至本日日记。

三月二十五日(5月4日) 早起。冷水浴。到宪政编查馆,饭后与张棣生同往升昌马车行观修理之车,尚未告竣。旋到部办事,三时半与叙五、寿生同往彰宜门大街农工商部陈列所,观京师出品将赴南京博览会者,内有绣工科总教习余夫人沈寿所绣意大利皇后爱丽那映相一具,毛发悉肖,神态如生,衣饰折叠,妙造自然,可谓极美术之能事。价值三千磅,合银二万四千馀两。其馀油画、漆器、织物、雕刻器多有可观。览毕又由邵厚夫参议导游陈列所一周,在优待室略憩。附叙五车,绕道经余寓,下车而回。喜生昨患发热,似是猩红热,延医诊之,果是。将相生迁至东邻孙宅,以防传染。仲和来谈,七时半去。

三月二十六日(5月5日) 早起。冷水浴。到宪政编查馆,与同人略论厘订官制事宜。饭后到部办事,拟堂谕一道,将宪政馆咨送《行政纲目》分交各司阅看,就表内该管事宜查明有无应行变通损益及事涉他部应行分析之处,详晰签注,限来月初十日以前一律汇交参议厅复核。四时顷以宪政馆堂期,复与仲和同往,世、那、吴三枢咸在,五时半各散。以劳玉初京卿、文伯英太史等十三人招饮福全馆,六时半往赴,坐皆同馆诸子,欢饮至九时半散归。

通信:丁问槎、蔡子英各来信一件。

三月二十七日(5月6日) 早起。冷水浴。沈叔占来谈。诣闰生,闲论近日大局之坏,相与太息,留午饭。饭后到部办事,草《巡警道属官考试章程》一件,付徐尚之参事修润之并草奏。五时半回寓,为二伯父代写扇面一件。本日系立夏佳节,循例权体重,余九十九斤,卣一百〇二斤。写二十五日至本日日记。

三月二十八日(5月7日) 早起。冷水浴。到法律馆修改《民诉律》条文。饭后赴宪政馆,绕道访伯平、逵臣,伯平未遇,在逵臣处谈两刻许。到馆,同人已将次散尽。旋与许叔伊同到崇文门大街一洋货店内观拍卖,无所得而回。资政院工程师罗克格约六国饭店晚饭,七时顷往,坐有叙斋贝子、程绍唐,饭罢句留片刻而回。日来喜生患病逐渐增重,初仅发疹,已而目不能见物,舌强语涩,烦躁特甚,败象毕见。本意延川田来诊,适川田不在京,由渠处助手华人蔡某来治,蔡某见其发热,用冰水浸手巾置头部,又令以冷牛乳及米汤强饮之。余意蔡某在川田处有年,治此种病当夙有经验,故颇信之。至是见病者之濒危，疑是白喉，一面遣李忠到官医院乞取白喉血清，一面电招曹咏归来诊。一时许，曹医始至，诊察一过，果系白喉，云施救太晚，恐已无及。二十许，李忠取血清回，请曹医注射之。事讫已三时许，余倦不能支，欲假寐片刻，闻病者呻吟声，竟夕不能交睫。

三月二十九日(5月8日) 黎明即起，病者益危，目定唇掀，气息仅属。群知无救，家人环哭，惨不忍闻。余潜往资政院建筑基地，彳亍片刻。回到寓中，仍延曹医来视，希冀万一。至十时顷医来，云除再施血清注射外，更无他法。遣人向利亚药房购得一瓶试之，仍无寸效，始绝望。许侣樵士熊、陆闰生来谈，见余有事，不便久留，匆匆即去。卣痛哭不止，余忍泪劝阻，午后三时顷，病者竟殇去。殓迄，遣王福送至十里庄苏太义园掩埋。此儿生于光绪三十二年丙午六月三十日，迄今连闰凡得四十六个月。余夫妇止此一女，平日珍惜有加，而此儿亦聪慧灵警，异于常儿。每见生客，敛容端坐，有同成人。余尝以其老成过当，虑非福寿之相，不幸言中，何痛如之。晚间二伯父得仲年书，知外甥邗保与喜生同年同月生者，亦以本月十七日殇去，天下事无独有偶如此，真可骇怪也。

四月初一日(5月9日) 早起。冷水浴。得长沙信，立覆一缄。卣觉喉痛，视之略红，服泻盐少许。十时顷杨皙子来谈，与同往宪政编查馆。饭后校改咨稿两件，旋到部办事。得寓中电话，知卣喉痛渐剧，并发热，电请曹咏归、傅惕生，均不在家。下濑亦赴天津未回，急回寓视之，果系传染无疑。四时顷，惕生得信，来诊一次，云当回院制药送来，而卣自欲迁入医院，以免传染他人。余亟遣人往协和医学堂探听，以无妇人病室复询诸法国医院，知其设备完全，决计送入。余先往该院接洽，定用一等室一间。卣旋至，外姑及王妈伴送，扶掖入室。室极精美，有本国女仆一人伺候，看护妇数人均系法人。安置妥帖，已逾七时，照院规应迅出，随与外姑、王妈同回。

通信：接长沙信，又发一缄。致潘轶仲一缄。

四月初二日(5月10日) 早起。冷水浴。八时与子涵同往医院,视卣热已退,精神顿爽,知昨夜注射血清两回。看护人以此病易于传染,禁止余辈久留病室,即退至接待室小憩,旋出。余往润田处闲谈,作顺庆信一件。巳刻与润田同车诣仲和处,仲和方患热病,故往候之也。午刻以沈雨人侍郎招饮农事试验场,与润田同往。余于席间自觉头晕作吐,手足略麻,因即辞归。静卧片时,渐愈,服金鸡纳丸一粒。陶斋尚书约晚饭,以体中不快作书往辞。

通信:接顺庆信即覆,致董祥周一件。陶公约晚饭,以书辞。

四月初三日(5月11日) 早起。冷水浴。九时顷到病院视卣,门者引入药室,遇医者,详询余亡女病状,意甚踌躇然者。余急问吾妻病状如何,渠云不见佳,甚热。问以能否入视,答言不见为妙。余惶恐回寓,遣王妈再往,并作一书详问病情。饭时王妈持书回,热至三十八度六,饮食甚少,手足尚麻,便有血。王妈亦言病情较昨为重。饭后又与九兄、外姑、秀英往视,则情形尚好,询知月事方到。顷觉热略退,较午前似有起色云云。心稍安,旋即回寓,傍晚与何师率茂、龙两儿及樟侄往资政院新筑基地散步一回。

通信:贺月槎来信,南昌洗马池肇昌绸号方石泉代收转交。长沙来信。

四月初四日(5月12日) 早起。以有感冒嫌疑停止冷水浴。寄吴季荃一书。八时半到医院视卣,门者云已迁入西院,余惊问故,门者殊不了了,但谓大约病情不佳。余惊惧无措,急走药室询看护妇,则云今日热度已减。遣门者导余入西院,晤一看护妇刘氏(华人),引至卣所,询知昨日余辈去后,热度大增,殊苦烦闷,而楼上新来西洋人四均系轻微病者,知邻室有患热病者,恐其传染,遂商令院主,将卣他迁也。迁后至夜中汗大发,疹子密出如粟颗,烦闷渐瀰。今晨试热度,降至三七点五,刘氏谓病名"子午痧",非白喉,今已发出,无碍,惟不可着凉。余因切属病者,加意自卫。旋往访下濑学士,告以家中近情,并自觉头晕、手足酥麻情形,学士言无碍,谈片刻而回。饭后外姑与五姊往医院省视一次,归言平安。荣君普及伯平先后来谈。

晚与家人手谈消遣。

隆裕皇太后赏暑药六种：太乙紫金锭一〇〇锭，万应锭一〇瓶，灵应痧药一〇瓶，金衣祛暑丸二〇丸，六合定中丸二〇丸，香薷丸二〇丸。

四月初五日(5月13日) 早起。冷水浴。九时顷到医院视卣，知体温已复常度，喉痛亦止，食思渐动。惟院室逼近正阳门，万车出入，如雷如霆，昼夜不息，不能成寐，此外别无他苦。坐一时许回寓。饭后外姑与秀英往视一次。阅《丁氏医学丛书》。傍晚与子函散步资政院新筑基地。昨记子午痧乃紫乌痧之讹，即猩红热(Scarlatina)耳。

自定日课：

早起五时三十分至六时。冷水浴三十分。散步三十分。写日记一页。拜客或写信。办事。

收信：舒宾如、徐尚之、蒋讣、吕寿生。

四月初六日(5月14日) 早五时半起。冷水浴。到资政院新筑基地散步一回。写昨日日记，写信数件。八时到医院视卣，昨夕安眠达旦，精神大增，为之欣慰。九时顷到法律馆修改《民诉律案》，至三百四十五条。十二时顷到宪政馆，核改《宗室诉讼暂行章程》一通。世相及吴侍郎来馆商酌奏派馆员分赴各省视察宪政筹备情形事，定派陆闰生、林蔚亭、刘伯崇、黄次腴四君，五时顷散归。

发信：徐尚之、舒宾如、蔡公湛、蔚老。**收信**：穰卿，即覆。

四月初七日(5月15日) 早起。冷水浴。到资政院地基散步一回。写昨日日记。震厚、霈厚、周荃生、蔡子英来谈。与荃生同往法国医院视卣，大致平复，惟午后尚觉气分不舒，医者与以葡萄酒，于食前饮之，十一时半回寓。茂儿又患发疹，体温微高，喉中无恙，似是风疹。延曹咏归诊之，云无碍。在子涵处手谈。

四月初八日(5月16日) 早起。冷水浴。到资政院地基散步一回。写昨日日记，写信。到医院视卣，商定明日回家。午刻到宪政馆,饭后到部,核议《高等巡警学堂申请另招新生办法》及《警政司交议外务部咨询管理房产卖与外人规则》(内厅申送核定)已否核定、应如何议覆,请酌定事。六时顷散归。西人天文家推算哈勒彗星于本年四月十一日(五月十九号)行距地球最近,斯时地球上必见有异常之现象,其前后数日或有地震、暴风等事,颇为危险。报纸喧传,久成谈柄。晚与二伯父、子函闲论此事,戏言若将欧洲列强扫去,岂不大妙?余谓须将西半球同时扫荡,并将日本带去,方为完全。因共大笑。

通信:四妹来信。寄逵臣、问槎各一件。

四月初九日(5月17日) 早起。冷水浴。散步。写昨日日记。以赴法律馆之便,往医院视卣,约归途经此,同车回寓。旋顺道访润田,留一时许。与润田同到法律馆,修改《民诉律案》,至三百五十条。十一时半散,载润田送至其寓,到医院开发清楚,与卣同载而归。饭后写信与四妹,三时半以资政院会议到外务部,拟附润田车同往,润田方有会晤,候一时许始出同行。多额纳税者互选当选人名单已开列齐备,由伯屏拟奏,续请选任。又拟将各省互选议员姓名开单奏闻,经总裁阅定。六时顷散,与润田、伯屏同往访仲和,所患已愈,明日将出门视事。抵暮仍附润田车,至其寓,余车在此相候,乘之而归。

通信:寄四妹一书。

四月初十日(5月18日) 早起。冷水浴。散步。写昨日日记。访闰生,十一时顷与闰生同往宪政馆,复核《宗室诉讼章程》,修改数处。饭后诣蔚老,谈次徐菊人相国来,留共谈一时许。到部与小彭、叙五酌拟派赴各省考察禁吸鸦片烟事宜员名单,呈堂点派,凡十一人。又酌定各员分赴省分,六时顷散归。于子昂来谈,阅报称哈勒大彗星将以明日午前十时二十五分行至太阳与地球之间,彗星距太阳约八千万英里,而距地球仅一千四百万英里,至十一时二十五分过讫,通过时间恰为一小时,斯时地球上当见有类似日食之现象。然彗星属气质,不能障蔽日光,故地球上当不至全然昏黑,届时若无他项危险,则无虑矣。

通信:沈宝璿、耿伯齐。

四月十一日(5月19日)　早起。冷水浴。散步。写昨日日记。覆晋笙信一件。本日天气晴明,毫无异象,十时许微有风,日光隐现云际,绝不觉彗星之通过。自此各国天文家当又得许多之新知识矣。到宪政编查馆,董绶金新刊《敦煌石室遗书》成,见赠一部。玉老、哲子论厘定官制办法,余请属李孟鲁舍人景铼起草。饭后拜客数家。三时顷到部办事,五时散归。

通信:接陆晋笙两函,即覆。接星侄一书,卢子实一书,又润田一书,又硕人一书,覆沈君一件。

四月十二日(5月20日)　早起。冷水浴。散步。写昨日日记,写信数件。十时顷,何少圻妹丈来谈,询知五妹亦已同来,于本月初到京。访闰生,适丁(文)[问]槎来,留共午饭。饭后(文)[问]槎欲为手谈,以电话自部中邀伯平来,足成之。六时散。以耿伯齐度支招饮源丰堂,往赴。九时顷席散,与二伯父同车而回。

通信:**寄信**:星侄、卢子实、硕人。接许俊人一书,即覆。

四月十三日(5月21日)　早起。冷水浴。到资政院新筑基地散步,入门,为守卫巡警所诃,余以其无礼,亦怒叱之,巡警不敢阻。微闻其叹诧曰:"大清国真休矣!"余散步毕,出门劝谕该警,谓稽察出入固守卫者所应有事,惟须以礼貌相加,若盛气陵人,便失巡警对于人民之道。该警哓哓不已,他警闻声出而排解,余即归。写昨日日记。到西安门大街访哲子,不值。诣月华贝勒,亦值其早朝未归。赴修订法律馆修改《民诉律案》,迄三百七十条。饭后诣长春寺,吊顾缉庭方伯肇熙之丧。旋到部办事,五时顷散归。金小山镜芙、刘欣莲学濂招饮源丰堂,辞未赴。曹润田来谈,叙斋贝子有托代拟文件,酌拟一稿,与润田商定,函送贝子。

交际:顾,长椿寺,十三。

通信:四弟来信一件,寄伦贝子信一件。

四月十四日(5月22日) 早起。冷水浴。散步。写昨日日记。十时顷钱幹臣来谈,留午餐。旋往太升堂吊孙泽藩母夫人之丧,又往长春寺吊尚积之尊人之丧。访邵厚夫同年,谈片刻。访孟庸生,值其病不能见,遂往石桥别业。润田议每月第二星期日开职员会(值年董事及评议员)一次,若有应行扩张或维持之事,即于是日公议决定之。本日为第一次职员会,到者润田、仲和、小宋、举轩、伯屏及余,凡六人。又丁问槎、杨晢子先后来游,余即介晢子入馆。六时顷回寓。

交际:尚,长椿寺,十四。孙,太升堂,同。

通信:接父大人信,又桑田丰藏信。

四月十五日(5月23日) 早起。冷水浴。散步。写昨日日记。本日试游学毕业生于保和殿,子函往应试。黎明即去,余欲送,不果。沈生宝璿介绍一浙人金元瑞,己酉拔贡来见,愿执贽称弟子,余两辞不获,即亦不复拒绝,谈片刻去。卣病虽愈而头晕眼花,心跳潮热等象尚未痊可。拟同往下濑学士许诊治,会雷季兴来谈,余出《修正报律草案》,相与讨论,季兴欲有所删削,余亦同意,允商诸宪政馆同人。季兴去,与卣共诣下濑,诊系病后血少,与药两种,盖补血之剂。旋往宪政馆,卣即回寓。饭后到部办事,逵臣自西陵回,拟同诣肃邸,邸当以明日往值班,有半月之别,故欲往一谈。会邸有事,电属明日于车场相见,遂各散。余以向之、咏春招饮福全馆,往赴则主人尚未到。候半时许,客有斌孟博(锡清帅公子)者亦来赴。谈良久而主人始至,余请于主人索蔬食,食毕先散。

四月十六日(5月24日) 早起。冷水浴。以学部奏派廷试阅卷大臣到宪政馆,遣人入内听宣。八时顷以肃邸赴梁格庄值班,往送诸停车场,适吴子修文宗同时南行,顺便一送。旋与仲和同到其寓进早餐,悉本日阅卷大臣派出陆相、于、李两侍郎、朱宗丞。在仲和寓谈一时许,到修订法律馆修改《民诉律案》,迄三百八十条。饭后到全蜀会馆送程中丞行,晤谈片刻。又访许侣樵、雷季兴,均不值。到宪政编查馆,闰生拟一说帖,谓改订官制当自枢部入手,请改军机处为尚书省，为各部尚书合议之府，设尚书令一人以总之，略仿各国内阁之制。三时顷，枢堂先后来馆，阅定《宗室觉罗诉讼章程》，并将闰生《说帖》携去，六时顷散。闽督咨询《城镇乡自治章程》疑义，照章城镇董事、名誉董事须由地方官核准任用，余据日本府县郡市町村制，主张地方官有自由不核准之权。伯平主张以不合选举资格为不核准之要件，不得以地方官自由之意思为衡，争辨良久，质诸巨六、晳子、闰生，均赞同伯平说。余据法理及事实力争，诸公终不以为然，余因戏言余此议殆非宝瑞臣不能赞成矣。

交际：增，秦老胡同，十六（素）。

四月十七日（5月25日） 早起。冷水浴。散步。写昨日日记，又补写十五日日记。吕寿生来谈。午刻以苏府同乡京官公宴举贡暨毕业游学生应试诸君到长吴馆，晤君九，得见游学生廷试等第单，子函竟在三等之列。凤老言伊卷在朱艾卿手，以有就讹字硬改之句，兼有破体字，致被抑，殊为可惜。席散与云抟到第一楼茗谈，三时到石桥别业。资政院议员诸君集议组织一开院准备会，以议员及开办院事各员为会员，即租借石桥别业为会所，每月开会三次，以每旬之第五日为会期。本日到者凡二十八人，选举假定干事二人，余以十八票、劳玉初以七票当选。又公推胡伯平、雷季兴为本会章程起草员，按照本日公决纲要，衍成条文，俟二十五日开第一次会时公决之。六时顷散，与伯平到润田家一坐，润田尚未回。与伯平同到其寓，邀仲和、逵臣共来一谈，留晚饭，谈至十时半而散。

通信：接四弟、四妹来信各一件。

四月十八日（5月26日） 早起。冷水浴。散步。写昨日日记。十一时半与卣同往下濑医院，覆诊一次。卣潮热渐减，而面及四肢似尚浮肿，下濑谓恐是肾藏病，此为猩红热病后常发之症，应检查小便以决之，与药两种而回。饭后汪季农观察来谈，五时顷诣定王府谒月华贝勒、损之将军，留晚饭。九时顷回寓，哈勒彗星见于西方，尾向东南，光甚隐约。

通信:五妹来信、袁巽初来信。

四月十九日(5月27日) 早起。冷水浴。散步。写昨日日记。贺汪伯棠出使日本及邹紫东转左侍郎,又尹及郎为其胞侄授室之喜。十一时顷到宪政馆,本日鄂、湘抚查办湘中官绅疏上,得旨处分有差,大人以官声尚好,仅予交部察议。绅士得谴者四人,王益吾先谦、孔静皆宪教,均交部严议。叶焕彬德辉、杨巩均革职,交地方官严加管束。三时顷到资政院公所,五时顷散,往金伯屏新居,入见夫人,抵暮而回。

通信:收季荃一件。发喀喇沁王一件,有覆。收四妹致卣及五妹各一缄。

四月二十日(5月28日) 早起。冷水浴。散步。写昨日日记,写信。到修订法律馆修改《民诉律案》,迄三百八十七条。午刻诣仲和许,留饭,遇执中于坐。二时顷到部办事,本部定于本月廿五日改早衙。四时半散,诣林侍郎长谈,丁问槎在坐。六时顷回寓,而问槎踵至,谈高等巡警学堂招生事。客去,往子涵许闲话,晚间手谈。

通信:覆袁(逊)[巽]初一缄。

四月二十一日(5月29日) 早起。冷水浴。天雨,散步。行至中途,以雨思折回,已而转念每日定课,不可以雨故或辍,回身冒雨前行,课毕雨亦渐止。写昨日日记。五妹、六妹各携外甥先后来寓。陪二伯父手谈竟日。六时顷以车分送两妹回家。

通信:收章唐容一件,舒宾如一件,长沙信一件。

四月二十二日(5月30日) 早起。冷水浴。散步。写昨日日记。阴雨。董恂士鸿祎、龚镜清铭凤来谈。九时半陪卣到下濑学士处诊视一次,云检查小便内含蛋白质,属肾藏病,与药一瓶而回。

隆裕皇太后赏蓝色、绛色芙蓉纱各一件。饭后到部,三时顷到宪政馆,五时半回寓。延子澄学士招饮福全馆,辞未赴。晚间与家人手谈。

通信:寄长沙信。

四月二十三日(5月31日)　早起。冷水浴。五时半入内谢恩，在学部值庐与瑞臣、柳溪、幼云谈良久。旋往本部值庐小憩，与仲和徘徊乾清门外。七时半诣长春宫，随班行礼，皇太后正坐，皇上便服侍立皇太后右侧，英姿岐嶷，超越寻常，无任欢忭之至。礼毕退出，到法律馆修改《民诉律案》，迄四百条。饭后回寓。卣患头痛目倦，偃息数时，陡觉气向下注，呼吸困难，胸腹作痛，急遣人邀下濑学士。仲和、伯平来谈。晚饭后求医使回，言学士本日无暇来诊，而卣病殊不见轻减，不得已余自驾往迎之，时学士方在日本使馆，遣人邀至，告以病状，学士即合药与余同车来诊，系属肾藏炎，幸全身水肿尚不强甚，心藏亦无病，不至有碍。仍遣车送学士回。卣服药后，气分略舒，惟头痛未已。十二时睡。

通信:接张菊生一缄。

四月二十四日(6月1日)　早起。冷水浴。散步。卣气分渐舒，头痛如昨。九时顷出门拜客数处。回到五妹家，谈至十一时半而回，补写前昨两日日记。大人以长沙之乱交部察议，吏议降三级调用。昨日覆奏，得旨改为降三级留任，臬司同，抚藩均褫职，王、孔降五级调用，处分平允，仰见朝廷用法明。饭后到部办事，五时半散，与仲和在石桥别业同作主人，请肃邸、喀(剌)[喇]沁邸、朗贝勒、毓损之将军、汪伯棠侍郎、丁问槎观察、陆闰生京卿、王仲芗警监、延逵臣右丞、曹润田侍郎。伯棠辞，馀客均到。十时顷客散回寓。

通信:寄下濑学士，得丁梅轩书。

四月二十五日(6月2日)　早起。冷水浴。散步。写昨日日记。本部自今日起改为早衙，八时顷到部办事，拟定《各省城镇乡巡警编制及豫算办法》，属徐尚之起草，一时顷回寓。饭后三时顷到石桥别业，为资政院开院准备会第一次会期，同人到者三十九人，先由余与玉初报告上届发起会议情形，次由胡伯平、雷季兴将所拟本会简约朗读，逐条讨论，约内定会员应行调查事项有官制及外交，宝瑞臣、陈徵宇、沈俪崑等辈以为官制、外交非资政院权限内之事，本会无庸调查。余起声明资政院对于官制、外交无议决权而有建议权,非绝对不能容喙也,本会调查有益无损。群议纷纭,良久不决。赵竺垣、林惠亭诸君请以会员多数之意见决之,余出席朗读条文,以有官制、外交为然者请起立,赞成者占三分之二,因即可决。简约通过后,投票选举干事四人,余以三十三票、劳玉初以二十一票、雷季兴以十四票、李柳溪以十三票当选。六时许散会,适早稻田旧同学诸君在此开恳亲会,中日人到者三十馀人,余亦往会,陆闰生、冈田博士以下日本诸君迭起演说,九时顷余先散回寓。

四月二十六日(6 月 3 日) 早起。冷水浴。写昨日日记,九时顷到部,议覆赵竺垣侍御奏请将湘、鄂饥民移(恳)[垦]东三省荒地事,拟定办法,属尚之移付民治司起草。午刻到宪政馆,晤瑞臣侍郎,知译学馆办学人员照章请奖一折已于今日具奏,余以寻常劳绩,请加二品衔,得旨俞允。饭后三时顷,世相、吴侍郎来馆,阅《奏报考核筹备成绩折》,略论厘定官制事宜。五时半散,六时顷以伯屏招饮石桥别业,与杨皙子同车往赴。七八时顷,天大雷电雨,席散雨稍止,以吴绶卿有六国饭店之约往赴,将次宴罢,十时顷散归。

四月二十七日(6 月 4 日) 早起。冷水浴。散步。草《谢赏二品衔折》,携稿赴部,属王少侯员外郎代饬付写,于明日呈递。旋以凤石相国迁居西四牌楼羊肉胡同往贺,留饭。饭后到宪政馆,与柳溪论官制及官规事宜,并取日本法规,详细考求,拟以品级当日本之官等而变通之,约二十九日详议。六时到石桥别业,与逵臣、叙五公请鹤松亭春、毓松泉两总兵,桂月亭春、乌恪谨两侍郎、荣竹农阁学、全玉如、桂梦九两观察。竹农辞,馀客均到,七时半入坐。逵臣以有事先散,余与叙五款客终局,至十时顷而散。

四月二十八日(6 月 5 日) 早起。冷水浴。以谢恩到东华门,遇苏拉林文茂,云折已呈递,未经叫起,出早事单相示。余因改赴西城,到仲和家候片刻,主人始起,孙实甫来共谈。至九时半,以速记学堂二班学生行开学式往预,十时顷偕本堂职员率诸生诣至圣前行礼,退入讲堂演说速记效用及设立本学堂之趣旨，子英、伯屏亦各有演说。事毕仍回章宅，饭后回寓，道经下濑医院，停车入访，适蓉阁在此治疽，坐片刻，主人邀入书室，讨论汉语发音及学习方法，约一时许辞归。睡至五时顷而起，写前、昨两日及本日日记。

四月二十九日(6月6日) 早起。冷水浴。散步。八时顷出门拜客，车为积潦所阻，折回赴部。遣仆持刺往拜邸堂，约来月初二日偕闰生往府夜谈。十二时顷回寓饭。饭后偃息半时许，二时顷出门拜客两处，到宪政馆会议厘订官制事。筹备清单，分厘定官制为四期一厘订，二颁布，三试办，四实行。中间相距各二年。哲子议以为如此则实行以前之光阴均为空过，而届实行时又有一旦骤进之患，不如改四期为一长期，于此期内随时可以厘定。余谓清单所指官制乃完全立宪官制，故厘订与实行相距甚远，今宜一面厘订官制以为标准，一面将现行官制逐渐修改，以与标准官制相接近，如此分别办理既然与清单年限不相抵牾，亦不至有数年不变、一旦骤变之患。讨论数四，众然余议，寻公推余与李孟鲁为标准官制起草员，先将内阁官制及各部通则草定，于初三日提出公议。六时顷散会，到福兴居，请陶簪杏恩章、张季常源祖、蔡清任寅、少圻、君度两妹丈、子函、蓉阁饭。九时顷散，与子函、蓉阁同车而回。

收信：四弟、四妹、张棣生。

五月初一日(6月7日) 早起。冷水浴。散步。八时顷正拟到法律馆，适达侍郎、于子昂、林侍郎、周伯勋络绎来谈，客去已十一钟。得部中电话，云邸堂到署，因即往，议定续派巡视员及保荐巡警道名单。一时顷仲和约在德昌饭店饭，与逵臣同往先打球一盘，三时许饭罢，拜林侍郎未见，即回寓。傍晚到孙宅一坐，观五姊、九嫂裹角黍。以喉头作痒，颇似感冒，行温水浴，求发汗。浴毕，仍以冷水沃之。

五月初二日(6月8日) 早起。以感冒停止冷水浴，仍往资政院基地散步。肃邸欲邀闰生、耕农、季良到府中小叙，属余定期代约。

八时半诣闰生许，遇问槎、绶卿，以邸意告闰生，订期明日午后六七时往，因以书通知耕、良。十一时顷回寓，倦卧至午后二时顷，起进午饭，三时顷行温水浴一次，浡然汗出。到宪政馆，仿《日本高等官官等表》，制《各官品秩表》一纸。官名不烦，则无更词频数之患；一官数品，则有品进而官不变之妙。窃谓欲改官制必当以此为准则也。七时顷以午公招饮往赴，候一小时许，主人乃出，客有叙斋贝子、吴仲怿中丞、李猛龛观察，馀二人不素识，主人召瞽者四五辈，更唱迭和，杂以弦索、笙笛、箫鼓。席散已十二时，贝子尚与客为玉突之戏，余先辞归。

五月初三日(6月9日) 早起。冷水浴。八时顷到西城拜客数家，晤朱太史献文、桂观察龄。旋往法律馆，与子健覆校《修正民诉律草案》，又修改数条。饭后出宣武门，拜客数家，晤夏虎臣太守寅官，到观音寺华英药房买镜面散两瓶，旋即回寓。写长沙信，未竟而得父大人来电，以万县电局被焚，灰石衣物尽毁，恐再以撤差致困，属为道地，当即禀复数语。吕寿生来长谈，七时顷到肃王府，耕农、季良先在，闰生踵至，宾主迭为吴歈，尽兴而罢，回寓已十二时一刻矣。

通信：收长沙信、电各一件。发长沙信一件。

五月初四日(6月10日) 早起。散步。写昨日日记，又补写前日日记。十时顷出门拜客，晤张星五，以凤石相国七十生辰往祝，留饭。二时顷访沈雨人侍郎，未晤，留一书与之。到宪政馆，与伯平、晳子论时事，凄然欲绝。五时顷天阴雨，约两君共到余斋痛谈，至七时顷客去。连日晚睡早起，体中甚倦，今晚未及晚餐，八时半即就寝。夜来大雨。

交际：张大来泰来见。

五月初五日(6月11日) 早起。冷水浴。以雨后道泞，未能散步，即在庭中行深呼吸之法。接大兄信，即刻复一缄。写昨日日记。与家人及子涵、蓉阁伉俪率儿侄辈往游农事试验场，在卍字楼茗谈。一时许到燕春园午饭，余以议员准备会会期，先散。到石桥别业，同人到者二十馀人，将会场规则公决，余因演说议决机关与咨询机关性质之区别，并论去年各省咨议局之通病，愿本年资政院毋再蹈其失。六时顷散会，与季兴共到伯屏家一谈，闰生及其如君约余夫妇、秀英及润田与其如君在六国饭店晚饭，余自伯屏家往。主客已到，询诸秀英，知卣自试验场以倦先归矣。饭罢主人坚邀观活动电影，十一时顷回寓。

通信：接大兄信，即覆。

五月初六日(6月12日) 早起。冷水浴。五妹来寓。十时顷往西城授课，先在仲和斋中休憩数刻。十一时顷往学堂授国文典讲义一小时，课毕回章宅饭。二时顷到宪政馆，枢堂先后至，披阅公事，共相讨论，至六时顷而散。与仲和、闰生、伯屏同往德昌饭店为玉突之戏，未终局而饭。饭后续为之，甫竟一局，天将雨，急散归。行不数武，大雨如注，并有雹块，到家，庭中已积水数寸矣。

五月初七日(6月13日) 早起。冷水浴。昨夜大雨深透，今晨尚廉纤未已。十时顷雨止，恂士来谈。到部，孙慕韩奏请变通《地方自治章程》，先办府厅州县，缓办城镇乡，有旨"交议"。衙散，邸约仲和及余往福全馆午饭，同时熙辅臣、陈庚年二君亦招饮于此。饭罢到宪政馆，与同人讨论外省官制，余主分省以为若干道，分道以为若干府、州、县。上县为府，中县为州，常县为县，三者并列，不相统摄，而均隶于道。每省设巡抚一员，所属有各司，略如京部之制，各司以巡抚之名行事，不得独立发动。每道设分巡一员，酌设佐治员。府州县设知府、知州、知县如故，仍各酌设佐治员。同人多赞同余说，惟柳溪、哲子欲以府、州、县平列，均直隶于省，不更设分巡道一级。辨论数四，迄不得要领。六时顷散，往会贤堂，本馆提调四君饮同馆诸君于此，六时半散归。

五月初八日(6月14日) 早起。冷水浴。散步。写初五日至昨日日记。理藩部奏设咨议官分为常川入署及不入署两种，余在常川入署者之列。本日八时顷前往面白寿师，如部中有咨询事件，无不竭诚赞助,至欲常川入署,则限于时刻实有未能。十时顷散,到修订法律馆,与伯初讨论律文义例。饭后二时顷回寓,与家人手谈一局。

通信:穰卿来信,即覆。何少圻来信。

五月初九日(6月15日) 早起。冷水浴。散步。写昨日日记。到部草《行政纲目》签注,凡七事,付尚之等讨议。午刻邸约至福全馆饭。饭罢到宪政馆,与玉老谈中国声均文字之变迁,五时顷散归。陶拙存驾部葆廉来谈。晚间在子函寓手谈,至十一时半。

通信:覆沈叔占信。董恂士来信,即覆。于子昂、丁梅轩来信。

五月初十日(6月16日) 早起。到修订法律馆修改《民诉律案》十馀条。饭后到宪政馆,与巨六辨论《修正报律案》条文,有所增改,寻与孟鲁、[柳]溪论厘订官制主义,抵暮而回,行温水浴一次。晚饭后即睡。

五月十一日(6月17日) 早起。散步。写昨日日记,又补写前日日记。访董恂士,并晤叶清伊,与清伊下棋一局,余负。旋到部办事,午刻以同乡新贵诸君招饮长吴馆往赴,同时殷铁庵铮招饮陶然亭,祥瑞年寿、王少泉文豹招饮福全馆,并以书往辞。自长吴馆散,即回寓,睡至五时许起,往东邻手谈,至十一时顷与亩、秀同回。

通信:四叔父来信。

五月十二日(6月18日) 早起。以咳嗽久而未愈,停止冷水浴。十一时顷到修订法律馆修改《民诉律案》,迄四百三十二条。午后一时许,以庆甥患痢往候五妹,车出宣武门,道途泥泞不堪,见仲麒姻丈及五妹夫妇。庆甥病六七日,五妹照料辛苦,数夜不眠,殊觉憔悴。仲丈言湖南山水、雨水积成巨潦,省城水深五六尺,电局为水所损坏,信息不通已二日。暴动之后,继以奇灾,其何能淑?彷徨不已。三时许到宪政馆,与瑞臣侍郎论修正《报律》义例。六时顷与仲和、柳溪同往德昌,为撞球(玉突 Billiand)之戏,仲和胜。七时顷与柳溪共诣叙斋贝子,将准备会开会情形报告之,遇润田、伯屏、绍唐于坐。贝子约往六国饭店晚饭,十一时十五分余先辞归。

通信:得父大人书。

五月十三日(6月19日) 早起。散步。写前、昨两日日记。写长沙、顺庆信各一封。行温水浴一次。陆彤士来谈,留午饭。客去困倦弥甚,身体微热,食欲甚减,休息竟日,未出。董祥周诸君招饮喜雀胡同,雷季兴、狄楚卿葆贤招饮石桥别业,并辞。

通信:寄长沙、顺庆各一件。接春舫一件。

五月十四日(6月20日) 十时顷起。以感冒致书叙五诸君,请假一两日。倦卧至午后一时许,啜粥碗半。四时顷行热水浴一次,进藕粉一碗,精神渐爽。与家人手谈。晚饭时腹中颇知饥饿,进饭、粥各一碗。

通信:王君九来信,即覆。接四妹一件。发长沙电。

五月十五日(6月21日) 早起。表热渐解,在家修改《民诉律案》,迄四百五十条。午刻进饭一盂。四时顷与家人手谈。六时顷食蔬饺二十馀枚。晚饭时进粥一盂。写昨日及本日日记。

通信:与子健、仲香各一件。接少圻一件。

五月十六日(6月22日) 早起。温水浴。连日以感冒未出,本日始觉全快。八时顷往东北城拜客十馀家。十时顷到部,邸询《国会速设请愿书》已否奏上,余连日杜门不出,殊茫然无所闻知。一时顷回寓,饭后休息片刻。三时半到宪政馆,各枢咸在,闻蔚老言《国会请愿书》已于昨日由都察院代递,监国留览,尚未发下。此次各团体代表请愿书,至十件之多,非数日不能披览完竣,能否邀准,固不敢言,但无论准否,必有上谕公布也。五时许,各枢均散,与柳溪、玉初、伯屏、哲子诸公论覆奏孙慕韩变通《地方自治章程》条陈事,余力抵孙议之非,根据章程,条条痛驳,不自觉声色之厉。宝侍郎意颇左袒孙议,闻余言颇露反对之色,余益激昂,面加驳诘,宝虽无词以难余,而意殊不能平也。八时顷散归。

通信:接长沙电。

五月十七日(6月23日) 早起。温水浴。谒月华贝勒,值其未起,候良久出见,畅谈,留饭。饭后拜客数家。诣仲和,知方与润田共在伯屏家,即往迹之,二君果皆在,谈半时许各散。余往宪政馆,李孟鲁草《内阁官制案》及按语成,考证详博,言之有物。本日同人集议条文,甫决三条,天晦冥,俄而雷雨大作,庭中顷刻积水半尺许,不移时而止,六时半回寓。

通信:黎桂森、蔡可权来信各一件。

五月十八日(6月24日) 早起。温水浴。游星伯来谈。季兴以电话通知将枉顾一谈,约来寓午饭。旋即到部,有美利坚人某(丁义华)来部,求见肃邸,值邸不来,因请见丞参。以电话得邸许可,即与小彭、逵臣同见之。其人操华语甚熟,自云"父母久寓广东,死即葬,于是余之爱中国与爱美国无异,今以劝诫吸食烟卷之目的来请部中提倡",并力陈小儿吸烟之害,请以部令严行禁止,因出所刊广告两种求札知警厅指定地方,准其张贴,意甚恳笃,似是基督教徒。余等力允所请,其人复再三谆嘱而去。十二时顷回寓。饭后季兴始来,更具餐饷之,略谈国会请愿运动情形及现在厘定官制之困难,三时顷去。写昨日日记。五时顷孟庸生来谈,商榷本年资政院应行提议事件,谈一时许而散。

通信:接章伯初一件。

五月十九日(6月25日) 早起。右目甚红,大类トラホ[一]ム[1]。到修订法律馆力疾修正《民诉律案》数条,旋即阁笔。饭后到宪政馆,闻本日有旨令内阁会议政务处王大臣于二十一日预备召见,所谓"叫大起"也。向例非有大事不为此郑重之举,庚子宣战之议即以是年五月二十一日叫大起决定者。今朝廷别无何等紧急问题,此举必为对付国会速设请愿无疑也。四时顷以目疾先散回寓,得于子昂电话,云明日内阁会议政务处有特别会议,当是后日奉答意见之准备也。晚间用溧阳童守义眼药敷治,早睡。

---

① トラホ[一]ム:沙眼。

通信:接董恂士一件。

五月二十日(6月26日) 早起。以目疾不出。蔡子英、傅惕生来谈。饭后与家人手谈。五时顷肃邸以电话招往一谈,余知必为国会问题有所咨询,甚欲一陈愚见,以备采择,立即前往。邸略述本日会议情形及枢府宗旨,余因白邸召集国会为立宪政体题中应有之义,何必断断于三五年迟早之间,人心难得而易失,借此激发舆情,亦未尝非绝好之政策,应请以资政院议员任满之日,改设上、下议院,以时计之,不过提早三年,而人心必当大奋,朝廷何惮而不为。邸亦甚以为然,而决其必不能行,因提出两议:(一)请设立责任政府;(二)请实行《钦定宪法》。先设《宪法》讲筵,亲临讲习,即就坐上草成说帖一件。邸属抄写两分,明日当与隐坪上公计议。七时顷回寓,将说帖稿付子函,请亟写两通,晚饭后函送肃府。

通信:接韩晋卿一件。

五月二十一日(6月27日) 早起。冷水浴。九时顷得肃邸电话,令以午后五时与逵臣、仲和诣府,有事面谈,旋到部通知逵臣。与尚之商酌各省城镇乡巡警编制及其豫算,意见互异,争论久之,迄不得要领而散。回寓饭,饭后到宪政馆,遇仲和,告以邸约。恭读本日上谕:"国会召集定以仍俟九年筹备完全再行降旨,并令嗣后毋得渎请。"三时半与孟鲁讨议《内阁官制草案》,孟鲁于责任精神极为注意,故于召对及陈奏之限制规定甚详。此于我国之情颇相矛盾,去之则失统一事权之要义,留之则惹起日后种种之阻力。本日提出讨议,未能解决。五时半诣肃王府,逵臣先在,少选仲和亦至,邸详述本日召对情形,属余将请设宪法讲筵先事研究,并实行钦定之旨拟一奏稿,预备陈奏。丁问槎来见邸,七时顷与逵臣、仲和同退各回。

五月二十二日(6月28日) 早起。到修订法律馆,与冈田博士商榷法律(《诉讼律》)名词,酌定数十语。属博士列表,用誊写板刷印,分饷同馆诸人。饭后回寓,金伯屏来谈。为肃邸草《敬陈管见折》,约二千馀言,大旨如下:(一)国会与《宪法》成立之先后视国体而异;(二)中国国会之成立当在《宪法》制定之后;(三)《宪法》必须钦定;(四)《宪法》必须真正钦定;(五)《钦定宪法》必要之预备及预备之时机;(六)日本制定宪法之历史:(甲)天皇之英断(乙)伊藤博文自述之语;(七)请设《宪法》讲筵。至晚饭后始行脱稿。

通信:接逵臣一件。

五月二十三日(6月29日) 早起。冷水浴。修改昨稿,会张云抟来谈,云抟以李仲宣制军之奏调,将赴云南,特来话别。谈次,少麒妹丈来访,因留共谈。客去携稿到部,衙散后邸约余偕逵臣往福全馆饭,共商此事。于坐中出稿呈邸,邸大称善,因商榷呈递之法,余向者尝以此意陈诸月华贝勒,贝勒极表同意,当即劝邸与贝勒一商,如能连合仲泉贝勒、隐坪上公为一致之运动,尤为上策。邸允先商月华。席间谈及大局之危险,邸问计将安出,余谓"惟有启沃圣聪",邸首肯者再。席散,赴宪政馆,与杨皙子、胡伯平、恩咏春诸人论儒家之作用及日本变法与中国变法历史之异同。五时顷得肃邸电话,索《宪法大纲》,即检一部送去。五时半,以施长卿兄弟招饮八旗先贤祠往赴,未终席而回。

五月二十四日(6月30日) 早起。冷水浴。于子昂、汪君郁年来谈。九时顷赴修订法律馆覆改《民诉律案》,饭后携稿到宪政编查馆接续为之。四时顷得肃邸电话,云前稿已商诸月华贝勒,属于二十六日午前十时诣贝勒处一谈。旋回寓写本日日记,又补写十六日及十八日至昨日日记。

通信:接少圻一件。

五月二十五日(7月1日) 早起。冷水浴。寄父大人禀,未封发而得赐书,知长沙比日天气朗晴,田禾茂盛,人心安谧,大人起居甚健,不觉以手加额。午后三时顷,以准备会例会往赴,沈君林一提出《加税免厘说帖》,众议请沈君拟成议案,于下次例会提出,公同讨论。又请刘君泽熙、奎君濂调查现在国债款项、数目,于下次报告本会。又蒋君鸿斌以《资政院院章》规定资政院议决事件,有"宪法不在此限”之语，提出说帖一篇大加批难，请于开院后提议将该条修正。余起反对，词色甚厉。事毕，劳玉老责余意气太盛，大非所宜。余敬谢玉老忠告，愿痛自敛抑，勉为和平。六时顷散归。

通信：接父大人书，即寄复一件。寄王君九一件。

五月二十六日(7月2日)　早起。冷水浴。十时顷诣月华贝勒，遇耆寿民于坐，留共午饭。饭后寿民先散，贝勒复见他客。客去乃与余论条陈《钦定宪法》事宜，贝勒意改奏折为说帖，又删去“请设讲筵”一节，即就坐上改正，经贝勒阅定，属携归付缮。二时顷散，到宪政馆，世相、蔚老先已在坐，少选那相亦至，阅定《宗室诉讼章程》，准于明日具奏。五时顷各枢均散，余与仲老对读《诉讼章程折(单)》。黄次腴到山东调查宪政筹备成绩，寄宝侍郎一书，力言东省无不以筹备宪政为今日维一之巨患，至比诸义和团。侍郎出示同人，相与嗟叹。六时半散归，阅北鬼氏《大清宪法案》。

五月二十七日(7月3日)　早起。张星五及蔡子焕瑞来谈。饭后陛云内侄以学堂暑假回南。与家人手谈。君度来候二伯父。

通信：致舒宾如一件。

五月二十八日(7月4日)　早起。温水浴。到部办事。午后一时回寓，仲和、伯平同来，留饭。饭后仲和先散，与伯平讨论厘定外省官制事。四时顷到宪政馆，与柳溪谈外间对于《行政纲目》之批评，并论官制、官规问题，六时半散归。写二十五日至本日日记。

五月二十九日(7月5日)　早起。冷水浴。正拟赴法律馆，会大雨如注，遂不果行。雨窗无事，为闰生刻印一方。饭后与家人手谈。六时顷到福全馆为云抟饯行，兼邀晢子、季兴、子昂、仲和、两伯平及润田。润田辞，馀客均至，九时顷席散回寓。

交际：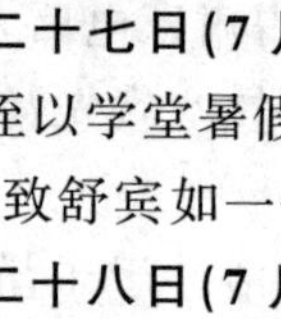(臣宗舆印)

通信:致朗贝勒一件,收王君九一件。

五月三十日(7月6日) 早起。冷水浴。写昨日日记。九时顷到部。本部七品小京官沈宝璿系由译学馆毕业,考试录用,签分到部,近有撞骗同乡情事,为外城总厅访闻,呈部核办。邸派裕左丞、章、王两厅丞及余往外厅查办。午刻回寓饭。饭后赴外城总厅,会同三君调查此案,略得梗概。沈同乡金元瑞以新科拔贡来京朝考,寓越中先贤祠。因违章私吸鸦片烟被外厅查拿,沈遽诣越祠,恐吓金仆,并自任运动释放之事,请以四百金为运动费。金仆商之金同居之胡某,遽如数付沈。越数日,金由地方审判厅罚讫释出,同乡有知其事者,均为金不平,沈不得已,将原款退还。以上情形调查属实,即交外厅科员某君拟一《节略》,明日呈堂。四时顷与仲和同往宪政馆,将《修正报律案》核讫付写,仲和、哲子诸君饯云抟于福全馆,邀余作陪。七时顷往,九时顷散归。

通信:得八弟书一件。

六月初一日(7月7日) 酷热,日中一〇〇度(室外)。早起。冷水浴。九时顷到部,将查办《节略》呈堂,邸批交承政厅具折纠参。午刻散署到林侍郎家一谈,旋即回寓。饭后与家人手谈,熊畅九来谈。

通信:致肃邸一件。得长沙信,即覆一缄。致桂梦九一件。

六月初二日(7月8日) 早起。冷水浴。彤士来谈。饭后到宪政馆,覆粤督、黑龙江抚电各一件,又改咨法部稿一件。六时顷散归。子端招饮陶斋尚书邸,以书往辞。写前、昨两日及本日日记。

六月初三日(7月9日) 早起。冷水浴。到修订法律馆修正《民诉律案》,至第四百八十条。午刻到章宅访仲和,留饭。饭后一时半回寓,傍晚与家人手谈。

六月初四日(7月10日) 早七八度,日中八二度。早起。温水浴。写家信及昨日日记,竟日未出。午后六妹来寓,以与君度小有龃龉,负气而回。

通信:寄八弟一书。

六月初五日(7月11日)　早起。冷水浴。九时顷到部,本日具奏纠劾沈宝借端撞骗,请旨革职,又派章厅丞赴万国卫生博览会各折,均奉旨"依议,钦此"。午刻回寓饭,饭后彤士来谈,三时顷以资政院议员准备会例会赴石桥别业,先有金伯屏讲演日本众议院委员会先例二十馀条,次刘纯生报告调查国债数目,次雷季兴演说《资政院院章》解释,沈俪崑起而驳论,余以雷君解释未竟,起请沈君中止辨驳。沈君尚刺刺不已,同人多不直之。六时顷散会,伯平、伯屏、哲子、静生诸君假别业为江叔海饯行,邀余作陪,余愿加入主人之列,强而后可。十时顷散归。

六月初六日(7月12日)　早起。冷水浴。到西城访劳玉初提学、江叔海观察,各谈片刻,旋往修订法律馆覆校《民诉律修正草案》四百五十一条至四百八十条。午刻回寓,倦睡一时许,伯平来谈,留与共饭,谈至六时顷而去。王氏表妹新近于归丹徒缪氏,随婿来京,本日来寓,送到二姑丈手书一件,又杨千里之弟冀成锡仁以应游美考试来京见访,其尊人粹卿年伯有书托为照应。冀成年甫十八,温静俊逸,气宇不凡,自是美材。

通信:接二姑丈、杨粹卿、钱榦臣、汪甘卿、舒宾如各一件。

六月初七日(7月13日)　早起,有于沛者来见,新由内厅选部,意欲干求位置。察其人性质、言语颇极谬妄,因婉词却之。九时顷到部,一时顷回寓饭,饭后酣睡一回。四时顷到宪政编查馆,与哲子商榷《议复孙中丞论地方自治折稿》,七时顷散归。

通信:覆杨粹卿、二姑丈各一件。

六月初八日(7月14日)　早起。冷水浴。到部阅《大清律》"诉讼"、"田宅"、"钱债",新定《民诉律案》内"果实"二字代以旧《田宅律》内"花利"二字,似尚相当。肃邸有电话,令余与逵臣同往府一谈,十一时顷与逵臣同车诣府,闲谈至三时顷乃出,同赴福全馆饭,饭后谈论朝局一时许,各散归。写初五日至本日日记。

通信:覆甘卿一件。

六月初九日(7月15日) 早起。冷水浴。以《民诉律案》尚多不惬之处,覆加修改自第一条至第五十二条,字斟句酌,又搜集经传及旧律内法律名词,比附译改如左:

手形,原译作"票据",今改为"券书",本《周礼》先郑注。辩论,改"辩理",见《大清律·诉讼》。相手方,改"彼一家",用《周礼》郑注、《论语》皇疏意。检证,改"检勘",见《大清律·诉讼》。

伏案竟日,陆生品琳来谈,系前南洋公学附属小学管理员,有一日之长,特来见,并乞印结,为函致彤士代索一纸。

通信:致彤士一件,少麒来信。

六月初十日(7月16日) 早起。冷水浴。到修订法律馆与子健、伯初讨论《民诉律》改正稿本。饭后到宪政馆,劳玉初授江宁提学使。本馆王大臣拟奏留数月,俟资政院闭会后再令赴任,折稿已具,达稺甫嫌其措词不合,属余修改,因别为一稿付之。五时顷回寓,玉初来谈。写昨日及本日日记。

六月十一日(7月17日) 早起。冷水浴。以梁巨川员外济明日嫁女往贺,便道访徐尚之,不值,旋回寓。饭后与家人手谈,五时顷季兴来谈片刻。章一山招饮德昌,赵剑秋招饮石桥别业,余先赴一山约,未终席而行,比至石桥别业,乃知剑秋局在午刻,此时散已久矣。会仲和、问槎与王芸阁兼善在此为撞球之戏,因即加入。随后润田亦至,流连至十一时顷而回(在润田家晚饭)。

六月十二日(7月18日) 早起。冷水浴。到部办事,午刻回寓饭。饭后以紫东外相为其侄授室往贺,遇吴季荃,有托询贵胄法政学堂事,即为函询伯平郎中。到宪政编查馆,阅外务部咨送《行政纲目》签注,颇多驳论。与仲和讨论覆核民政部奏交《巡警道属官任用章程》,又删改《覆东抚孙中丞条陈地方自治奏稿》。六时顷回寓,到孙宅手谈,大雨倾盆,庭有积潦。

通信:致胡伯平一件,有覆。

六月十三日(7月19日)　早起。冷水浴。到部办事,以沈允昌信及呈件面交仲芗同年调查质讯。午刻王小缑佥事约福全馆饭,三时顷席散回寓,与家人手谈。阅工藤氏《帝国议会史》。董恂士来谈。

通信:致金伯屏一件,得覆。接月华贝勒一件,即覆。

六月十四日(7月20日)　早起。冷水浴。阅穗积八束《日本宪法说明书》。写十一日至本日日记。饭后诣月华贝勒一谈。三时顷以资政院开办公所会议往赴,叙斋贝子及同人均已在坐。伯屏拟订《本院议事细则》脱稿,贝子属印刷数分,分送同人签注,于十九日会议提出讨论。五时许陪同贝子往法律学堂相度一周,定分配使用之法,七时顷散归。

通信:接四妹信,即复。

六月十五日(7月21日)　早起。冷水浴。到修订法律馆覆改《民诉案》第二编。阅工藤氏《帝国议会史》。午后二时半以准备会例会到石桥别业,会员到者近三十人,雷君季兴为主席。四时顷开会,先由伯屏演讲日本议院委员会先例,次由余演说日本第一期帝国议会历史约一小时,听者均大赞赏。随后以柳溪退会,补选干事,投票之结果,沈子惇侍郎得票最多,当选。七时顷散会回寓。

六月十六日(7月22日)　早起。冷水浴。十一时顷诣肃王府,值王酣睡,侍者不敢通报,候两小时。于子昂、冯玉泉、乐△△三君以奉派赴东三省迎涛贝勒,诣邸请示。有顷,邸延余入谈,旋延于、冯、乐三君面谈数语,先退,余留谈至二时顷而散。到福全馆进餐一顿,旋往宪政馆,吴侍郎、世相先后到,论撰拟《文官考试章程》、《任用章程》、《官俸章程》事。又论本年须布新《刑律》,余谓当由馆奏交资政院协赞,刘仲鲁、达稺甫等竭力反对,伯屏援《院章》抗论,《刑律》系属新定法典,应行交议。争论久之,不得要领。六时半两枢散,余诣月华贝勒一谈,至九时顷回寓。

六月十七日(7月23日)　早起。冷水浴。署中有电话通知邸召逵臣及余即刻诣府一谈,余即径往,随后逵臣亦自署中至,谈至一时顷而出。与逵臣同往福全馆饭，饭罢回寓。陆生品琳、余东屏来谈。

六月十八日(7月24日) 早起。温水浴。写前、昨两日日记，又补写十四日日记。本日荷侄周岁，午刻食面。适君度妹丈来寓，二伯父命略备酒馔饷之，并留为手谈竟日。

签改伯屏所拟《资政院议事细则》数十处。

六月十九日(7月25日) 早起，冷水浴。到部。沈允昌以奏革冤抑诉邸，邸令两厅复查。两厅丞来部，与讨论此事，沈所呈冤抑证据颇多可疑之点，商酌办法，不得要领而散，回寓饭。饭后到宪政编查馆，三时半以资政院开办公所会议往赴，将昨日所签改之《议事细则》公同讨论，柳溪亦加数十签，大致与予所改之处相同。叙斋贝子将此两签改本携归细阅，再行酌定。六时半散会，往仲和寓斋，留晚饭。饭罢正拟往石桥别业，适胡伯平至，又留一时许，与仲和、伯平同赴别业为球戏。余与仲和为两局，一胜一负，至十一时半回寓。闰生自东三省考察事竣，以昨日回京，知余等在别业，亦来会。

六月二十日(7月26日) 早起。冷水浴。初拟往法律馆，以炎暑畏行中止，寻到部办事。午刻回寓饭，冷水浴。四时顷到宪政馆，本日梁崧生尚书书奏请开缺，诏以邹紫东补外尚，转胡馨吾左侍，而授润田右侍。自馆散，便道过紫东，投一刺致贺而回。

六月二十一日(7月27日) 早起。冷水浴。到部办事，午刻回寓，饭后为闰生刻印一方，文曰“读月轩”。

炎热如昨，挥汗不已。冷水浴。傍晚在东邻手谈，新缮卧室整理完成，本日移榻其中。

交际：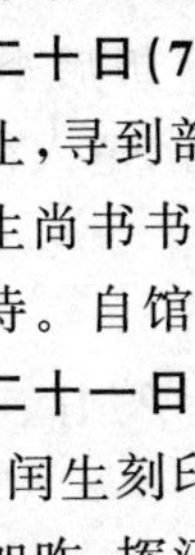（读月轩）

六月二十二日(7月28日)　早起。夜来大雨,至朝七时甫歇,庭中积水尺许,经数小时不退。写十八日至本日日记。

通信:裴萸芳来信。

六月二十三日(7月29日)　早起。冷水浴。十时顷到部办事,午刻衙散,邸约逵臣及余到福全馆饭。饭罢,天雨,余往宪政馆,劳玉初出示所撰《新刑律驳论》,均关涉礼教者,措辞甚厉。四时顷散,诣蔚老处一谈,遇陆彤士、吴季荃于坐上,六时顷回寓。

六月二十四日(7月30日)　早起。冷水浴。往润田处贺其真除之喜,遇金伯屏,谈片刻。又将登瀛、登第三次款四百金,交润田。随即往修订法律馆,接续修改《民诉律案》,削稿数四,迄不能定。二时顷到仲和寓斋,索面食之。月华贝勒约本日午后四时游农事试验场,三时半与仲和同诣伯平,三人会齐同往,损之将军先在,少顷贝勒及逵臣均至。荡舟荷塘,旋往瀛峤同春室,围坐剧谈两小时之久。日暮同诣贝勒府晚饭,十时顷散归。

通信:接伟卿、允昌各一件。

六月二十五日(7月31日)　早起。冷水浴。饭后李星槎锡庚、余东屏先后来谈。本日准备会例会,以盛暑不愿往,遣人往请假。与家人手谈,至十一时。

通信:覆伟卿一件。

六月二十六日(8月1日)　早起。冷水浴。写廿三日至昨日日记。

通信:覆萸芳一缄。接大兄、四妹各一缄。

六月二十七日(8月2日)　早起。冷水浴。到修订法律馆。午刻回寓,得六弟自烟台发电报,将以明午抵塘沽,属遣仆往迎,当即派何升前往照料一切。

六月二十八日(8月3日)　早起。冷水浴。到部办事,午刻回寓。杨冀成应游美考试第一场高列,第二场竟为一军之冠,可喜之至。冀成将以明日回南,五时顷来辞,谈片刻。以伦贝子邀谈往诣,留晚饭。蓉阁约东安饭店饭,竟不及往。十一时顷回寓,六弟夫妇携女勤生及淩舫、八妹均已安抵,快谈至一时顷而睡。

六月二十九日(8月4日) 早起。冷水浴。子函来访寰父,共谈。本日为廉士三十生辰,设酒面,留子函同饮。午后三时顷,陪寰父到下濑医院诊视眼病(检出石炭屑一点,乃自汽车中被风吹入者)。旋共往临记,拟购木器,索值太昂,未敢顾问。又往清华胜,购定数件而回。

通信:致君九一件,有覆。

七月初一日(8月5日) 早起。本日时享太庙,余当陪祀,以倦不愿往,遣人代递职名。冷水浴。十时顷到部办事,午刻回寓。本日为相生周岁,备酒面志喜。

通信:接全玉如一件,接张仲仁一件。

七月初二日(8月6日) 早起。冷水浴。与寰父同诣学部,访君九不值,又访伯初兄弟,亦不值。因共往修订法律馆,旋伯初亦到,谈片刻。十一时顷再往学部,君九仍未到,因回寓。饭后三时顷到宪政编查馆,向老提出说帖三件,痛陈空谈礼教之祸,与玉老为极端之反对,议论精警可喜。六时顷与伯屏同诣伦贝子,商定《资政院经费豫算单》,润田后至先散,余与伯屏留饭、剧谈,至十一时半而散。

七月初三日(8月7日) 早起。冷水浴。孟纯生森、杨翼之廷栋来谈,二君以各省咨议局组织联合会于京师,被举来京也。饭后与子涵、蓉阁、寰弟等各试肺量、腕力,肺量以余为第一。傍晚与家人手谈。

七月初四日(8月8日) 早起。冷水浴。到部办事。午刻二时顷回寓饭,适君度妹丈来,二伯父留为手谈。余饭罢略睡片刻,加入手谈之局。少圻妹丈来访寰弟,共谈片刻。傍晚润田来谈,留之晚饭,至九时半而去。

本日立秋,家人权体重。余八十五斤,卣九十五斤。

七月初五日(8月9日) 早起。冷水浴。以赴法律馆之便与寰弟同往学部，访君九、润甫、叔蕴、明允，惟见君九，略谈考事。会柳溪到部，余复入见，与谈地方学事通则，旋即到法律馆阅冈田草拟《刑事诉讼律草案》。午后二时半，以准备会例会往石桥别业，轮应余充主席，到者三十馀人，四时开会。沈敦老提出说帖一件，论资政院之性质及其权限，由金伯屏代为宣布，次由余演说日本第二期议会历史，次由章伯初报告光绪三十四年分度支部出入款项、数目。本日速记学堂派遣学生四人来会实地练习，成绩甚佳，堪备应用。六时顷散会，以伦贝子之招与伯屏同往，润田、仲和先后至，谈经费及调员事。伯屏借石桥别业作主人，请杨翼之诸君，余与润田、仲和均在陪客之列。伯屏先往，会宝瑞臣来访贝子，余等留谈片刻，七时半同赴别业。饭罢为球戏数局，十一时半回寓。

七月初六日(8月10日) 早起。冷水浴。致陈颂平一缄。秀英患子宫病，与同往下濑医院诊视一次，回寓饭。二时顷到宪政编查馆，世相、吴侍郎在坐，论《新订刑律草案》，劳玉初竭力反对，舌战良久，不得要领而散。子函约寓斋晚饭。

七月初七日(8月11日) 早起。冷水浴。写初三日至初六日日记。到部办事，肃邸有电话约逵臣及余在福全馆午饭，十二时顷与逵臣同往，邸旋至。余作主人，谈至三时顷而散。

七月初八日(8月12日) 早起。冷水浴。到部办事，午刻散归。饭后睡至四时顷，诣叙斋贝子许，仲和、伯屏先在，略谈院事。六时顷与二君同往石桥别业，余等与润田凡四人同作主人，为良赉臣、哈云裳诸公新自欧洲归朝者欢迎，兼为吴绶卿、冯幼怀将赴德、法观操及延逵臣将随海军大臣赴日本者饯行也。车过前门，遇闰生新自天津回，下车立谈数语，面订加入此局。坐客陆续至，惟赉臣未赴。与问槎、仲和、逵臣诸君为球戏，至十一时半而散。

通信:戴邃庵。

七月初九日(8月13日) 早起。冷水浴。到修订法律馆修改《民诉律案》，讫五百十八条。诣仲和处午饭，流连至三时许。与仲和共赴资政院开办公所会议,总裁将本院经费豫算及调员名单提出讨论,众无所可否,又令伯屏将各员所加《议事细则》签注汇列各条之下,再行公议决定。五时顷散会,即回寓。

七月初十日(8月14日)　早起。以感冒行热水浴。饭后戴邃庵、张凤辉先后来谈。与家人手谈。

七月十一日(8月15日)　早起。矢野学士仁一夫人喜代子因病辞世,以本日借本愿寺营奠,余往吊。旋到部办事,午刻回寓。写初七日至昨日日记。

七月十二日(8月16日)　早起。冷水浴。到修订法律馆修改《民诉律案》,自四百九十一条至五百八条。饭后到宪政馆,李孟鲁撰《内阁官制草案》及《弼德院官制草案》,各加按语,引各国制度,论证甚悉。顷以将随海军大臣游历日美,出草案付余润色之。余就所撰《内阁官制》先行修改文句,又删去一条,共为十五条,交宝瑞臣侍郎。六时顷回寓,晚间与子函下棋三局。

七月十三日(8月17日)　早起。冷水浴。写十一、十二日日记。到部办事,闻朱伯言纶言本日上谕,令世相入阁办事,吴蔚老以侍郎候补开去军机大臣,而以月华贝勒及徐相代之,以唐少川权邮尚,而令沈雨人暂摄,盛杏孙留京当差云云。午刻回寓,忆丙午年宣布立宪,亦以今月今日,距今适四年。本日政府之变动,于将来政界当有影响,是本日不可谓非政治上之一纪念日也。饭后到宪政馆,四时顷散,访蔚老未见。旋诣肃邸,谈一时许,会良赉臣来见,余略坐即辞去。

七月十四日(8月18日)　早起。冷水浴。到修订法律馆修改《民诉律案》,迄五百二十五条。午刻到仲和处饭。饭后访逵臣,谈一时许。本日有旨,以乌侍郎兼署步军统领。自逵臣处出,诣月华贝勒致贺,未见,旋即回寓。润田通知叙斋贝子邀谈,约共往。七时顷诣伦贝子府,润田先在,主人方出未归,与润田共候之。至八时半,主人与祝紫笙右丞同来,促予速拟《奏定经费折稿》,予允于明日属稿送阅。留晚饭,杂谈至十一时顷而散。日来侄女勤生患赤痢,医治数回,初无效验,病毒日深,败象渐露。始由下濑诊治,以无效复先后请曹咏归、儒拉(意大利医)、蒋履尊(宜兴人,日本西京大学医学士)来诊,均谓病已深,殆不可为矣。

七月十五日(8月19日) 早起。下濑来诊勤生,据言赤痢毒素侵入全身血液,治疗甚难。九时顷往乌侍郎及徐相处致贺。旋到部办事,为资政院草《拟定经费数目折稿》一件。午刻回寓饭。饭后以折稿函送叙斋贝子,会胡伯平来谈,匆匆封发,竟将折稿漏未封入。旋得覆书,云仅有空函,始悟向者之疏漏,即检出再行函送。拟定编纂《日本宪法释义体例》,与伯平商榷,并检出参考书数种付之,属其草创。夜大雨。

本日议员准备会未赴,致书金伯屏,属转告同人。

通信:四妹与四弟一书,致五妹丈一书,致叙斋贝子。

七月十六日(8月20日) 早起。冷水浴。勤生似略有转机。下濑来诊一次。写十三日至昨日日记。喀喇沁郡王电知将以午后三四时枉顾,有事面商。余以本日三时顷须赴宪政馆,因于一时顷先诣喀邸一谈,以资政院开院在即,外藩各王公将次来京,欲组织一特别准备会,研究蒙古问题,邀余赞助,并属转邀议员中之通晓蒙古事情者加入。期十八日午后再与那王、博公等面谈一切,余允竭力赞助。二时半往宪政馆,天津相国先已在坐,已而那相、月华贝勒陆续到馆,馆员以次谒见,至五时半而散。天阴雨,与伯初、仲和、哲子、伯平在德昌为玉突(Billiand)之戏(哲子负)。伯初兄弟先散,余与伯平、哲子留饭(余作主人),饭罢回寓。

七月十七日(8月21日) 早起。热水浴。勤生沉闷不醒,似系神经痹麻,下濑每日诊治两次,未能奏效。午后陆闰生、余东屏先后来谈。晚饭后与子函象棋三局,互有胜负。

七月十八日(8月22日) 早起。冷水浴。下濑来诊勤生,余即到部办事。午刻得家中电话,知勤生已于十时顷殇逝矣。未刻回寓饭,六弟与蓉阁送勤生往十里庄苏太义园掩埋。伯平来谈,草《日本宪法讲义》四纸,函送逵臣。喀喇沁郡王函约午后四时顷往宝钞胡同那王府一谈,五时顷前往,晤那王、博公、喀喇沁王及刘伯刚。六时半散归。

通信:喀喇沁王来书。

七月十九日(8月23日) 早起。冷水浴。秀英患子宫病,倩下濑治疗,久而未愈,拟入孝顺胡同妇婴医馆治之。午前十时顷,陪之往就诊,子涵同往,医者与药三种,病室甚少,多两人共一间。楼上病室以油漆未干,尚不能居,如欲独占一室,当设法腾挪,因定缓日再商。秀英先回,余与子涵同往加藤洋行购物两事而归。连得初八、初九、十一等日镇江信,知祖父近患寒热呃逆,旋差旋剧,正深驰念,今午突接大兄本日所发电报,云祖病未减,促二伯父速行假归,时伯父方在大学堂,即遣李忠送阅。三时顷,伯父回寓,言学生事已托何锡侯暂行代办,并已与刘幼云商妥,今明略事部署,定后日即行回南,属向陆彤士索印结一张,豫备向翰林院具呈,请省亲假两月。饭后偃息两小时,四弟自本月朔由镇抵沪,计日极应来京,而至今杳无音信。不知其曾否以祖父病折回,四弟妇盼之甚急,数来探询,因特发一电致孙沄卿姨丈,询以廉士已否北上,并乞电覆。晚饭后往东邻,与寰父、子函各象棋一局,并和。至十二时顷方回。

七月二十日(8月24日) 早起。冷水浴。严仲桢家榦以签分民政部来见。十时顷到部办事,午刻散归。饭后偃息一小时。三时半到宪政编查馆。杨若米芾太夫人八十生辰,五时顷自馆与仲鲁大理共车,往太升堂拜祝,及门而大雨至,停留片刻,冒雨回寓。

通信:得孙沄丈覆电"莲昨晨新铭行"。润田来信。

七月二十一日(8月25日) 早起。冷水浴。到修订法律馆修改《民诉律案》,迄第五百三十八条。十二时十分自馆往前门停车场送二伯父南行,途经松树胡同润田门口,见驾车在门,知其在家,入谈五分钟,旋即到停车场。徘徊二十分许,二伯父携寰弟同来,在客厅休憩片刻，随即登车。子函亦来送。二时车发，余与寰弟同回。写十六日至本日日记。与子函象棋两局。

通信：篆书资政院佩章上“资政”二字，函送伦贝子。得何颂麒姻丈书询祖父病况，即覆一缄。

七月二十二日(8月26日) 早起。冷水浴。十时顷到部，与叔五、仲和、祥周、小山、尚之、介白、仁安诸君讨论推广京师外郊警政问题，拟就内外城关厢画界设区，分隶两厅，先将界域、编制及经费豫算拟定，呈堂候核，未刻散归。饭后与家人手谈，得大兄十五夜寄二伯父书，述祖父病状，“体温升降无定，咳嗽呃逆，有时神识不甚清明，十三日气喘大作，良久始平，入夜稍差”。闻季惺初锡庚生女。枕上犹口占七绝一首，命八弟录寄伯父。“十四、十五等日咳呃均减，惟大便不下。十五午后得一次，夜睡遂安，体温亦减。”由此信观之，十五日似颇向愈，而十九日遽发电报，促伯父假归，未审又有何等变动也。十一时半，四弟到京。

通信：得大兄十五夜寄二伯父书。

七月二十三日(8月27日) 早起。冷水浴。到修订法律馆修改《民诉律案》，迄五百五十条。午刻至章宅饭，饭后与仲和同到宪政馆。四时顷以那相生辰往祝，旋回寓。润田母夫人生辰，晚间以电话招饮，辞未往。十一时许，得镇江电，祖酉初弃世，由卣译出，时余已熟睡，卣持电呼余醒，阅之悲痛无极。余于乙巳年冬以释先母张夫人服，尝回镇一见祖父颜色，自是迄今六年，暌违杖履，展觐无因，遽闻凶耗，肝肠为裂。仲父忽促出京，计尚在途。父亲、季父各以守土有责，不得早归。躬侍汤药者，惟大兄及七八两弟耳。追维昔日课诗侍奕之欢，永永不可再得，呜呼痛哉！

七月二十四日(8月28日) 早起。发电至长沙，乞父大人节哀。以书往何氏、耿氏告丧，旋与六弟同拟发镇江及顺庆电，顺庆无电线，须由万县转，以周折故未发。十一时顷伯齐姻丈来谈，因询以期丧请假定制，伯齐允到署后就近向礼学馆假《通礼》检示。饭后得伯齐书,并《通礼》一本。祖父母丧给假两月,小注又云"大臣、京堂给假二十一日",殊不得要领。因拟请假一月,具折稿函送王少缑,请饬缮,于明后日呈递,严子猷、何颂麒两姻丈来慰问,薄暮少麒妹夫来慰问,留晚饭。日来君舆患子宫炎,剧痛发热,延曹咏归诊治,本日转剧。

七月二十五日(8月29日) 早起。六弟赴学部应甄录,四弟送往。冷水浴。得伏侄十九日寄书,述十六日以后祖父病状,"咳渐增,面有红光,积滞不下。十七日进导滞育阴之剂(内用大黄、生地等品),粪下,色紫黑,呃逆未已。十八夜分,咳嗽频作,表热复炽,神识模糊。十九晨全身热不退,惟鼻凉甚,状颇危险"云云。写二十二日至昨日日记。午后三时顷,六弟出场回寓,询悉翻译日本文一篇,匆促未及誊毕,而卷已被收,仅将草稿夹入。其馀书取及科学,答案均无误,尚可望前列也。君舆病情较减,可无大碍。

通信:吕寿生、耿君度来唁。端午桥来信。曹君直来谈。

七月二十六日(8月30日) 早起。冷水浴。本日呈递乞假折,得旨赏假一月,午后寄二伯父及父大人各一书,补写昨日日记。

通信:父大人二十日寄书。蒋百里来谈、邹紫东、余东屏、王少侯、熙辅臣。

七月二十七日(8月31日) 早起。冷水浴。元和相国、肃邸来唁。饭后刘幼云、徐尚之、胡伯平、曾介伯来谈。

七月二十八日(9月1日) 早起。冷水浴。冯历甫、延逵臣、章仲和、王君九来谈,留仲和、君九饭。饭后陆彤士、杨皙子来谈。

七月二十九日(9月2日) 早起。冷水浴。致路壬甫一书。饭后赵竹垣、孙泽藩、章一山来谈。傍晚曹润田来谈,留晚饭,谈至十时顷而去。得学部照会,知于本月二十八日奏派一等咨议官八人,以余名首列,得旨俞允。

通信:五妹来信。与路壬甫一书。

七月三十日(9月3日) 早起。冷水浴。得伏侄二十三晨所寄书，述十九日至二十二日祖父病情，“体温升降无定，时作微笑”。写二十七日至本日日记。裕小彭来谈，饭后绍叙五、黄次腴先后来谈。傍晚邵厚夫、凤永叔来谈。六妹来寓，盘桓竟日。

通信：伏侄二十三日寄书。

八月初一日（9月4日） 早起。冷水浴。金伯屏、于子昂来谈。六弟往访君九，知正场定初五日始。饭后王月庄、吴向之、陆闰生先后来谈。五妹来寓作竟日谈，与子函象棋数局。

八月初二日（9月5日） 早起。冷水浴。整理金薤琳琅斋书籍。六妹丈来谈，留午饭。傍晚余廙轩侍郎来谈。得八弟二十七日寄书，述祖父病情：“廿三日午前十一时，医来尚言脉象、苔色均非绝症，留医午饭。午后二时许，医去。祖父尚询供客肴馔如何，神志极为清明，惟体温渐降，摩抑亦不发热。三时许，大兄诊脉仍不散乱，而目光渐变，有顷祖父自言遗溺，大兄为易箦。俄而目睛向上，溘然长逝矣。二十四日未刻，大殓成服。”仲父于二十六日午后到署，奔赴无及，惨痛何如。晚饭后闰生、伯平来谈，与闰生象棋一局，伯屏函寄奏进《资政院议事细则》、《分股办事细则》折底，属为修饰润色。

通信：八弟来书。伯屏来书。孙泽藩来书。

八月初三日（9月6日） 早起。冷水浴。傅惕生来谈。续行整理书籍，竟日始毕，丛杂一清，心目为爽。

通信：覆孙泽藩一书。

八月初四日（9月7日） 早起。冷水浴。覆钱硕人一书，又点定奏进《资政院议事细则》、《分股办事细则》草案折稿，函送伦贝子、徐君敬熙，函寄殖边研究会简章一分，请赞成以书答之。酉生生日，午刻食面。四时顷林侍郎来长谈约两时许，刘仲鲁大理亦来，抵暮而散。吕寿生、许叔伊来，以坐有林、刘，未能延入，比客散，往子函处，则叔伊方在坐，因共谈《新刑律》事。晚饭后与子函象棋一局，王福自镇江回京。

通信：徐敬熙来信，即覆。

八月初五日(9月8日) 早起。蓤舫赴日本,以八时三十分车发,与蓉阁、子涵送诸车场,旋即回寓,钱硕人来谈。写三十日至本日日记。饭后彤士来谈,六弟往学部应正场第一次考试,试汉文及和文各一篇,汉文题为《"黄帝尧舜氏作,通其变,使民不倦"义》,和文题为《"农而食之,虞而出之,工而成之,商而通之"论》。晚间陆闰生、丁问槎来谈。

通信:汪仲虎书,来借袍套。

八月初六日(9月9日) 早起。冷水浴。阴雨。汪子健来谈,出新署湖北警道黄小农观察祖徽致余书一件相付,并述观察意。此次全玉如调署盐道,于民政部职权颇有关碍,恐部中与两湖大吏交恶,迁怒及彼,属向邸堂代为疏通。

八月初七日(9月10日) 早起。冷水浴。六弟往应第二场考试,所试科目与所报顺序不合,中有二门未曾豫备,对答未能完全,颇不惬意。傍晚蔚老来谈。

八月初八日(9月11日) 早起。冷水浴。钮铁生永建来谈,欲往见赵竹垣,为作一书介绍焉。饭后徐惺初敬熙来谈。

八月初九日(9月12日) 早起。冷水浴。许叔伊来谈,以所签《新刑律案》见示,因共商榷。吕寿生、胡伯平来谈,留伯平晚饭。六弟应第三场考试完毕,回寓微患发热。

八月初十日(9月13日) 早起。冷水浴。修改《新刑律案》分则,删除两条。君度约午饭,辞未往。闰生来夜谈,与象棋两局。

八月十一日(9月14日) 早起。冷水浴。本日六妹伉俪回镇,作一书上父大人,托其带呈修改《新刑律案》分则朱墨校订。伏案竟日。傍晚伯平、宝侍郎、叔伊陆续来谈,留叔伊晚饭,讨论《刑律》,至十一时顷而去。

八月十二日(9月15日) 早起。冷水浴。修改《刑律案》总则。饭后耿伯齐来谈。晚间董恂士来谈,恂士襄校留学考试,甫出闱,述此次汉文试卷多有误解题义,甚至以"作"、"通"二字连读者。法律、政治卷佳者甚多,而应试者评点力从刻核,恐落第者不少云。留恂士晚饭,与象棋一局。

八月十三日(9月16日) 早起。冷水浴。写初五日至本日日记。饭后叔伊来谈,覆改《刑律案》分则,尽半日之力删十条,增一条,仲和来谈,留二君晚饭。叔伊先散,与仲和象棋一局。

八月十四日(9月17日) 早起。冷水浴。覆改《刑律案》分则,叙斋贝子来谈。学部考试揭晓,据报六弟列最优等第九名。饭后董绶经来谈,论《新刑律》事。前与叔伊议于诬告罪内增对于尊亲属有犯之特别规定,而于私擅逮捕监禁罪内删除尊亲属专条二(一普通私擅逮捕监禁尊亲属,一吏员滥用职权逮捕监禁尊亲属)。绶经谓本律所定,对尊亲属有犯各条,均系直接损害之罪,诬告须审判后乃能定之,非直接损害尊亲属可比,而私擅逮捕监禁所以防虐待尊亲属之行为,增彼删此,与本律主义不合。惟吏员有犯,可不另设专条耳。余思其言成理,因即从之。

八月十五日(9月18日) 早起。冷水浴。覆校《刑律案》分则毕事,乃修改总则。冈田原案于《国交罪》一章规定颇详,多为各国刑律所未有,兹以馆中讨议之结果,颇加删削。余亦初无异见,及修改总则,知原案于《国交罪》一章皆用相互主义。凡外国人对中国犯罪有应与中国臣民处同一罚者,则中国臣民若对外国有犯,亦以同一之处罚报之。今删除对外犯罪处罚之规定,而于侵犯皇室及内乱外患罪各章,仍留外国人有犯适用本律处断之规定,则尊己卑人,似欠允洽。灯下就编制局说帖签注数条,声明此义。天雨夜霁,见月。

八月十六日(9月19日) 早起。冷水浴。修改《刑律案》总则,午刻许叔伊自宪政馆以书来索,豫备本日呈枢堂阅定,因将修正本付之,并覆一书。

八月十七日(9月20日) 早起。冷水浴。九时顷润田有电话通知叙斋贝子,将以午刻见顾,并约渠及仲和、伯屏同来,就院事有所商榷。润田旋来,十二时顷贝子到,以今早见枢府,于《资政院议事细则》条文尚有不同意之处,故邀诸君集余斋,议其应否修改也。仲和、伯屏旋亦同至,留午饭。讨论再三,酌加修正,又论他事,至四时顷陆续散去。与寰甫、子函等象棋数局。

八月十八日(9月21日) 早起。冷水浴。十时顷诣陆闰生许,天雨留午饭。饭后阅石印本《曾文正公手书日记》,乙巳冬间曾于武昌重伯兄弟寓中获睹真迹,叹为希世之珍。重伯兄弟旋石印行世,凡四十册,有唐蔚芝、王壬秋序文各一篇,浏览一过,弥深仰止之私。四时顷,雨廉纤不已,冒雨而回。与四弟、六弟各象棋两局。写十四日至本日日记。晚饭后叙斋贝子以明日具奏《议事细则》及《分股办事细则》,其中尚有疑义未能了澈者,特就余质询,并约润田同来,余一一剖答,窃叹贝子用心之勤、下问之雅,为近顷大臣所罕有也。至十一时半而散。

八月十九日(9月22日) 早起。冷水浴。午前雨窗无事,阅《国朝文才调集》,因叹八股文自有特别妙趣,何遽不能与诗古文词于文界内并占一位置?昔人沉酣于此道者,与笃好诗古文词何异?必伸彼抑此,亦五十步笑百步之类耳。饭后徐尚之来谈。

通信:覆杨观察、江观察各一书。接姚玉孙一书。子健函催修改《民诉律》,即覆。

八月二十日(9月23日) 早起。有高而谦者来访,以为子益也,未及浴而出见,则素不相识者,询之知为湖北人,丁酉拔贡同年,刻来京应法官考试,与黄凤生姻丈相识,凤生有书托带交二伯父。谈片刻去,检《齿录》,果有其人。仍就冷水浴,自七月廿三日以后久未从事《民诉律案》,昨子健以书来促,本日接续修改。午前自第五百五十一条修至第五百七十条。午后休憩片时,续修至第五百八十五条,会胡伯平来谈,为之阁笔。本日为资政院召集之期,伯平言秩序颇为整齐,抽签分总议员为六股,各推股长一人,投票选理事一人,余分在第六股,被选为理事,本股股长为陶拙存部郎。晚与子函象棋数局。

通信:寄父大人一禀,附去凤生与二伯父书。得全玉如、潘仲年两观察书。

八月二十一日(9月24日) 早起。冷水浴。修改《民诉律案》，自第五百八十六条至第六百〇二条。写十九日至本日日记。以修改《民诉律》稿函送子健，属付书记写印。

八月二十二日(9月25日) 早起。冷水浴。修改《民诉律案》，至六百〇五条，旋以星期辍业。润田以电话通知，云叙斋贝子有事面商，以病不克枉顾，属余于午后五时顷诣府。届时前往，会润田亦至，贝子病气弱头晕，而资政院开会在迩，应奏事件尚多，势不能不于此数日内料量清楚，特邀余辈一商。仲和、伯屏先后至，留晚饭。改定折稿两件(一《奏报本院成立恳请临幸行开会礼折》，二《裁撤开办公所折》)，又礼节单一件，并将秘书厅拟补及候补人员名次酌量参赞，至十一时顷而散。

八月二十三日(9月26日) 早起。冷水浴。昨叙斋贝子有属代拟文件，本日以电话邀伯平来寓一商，构思半日，至午后四五时顷始脱稿，伯平旋去。正拟将稿件函送伦邸，适有电话来邀，因携稿往。邸阅定，属转交伯屏抄录清稿送邸。留晚饭，商定秘书厅拟补及候补人员名单，至十时顷而回。

八月二十四日(9月27日) 早起。冷水浴。董恂士来谈，述清伊病喘增剧，医者谓肺病已成，殆不可治。清伊自愿赴日本治疗，恂士意欲为之筹划川赀，俾得成行。余立于家用内提五十金赠之。陈君哲侯福民、路壬甫学部来谈。十时顷往访闰生，阅其新筑住宅，中有高楼，凭眺片刻。顷工事尚未竣，须九月杪方可落成云。在闰生处午饭，饭后回寓。五时顷杨皙子、胡伯平同来，宪政馆同人对于《刑律草案》分新、旧两派，各持一说，争议不已。主张新说者，均欲赶紧定稿出奏，不交资政院议决。余虽赞成新案，而以资政院有议决之权，若不交议，即为违法。今当第一次开院，即开政府规避院议之端，殊于立宪精神不合，持论颇与仲和诸君异同，皙子、伯平述仲和意，以资政院议员中有法律知识者尚鲜，交议恐致破坏，劝余深思熟虑。余坚持初议,与二君反复辩论,二君亦无以难。允再设法运动交议之事,六时顷散。

八月二十五日(9月28日) 早起。冷水浴。本日资政院议员开会讨论《议事细则》、《分股办事细则》疑义,昨由仲和通知约余往赴,余以假期届满允之。九时顷月华贝勒来谈,述近来政界情形甚悉,至十一时顷而去。陶拙存来访,适贝勒在坐,辞未见。饭后到资政院(象坊桥法律学堂),股长、理事诸君集第一股室,各将《细则》条文疑义提出讨论,并邀金伯屏翰长列席质问,由顾枚良学部择要笔录,拟于二十七日报告各议员公决。事毕已近六时,余与伯平到辟材胡同访伯初,晚饭后回寓。

通信:得八弟书,知四妹于十三日患热病甚重,至十九日未退。

八月二十六日(9月29日) 早六时起。入内请安,在本部直庐小憩,适本部值日奏事,左右两侍郎及肃邸先后至。候至八时顷,早事下,未蒙召见,即退出,访王月庄、宝瑞臣、伦贝子,均未见。旋到宪政馆,覆校《刑律草案》一过。饭后月华贝勒、那相到馆,披阅文牍,并决议将《刑律草案》提出于资政院。四时顷散,余旋回寓。伯平、夔盦(喀喇沁王之别号)、庸生先后来访,因共推各股员候补者,拟定一单。留三君晚饭,谈至十时顷而散。

八月二十七日(9月30日) 早起。冷水浴。诣林侍郎、张坚白中丞,各长谈。以肃邸生辰往祝,未得入。旋往宪政馆。午后二时顷到象坊桥财政学堂,资政院议员于此开会剖析《议事细则》及《分股办事细则》疑义,由许九香为主席,孟庸生、顾枚良诸君报告二十五日讨论情形,疑问迭作,余时为答辩。最后至《分股办事细则》第八条"互选股员之规定",群起辩难,《细则》采用日本《众议院法》,各股分别选举,而被选人不限于本股。众意如是则一人在各股内分得四五票,总计得三十票以下、二十四票以上,而各股各有三四人得六票以上,则此得二十馀票之人反不得当选,殊为不平,应议修正。余谓此系分股制度当然之结果,若加变更则分股当一并解散,微特与《细则》不合,并与《院章》抵牾，宜仍其旧。庸生、伯平亦主余说，讨论至六时顷，同人渐离坐，卒不得要领而散，余即回寓。

通信：得七弟书，述四妹病不减。发镇江电："梅病何如，试求西医治之，速覆。"

八月二十八日(10月1日)　早起。冷水浴。十一时顷诣叙斋贝子邸，会睿邸来访贝子，余避至后厅。俟睿邸去，贝子详询廿五日及昨日讨论情形，余一一详述，谈至一时顷而散。到部，此次资政院开院，本部提出《著作权律案》一件，先交宪政馆考核。昨始据核覆到部，本部拟于下届正班具奏。余意既须交议，自以在开会以前奏交为宜，即商令警司赶紧缮写折、单，一面通知肃邸，请于明日加班具奏。旋诣肃邸，面陈一切，谈至六时顷而散。

通信：得父大人覆电："梅改服宗医大凉剂，机已转。"

八月二十九日(10月2日)　早起。温水浴。写二十四日至昨日日记。晚间与伯初、伯平诸君假石桥别业，公宴那王、贡王(喀喇沁)公、博公等，尽欢而散。

九月初一日(10月3日)　早起。冷水浴。本日资政院举行开院式。余于八时顷前往，各议员到者百七十馀人。九时顷议长到院，邀余往谈，密告本届豫算，有不交院议之说，恐起风潮。正筹商间，由军机章京捧本日开院上谕送来，余即退出。政府各大臣陆续到院，十一时半，监国摄政王驾临，入休憩室少坐，参议员依次入议场序立，政府各大臣、议长、副议长、议员秘书长、秘书官均向御座行三跪九叩首礼。礼毕，政府各大臣分就议台东西序立，副议长以下均序立如初。议长恭导摄政就御座东旁坐次。全场肃立致敬，庆邸展本日谕旨宣读讫，议长跪受，安放黄案上。摄政王宣示训辞毕，礼成。议长、副议长送摄政王出，政府各大臣咸退，议长返就议台发言。本日钦奉上谕训勉，应恭折奉答，以表欢欣鼓舞之意。众赞成，议长指定陈徵禹、孟庸生、闵△△及余为起草委员，遂告散会。余旋与三君假税法公债股员室商拟折稿一通，交秘书厅。饭后议长延徵禹、庸生、季兴及余一谈,谓政府既不愿提出豫算,则此项专任股员应否选举。若当场宣布,恐群情激怒,致生变端,亟宜及早设法,维持大局。余等请议长将选举专任股员事暂行挪后,一面迅向枢府密商,力求挽回,若不得请,再筹他法,议定而散。约晚间八时在六国饭店相见。三时顷回寓,千里来谈。七时半到六国饭店,徵禹、庸生、叙斋贝子、仲和、伯屏、润田先后来会。贝子言已与某相剀切言之,约明日到会议政务处一商,惟本日已定明日选举专任股员,若须挪后,不可不有圆满之理由。适广西咨议局因巡抚变更禁烟期限,全体辞职,电院核办,伯屏议明日请敦老代理议长,将此事先行提出紧急倡议,付特任股员审查,便可变更议事日表。议定已十一时顷,复闲谈半时许而散。

九月初二日(10月4日) 初二日。早起。冷水浴。十时顷赴资政院,道经东单牌楼,会鹿文瑞灵柩发引,宪政馆同人于此设棚路祭。余于车中见宝侍郎等方鹄立棚前,因下车易衣冠加入。闻刘仲鲁大理言,豫算有决定交出之说。公祭事毕,到法律馆小憩。饭后到院,一时三十分开会,沈侍郎代理议长,命秘书官报告文件,金秘书长报告:"伦议长以会议政务处有事往商,不能到会。"照章由副议长代理。随朗读陈谢具奏案,全体可决。秘书官次第报告文件讫,沈议长提出核议广西禁烟展限问题,照章应指定特任股员审查,旋指定庄亲王等十八人充之,余在其列。因中止议事,选举特任股员长、副股员长,振将军以十六票当选为股员长,许九香以九票当选为副股员长。三时顷续行开会,将选举结果报考讫,秘书官复承议长命,报告广西先后来电。林蕙亭起言:"未经审查报告事件,议员可否发表意见?"议长不允,遂宣告散会。本日议场秩序颇不整肃,议员等均不甚满意特任股员,定明日午后一时开审查会,各散。

九月初三日(10月5日) 初三日。早起。冷水浴。访陶拙存,拙存谓军事预算,度支部与陆军部彼此数目不符,未知政务处会议结果如何。旋往见天津相国,询悉本届豫算决定交院。午刻到宪政馆,饭后到院开特任股员会,同人咸集讨论数四。广西禁烟办法,上年已经咨议局议决，该省巡抚任意变更，实为侵夺权限，应照《院章》二十四条由本院核办具奏。惟严几道起述反对之意，谓督抚有便宜行事之权，此案并无侵权违法实据。余与伯初、九香、季兴、仲威等群起驳之，卒定议为应行具奏事件。股员长指定九香、庸生及余为审查报告起草员，四时顷散会。议长延九香、庸生、季兴及余一谈，季兴以有事先散，余等入见，决定《议事规则》疑义数条。旋与庸生退至特任股员室，草定报告书而散。

九月初四日(10月6日)　初四日。早起。冷水浴。十时顷到院，途遇许九香，招与同车而往。同人公阅昨草，商榷修正数处，旋交秘书厅写印。议长延各分股股长、理事入见，咨询本日选举专任股员，照章止有用无名投票之规定，其单记、连记并无明文，究竟以何者为便。劳玉初、顾枚良力请用单记法，余心非其说而不欲昌言反对，因请议长临时咨询院议决之。午后一时三十分开会，议长命秘书官报告文件，旋由特任股员长将审查报告书提出于议长，并委托九香报告大众。有起立陈述意见者，议长谓本日仅止报告，如有赞成或反对者，请照章先行知会秘书厅，俟明日讨论。众意对于审查结果颇为满足，请毋庸讨论，即行表决，遂议决，照审查报告书一字不易，即行具奏。此案既决，议长宣告选举专任股员并咨询连记、单记孰便，众赞成连记，遂终止议事，各退入分股室投票。余由第六股选出，为法典股员，事毕已五时顷，不及报告议场，遂散。余与伯平同往法律馆，因绶金在此听选举消息，故往告之也，旋回寓。晚饭后肃邸有电话招谈，即往。喀邸在坐，邸大有组织政党思想，属转邀同志数人，明夕会喀喇沁府商榷一番，十一时顷散归。

九月初五日(10月7日)　初五日。早起。冷水浴。谒润贝勒，入谈片刻。到院，议长延见各分股股长、理事。本年无决算，昨日议决以决算股员二十四人并入豫算股，会同办事，而本日选举股员长、副股员长，决算股应否选举，颇滋疑问。有议将决算股二十四人分拨各股办事，以十二人并入豫算，以六人并入税法公债，以六人并入法典者,议长来定可否。秘书长谓变更昨日议决,恐不妥,应照昨日议,并决算于豫算,合选股员长、副股员长各一人,众意均同。午后一时三十分开会,秘书官报告文件,并将核议广西禁烟展限请旨裁夺具奏案当场朗读,众无异词。有某君提议请加一附片,议长谓此件昨经议决,不宜另生枝节,遂罢,究不知所请属何等事也。旋中止议事,各退入专任股员室选举长、副。法典股员十八人,到者十七人(陶君镕阙席)。初次投票,举股员长,润贝勒、振将军各得五票,为最多数,抽签定润贝勒当选。二次举副股员长,余以十票当选。选讫重入议场,各股次第报告。事毕,议长以各种议案印刷未齐,宣告自明日起休会,遂散。余以肃邸意密告久香、季兴、庸生、伯平、伯初、仲威诸君,散会后与兴、庸、平、威四君共到伯初家一谈,旋共诣喀府,久香、仲和踵至。肃邸令余代为宣布意见,众皆赞成,惟下手之法如何,颇须研究。议定先草政纲,再行分头纠约。会肃邸因有人在摄政王府投书请速开国会,时摄政住三所未归,众不信,固请面递,久而不散,即与仲和同往劝谕。余等亦散,因约季兴、庸生、仲威三君到东兴楼晚饭,九时顷散归。

九月初六日(10月8日) 初六日。早起。冷水浴。秦佩鹤来谈,为宪政馆删改《奏进刑律草案折稿》(吴向之原草)。写初一日以后日记。旋到宪政馆,敬悉本日资政院奏核办广西禁烟展限一案,奉上谕"着该巡抚仍照上年公布办法速办理,并饬咨议局迅赴召集照常议事",称颂圣明不置。午后二时顷,徐、那二相来馆,明年豫算决定由政务处交议。

九月初七日(10月9日) 初七日。早起。冷水浴。午后季兴、庸生、李缉庵文熙、邵仲威羲来谈,商榷组织政党事。将建设国会、制定宪法、建设责任内阁诸问题分别讨论,卒不得要领,姑属庸生草定政纲数条再商。七时顷客散,余以李伟侯通侯招饮往赴,邸舍庭园一仿欧式,精美宏敞,殆为京师王侯第宅之冠,流连至十二时顷而散。

九月初八日(10月10日) 初八日。早起。冷水浴。补写日记。饭后拜客两家,晤邹紫东尚书。旋到宪政馆,三时顷诣肃邸,时乐亭、厚斋在坐,会张坚白及袁△△大化来谒邸,因共谈。坚白力陈外省调查户口、筹办地方自治及推广巡警之难,持之有故,言之成理,洵督抚中有数之才。谈次,伯平及长绶卿来,四时半各散归。

九月初九日(10月11日) 早起。冷水浴。到西城拜客数家,晤裕小彭、良赉臣、邹伯鸿、蒋百里。午刻到宪政馆。三时顷访闰生,时伯平在坐,少选仲和亦来,同登闰生新筑高楼,抵暮各散归。

通信:致陶斋一书,有覆。叙斋贝子来书。

九月初十日(10月12日) 早起。冷水浴。久香有书来约夜谈。十时顷诣润贝勒商酌分科名单,旋往宪政馆。饭后到部,阅新拟《民政司官制草案》,四时顷散归。乐亭来谈。晚饭后久香来谈,言前见涛贝勒,谈及近来政局,颇持锐进主事,并延访通材,愿得常常见之。久香以季兴、庸生及余荐,贝勒属其转邀,于十三日午前十时往谈。

通信:八弟来书。许久香来书。

九月十一日(10月13日) 早起。冷水浴。月华贝勒来谈。十一时半诣润贝勒,同往资政院法典股员室举行分科事宜,照章由股员长指定,余在第一科。旋选举分科审查长,余以五票当选。事毕,同人皆散。余与润贝勒少留,请秘书长来一谈,定俟明日会议交付审查三件,即于十三日开审查会,于十六日开股员会,于十七日报告会场。四时半回寓,叙斋贝子约今晚假余斋招久香、继兴、庸生、徵宇、(胡)伯平、伯初兄弟、润田、(金)伯平小饮,余为治具。宾主以次集,惟胡伯平以病不果来,商榷院事,至十二时许始散。

九月十二日(10月14日) 早起。冷水浴。覆张季直一缄,写初七日至昨日日记。午刻到院,午后一时三十分开议,是日议事日表凡五件,学部唐尚书演说今后教育方针,众起质问,季兴词锋尤利,是为民党与政府交绥之第一次。日表第三件议毕,已届五时〇五分,遂宣告展会。嗣后议案及议场情形见《议事录》及《速记录》者,不复详载于日记,惟记其大要而已。

九月十三日(10月15日) 早起。冷水浴。九时顷诣成寿寺访久香,季兴、庸生咸在。四人同往涛贝勒府,遇榦臣于门,榦臣先入见,有顷延余等入,贝勒降阶迎。谈一时许,余略述立宪政体之要义,首在统壹行政,故责任政府不可不设,而国会与责任政府为对待机关,一面设责任政府,一面不可不设国会。贝勒略谈自己对于军备之宗旨,在整顿,不在扩张,言语明晰,气度雍容,故自难得。自贝勒府出,同诣胡伯平,伯平病已愈,今日可出。留饭,饭后与伯平同到院法典股第一、第二科各开审查会。第一科审查《地方学务章程》,原案于办理地方学务机关,以已设之劝学所为原则,而以地方自治职为例外。讨论之结果,谓宜反之,以地方自治职为原则,而以劝学所为例外,多数可决。公推余修正,五时顷散会回寓。

九月十四日(10月16日) 早起。冷水浴。草《修正地方学务章程要旨》数则。彦明允来谈。饭后与家人手谈。本日申刻与六弟在寓斋公请君九、壬甫、姚次之震、张敬孺仁、朱去非是、历夫、千里诸君,傍晚诸客陆续到,余兄弟三人并陪坐,九时顷客散。

九月十五日(10月17日) 早起。冷水浴。草《地方学务章程修正案》成。午刻到院,午后一时开议。叙斋贝子以病不能到会,沈侍郎代理议长。议事日表所载凡四件:第一件《振兴外藩实业并划一刑律议案》,系理藩部提出,朗读既毕,理藩部特派员文伯英翰林出席说明主旨。众以该议案多系定论,并无办法,群起质问,外藩王公如贡郡王、那亲王、博公均有所诘责,藩部不能答。寿尚书在坐,颇窘迫无措。众意初以此案无议案价值,不须审查,旋有调停其间者,遂决定仍付审查。议长指定特任股员十八人审查之,中止议事,休憩三十分,续行开议。日表第三件为《河南试行印花税核议案》,为该省咨议局与巡抚异议之件,议员议多偏袒议局,时有度支部特派员某君登台陈述印花税试办理由,词未毕,民选议员忽哗噪,欲止其发言。又有特派员某君据《院章》及《议事细则》抗争,季兴力与辩驳,拍掌声如雷，余极不以为然。骚嚣之中，无从抗辨。至六时顷议长宣告展会，遂散，余即回寓。

九月十六日(10月18日)　早起。冷水浴。十时顷到宪政馆，与柳溪商榷《地方学务章程修正案》，复酌改数处。饭后到院开股员会，讨论《学务章程》，余将《修正案》提出并说明修正理由，陶议员镕起而反对，辩难数四。付表决，众皆赞成《修正案》。遂讨论《著作权律》，由胡伯平报告审查要领，并将修正各条逐一讨论，又修正数处，议决散会。将《修正案》及《审查报告书》送秘书厅，随即回寓。

九月十七日(10月19日)　早起。八时顷到法律馆，检查各国刑律。赴资政院，时政府特派员到者已四五人，而本科股员到者仅四人，不及全科股员之半数。照章不能开会，待至十一时顷始续到一人，即开会审查讨论《报律》第十一条，不得要领。十二时半宣告展会，饭后一时顷开。本会议议长因病不到，由副议长代理，因解释《议事细则》，论战至两点馀钟之久。嗣以议设审查各省咨议局关系事件特任股员，多数赞成用票举法，不由议长指定。当场投票，余得四票，在当选之列。至五时许散会，回寓。

九月十八日(10月20日)　早起。冷水浴。日来叙斋议长病左颊肿胀，请假五日。昨电约本日午前往谈，十时半诣候，颊肿已消，创口敷药，不可以风。详询昨日会场情形。伯屏、敦老、仲和、润田先后来会，商酌次回议事日表，伯屏言预备未齐，拟展缓一日，定于后日开会。午后二时顷散，与伯屏同到资政院，昨日当选诸君咸集。互选股员长，赵竹垣以五票当选；副股员长，雷季兴以七票当选。事讫，同人方拟各散，余倡议此项股员既为常设，便与专任股员无异，照章专任股员彼此不能兼任，余任法典股员事已极繁，其势不能兼此，当辞职。讨论之结果，多数赞成不兼任之说，而十八人中除魏星五外，均系兼任，因议决一律辞职，公推易纬舆草《辞职书》而散。与季兴到石桥别业一谈，五时顷回寓。

通信：闰生来书。

九月十九日(10月21日) 早起。冷水浴。覆楙堂一缄。十时顷到宪政编查馆。饭后三时顷与仲和同车到部,四时顷散,与仲和同诣肃邸,会易纬舆与伯刚、师晦来见邸,因即辞出回寓。

九月二十日(10月22日) 早起。冷水浴。十一时顷到修订法律馆。饭后到院,一时二十馀分开会。报告文件毕,因特任股员指定(《分股细则》十五条)、选定(同《细则》十三条)问题,润贝勒、雷季兴各登台发言,辩论良久。旋由余报告《地方学务章程》修正要旨,胡伯平报告《著作权律》修正要旨,孟庸生报告审查理藩部《实业、刑律议案》要旨,旋讨论国会问题。经三数人演说之后,即付表决,满场一致,无不起立,拍手喝采,声震屋瓦。余以得意之极,大呼"大清国万岁,今上皇帝陛下万岁,大清国立宪政体万岁",众和之。楼上旁听之外国人亦各和之。自开议以来,此为第一次有声有色之举矣。旋由议长指定伯潜、竹垣、九香、季兴、庸生及余为具奏案起草员,散会后与伯潜、竹垣诸公商略折稿大意,抵暮而回。与家人手谈。

九月二十一日(10月23日) 早起。冷水浴。十一时顷往谒月华贝勒,贝勒言比日资政院举动之不规则、政府对于资政院之疑虑,并自陈居间调停之苦衷及速开国会之难行。余竭力解释,并以不能不速开国会之理由,详细剖陈,因出第九期《国风报》所载《国会同志会意见书》,请其一阅。留饭,饭后又谈一时许,到丰盛胡同祝逵臣母太夫人生辰。旋以本院议员假财政学堂开国会问题研究会往赴,许九香、易纬舆、于泽园、雷季兴诸君各有演说,余亦登台演说一番,大意有二:一同院诸君应各除意见,略其所不必争而争其大者;二国会制度与资政院制度之比较,资政院为一院制之国会,与近世国会主义不合,故改资政院为国会,与谓为利民,宁谓为利政府。散会后,庸生谓今日外间喧传余反对国会,一面赞成,一面竭力运动,使不得裁可,众情愤怒,将谋暴动云云,抑何可笑乃尔。旋往六国饭店,应那王、贡王、博公之招,谈至十一时顷而散。

九月二十二日(10月24日) 早起。冷水浴。十时顷诣叙斋贝子，值隐坪上公在坐，候其出乃入见，坐有乐峰宫相。贝子言“前日隐坪上公来谈，向之破釜沉舟、痛陈利害，国会问题非缩短年限，无从解决，上公亦以为然。本日召见，已将此意奏闻，监国颇以枢臣首鼠两端、诿过当宁为憾。顷上公来述召对情形，想此事或可略有转机，但具奏期日宜稍从缓最好，于上奏之前能一见监国而陈利害，于事更易有济”云云。余亦以昨日在财政学堂演说及所闻外间谣言告之，相与太息。十二时顷回寓，千里在坐，述代表团及各报馆对于余之疑谤颇悉，令人灰心。午饭后阅本日各报。林梅贞来谈良久，谈近年财政情形，余因论及此种问题，惟有国会可以解决，并与论一院制与两院制之利害得失，与其开资政院，不如径开上、下议院之为愈，梅贞颇动听，余因属其见隐坪上公时可乘间言之。五时顷，以九香、庸生、季兴招饮石桥别业往赴，宾主共二十馀人，有英国伦敦时报馆主笔某君及振将军、润贝勒、盈将军、贡王、博公，又杨晢子、孙伯兰洪伊等。席散后与晢子、伯兰一谈近日谣言之可怪，请其设法解释。庸生拟奏稿，后半幅成，余酌改数处。十一时顷，袖稿而回。

九月二十三日(10月25日)　早起。冷水浴。修改奏稿。到宪政编查馆。饭后到民政部办事，四时顷回寓。叙斋贝子约本日晚饭后见顾，属特邀润田、仲和、伯屏。六时后，仲和、伯屏先来，留晚饭，随后久香、伯潜、季兴、贝子均至，商榷数四。据庸生稿另拟一通，用其意而变其词，定稿后贝子略谈本院开办历史及连日设法令速开国会情形，十二时顷各散。季兴又留谈一小时，余备述近年政治界之沿革及宪政发动之原因。至一时许客去，始就寝。

九月二十四日(10月26日)　早起。冷水浴。十一时顷到宪政馆，宝瑞臣言照《院章》仅能议决法典，范围甚窄，今各衙门奏交各种单行法，止能作为特旨交议事件，不能谓凡法律必须资政院协赞。余谓法典与法律不可如此强加分别，《院章》“法典”二字即是法律之意，对命令言之，非对单行法言之也。十二时顷到法律馆，旋即到院，叙斋贝子已到，延见各议员，言本日销假，召见奏对至七刻之久，国会问题大有圆满解决之望,并将余等所拟奏稿示众,属转告同人,安心毋躁。午后一时三十分开会,政府提出豫算案,度支部尚书泽公出席,演说财政大概情形,众颇欢迎。旋由秘书长朗读《请旨速开国会奏稿》,众起立敬听,余复登台说明《奏稿》要义所在。随即表决,满场一致通过。旋朗读农工商部提出《运输规则案》,质疑后即付法典股审查,乃并读《地方学务章程案》,众复纷纷讨论大体,迄不得要领。至五时顷展会。余访仲和不值,旋即回寓。写昨日日记,阅本部奏报《第三年第一次筹备成绩折稿》。

九月二十五日(10月27日) 早起。写昨日日记,又补写日记数篇。十一时顷到伦贝子府,遇润田同来,少顷仲和亦至,商榷呈递《速开国会奏折》前后应行办理各事。午后一时顷,以法典股第一科审查《报律》事赴院。讨论之结果,将第十一条修改,删去第十二条,而于第十三条加"及其他政治上秘密事件"十字,又删去第十四条。其馀条项,文句亦颇有所增易。四时顷事毕,定廿七日午后一时开股员会决之。李君文熙来言,于君邦华等欲余偕同诣伦贝子,请奏对时面陈速开国会之理由。余随与李君同车前往,随后于君邦华、李君榘、籍君忠寅、顾君栋臣同来,谈一时许,各痛切尽言,大意请以宣统四年为召集国会之期。随辞出,以高子益兄弟招饮往赴,闻各省督抚本日电致外部,请速设内阁、国会,词理详尽,外部将于明日代递(本院奏折亦定于明日呈递)。此事上下一心,机会成熟,以理度之,应有圆满之结果矣。九时顷散归,六弟妇以本日午后一时四十五分分娩得一女。

九月二十六日(10月28日) 早起。冷水浴。写昨日日记,本院《奏请速开国会折》初拟二十七八日呈递,昨因探闻各省电奏于今晨上闻,因连夜赶办,同时呈递。十时顷诣润田处,研究此问题之解决,仲和亦来,以宪政馆有会议先散,余留商榷。已而叙斋贝子至,谈片刻,探悉本日有旨,将原折、电交会议政务处王大臣阅看后豫备召见。贝子先赴院,余在润田处饭。饭后到院,二时顷开会,《地方学务章程》再读完毕已六时顷，因即展会（详情不悉记）。叙斋贝子回府，余踵往，润田先在，商榷文件，至十二时顷而散。

九月二十七日（10月29日） 早起。冷水浴。十一时顷正欲出门，适杨翼之来谈。旋诣肃邸，遇仲和于途，同车而往，微探邸对于国会问题之意见如何，并力劝以主张速开，应以宣统四年为召集之期。邸于政界上力量不足，颇持超然主义。一时顷辞出，与仲和同到福全馆饭。饭后赴资政院，本日法典股开股员会，讨论《报律》，余到较晚，正在讨论第十一条，辨难良久。众可决《修正案》，逐条议决后，即将《修正案》付秘书厅写印分送。四时顷散会，又到豫算股员会旁听片刻，遂回。润田、仲和来谈，留晚饭，谈至十时许而散。

九月二十八日（10月30日） 早起。冷水浴。订正《速记录》数篇，寄田伏侯书一件。君度妹丈由南回京，来谈。饭后一时顷诣叙斋贝子，仲和、润田先后来，研究国会问题解决后之进行。已而那相来谈，述及本日政务处王大臣阅看折、电，拟各递说帖，汇齐进呈，再行召见须在来月初三日云。那相去后，泽公复来，余等避入后厅，至五时顷退出。以振贝子、润贝勒、盈将军招饮六国饭店，与仲和同车往赴，坐客二十馀人，十一时顷散。余即回寓，季兴、伯平偕来长谈，客散已一时矣。

九月二十九日（10月31日） 早起。冷水浴。写二十六日至昨日日记。午刻到院，一时三十分开会，报告文件毕，军机大臣朗贝勒登台演说。众起问枢廷对于国会问题之意见，究诘百端，未有决答。旋议日表第一件《湖南公债案》，群以巡抚侵权违法，应行核办，决议交特任股员审查。遂议日表第二件《著作权律案》，逐条议决，至第十八条已届五时，而电镫不来，议场昏黑，乃宣告展会而散。余即回寓，至东邻手谈，晚饭后回，早睡。

九月三十日（11月1日） 早起。冷水浴。得延鸿书，令以午前约仲、润同往，即由电话通知二君。十时顷往，适伯屏亦至，商定下次议事日表（十月初二日）。仲、润二君先后来，商榷善后事宜。留午饭，饭后余以法典股股员会往赴，时尚未开会，约季兴至饭厅谈话片刻。旋到股员会讨论《运输规则》，逐条审议，删改甚多，并改称《运送章程》，至五时半始毕事。损之将军传贤兄命以散会后往谈，先访仲和不值，随诣伯平家晚饭。饭后诣定邸，谈比日政局及昨日到院为难情形，觉其利害之心太重，因为竭力剖解，冀释其疑。八时半辞归。

十月初一日(11月2日) 早起。冷水浴。写前、昨两日日记。本日荣生日，行年三十馀，居官录录，了无建树，以致疑谤横生，不能自解。先师有言："四十无闻，斯不足畏。"[①]思之懔然。十时顷到宪政馆，本日有旨"着内阁议政务处王大臣于初三日预备召见"。闻玉老言，枢廷说帖请以宣统五年召集国会。午后二时顷与仲和同诣偶邸，邸以颁布宪法为召集国会之根本，既须速开国会，便须速定宪法，明日召对拟即申明此义。谈次，陶观察森甲来见，又共谈一小时。旋辞出回寓，电询延鸿五年说是否确定，可否再提前一年，属其设法。与家人手谈。晚饭后得延鸿电，一切明日面谈。

十月初二日(11月3日) 早起。冷水浴。补写昨日日记。八时半诣延鸿贝子，祝其生辰，仲和亦来。贝子言召集国会之期闻已确定，欲再提前，实难为力。正商论间，闻那相于退朝后有事来谈，余与仲和匆匆辞去。余即赴法律馆。饭后到院，一时顷贝子来院，余往一谈，贝子略述本日会议政务处王大臣召对情形，多数赞成五年说，属密告晓事议员，设法镇定，毋再反对。三十分开议，循例报告文件毕，先议日表第五《湖南公债核议案》，由股员长许久香报告。众以未请议处为欠缺，议论纷起，余提起修正之倡议，得大多数赞成。表决后休息半小时，再见议长，仲和、润田亦在坐，议长深恐五年说发表后人

---

① 此语出陶渊明诗《荣木》第四章，汪氏以为先师所言，误。按《论语·子罕》云"后生可畏，焉知来者之不如今也？四十、五十而无闻焉，斯亦不足畏也已。"陶渊明诗语系化用孔子语。

心不甚满足，力属密探民选诸君意见。旋即续行开会，议长以生日先散，沈副议长代理。再读《著作权律案》，逐条讨论，仍未完毕，至五时顷展会，余与籍忠寅、罗杰、易宗夔、雷奋诸君一谈。以刘仲鲁、达稺甫招饮石桥别业往赴，未终席而散。回寓后作一书与延鸿，力请设法再行提前一年，略言今日危急存亡之际，朝廷政策以鼓舞人心为第一要义，又言多一日豫备不过多一日敷衍，又言安危之机，在此一举，若发表之后再有更动，则朝廷之威信尽失，即大权之根本不坚，与其诒悔于将来，何如审机于此日。又言若坚持五年，必令花团锦簇之举消归乌有，决非得策。

十月初三日(11 月 4 日) 早起。冷水浴。十时顷延鸿贝子来谈，谓昨日得书，反复省览，非常感动。今日诣三所谒摄政，已竭力敷陈，摄政屈于群议亦无如何。贝子复向军机大臣等力争，应者寥寥，最后惟闻上谕内召集议院改为开设议院，并令会议政务处王大臣全行到署云云。因属电邀季兴、仲和来谈，二君先后至，伯屏、润田亦来会，留饭。遣仆人到宪政馆抄录本日上谕，不得。三时顷客散，与伯屏同往官报局恭读谕旨，又往宪政馆小憩，旋回寓。值隐南来访，谈至日暮而去。

十月初四日(11 月 5 日) 早起。冷水浴。十一时顷到宪政馆。本日有旨派伦贝子、泽公纂拟《宪法》，饭后到部办事，旋回寓。与家人手谈。晚饭后冯历甫来谈，得季兴电话，云本日代表团会议，议决遵旨解散，另行组织政党。明日民选议员在全蜀馆会议，情形如何，尚难预料云。

风雨萧萧满八荒，秋心漠漠恻肝肠。已看金虎成终始，空向蓍龟校短长。一往情深馀逐日，百年至计只扬汤。杜陵枉解吟梁甫，岁晚登楼亦自伤。

十月初五日(11 月 6 日) 早起。冷水浴。五妹来寓。饭后闻京师各学堂以初三日之诏，将于本日结提镫行列，集大清门歌呼庆祝。因拟出外游散，电询仲和踪迹，云将与伯平、闰生、润田游农事试验场,余亦欣然愿往。与内子同车而出,另雇车备五妹及四弟妇、秀英辈同游。至场后,游览一周,不见仲和一行,惟遇伯初。旋与卣同登卍字楼小憩,望见仲和、伯平、闰生自楼下过,往与接洽,约在加非馆相会。旋又见润田,携如夫人偕来,遂与卣同下楼,四人联袂游行。经观稼轩,入看菊,遇五妹等同来,会合至加非馆,则外姑及五妹先在,仲和诸君亦集于此。茗谈片刻,与润田陪眷属散步。五时顷出场,内子偕五妹等先归,余雇人力车诣伯平家小坐,旋诣仲和家晚饭,知提镫行列定以明夕举行,伯平、润田旋亦来谈。得家中电话,云延鸿贝子有书来,询本日民选诸君会议情形,立候覆书。余即电询季兴,季兴外出未归,因雇人力车匆匆回寓,复延鸿一书。旋得季兴电话,云本日全蜀馆会议并无何等反对之议决,惟易纬舆提出质问说帖一件,质问国会必须宣统五年开设之理由,以此为下台地步而已。

十月初六日(11月7日) 早起。冷水浴。十一时顷诣延鸿贝子,以昨夕所闻于季兴者告之,请今日毋庸宣读上谕,恐生问题。旋到院。开会前,议长延余密示江浙咨议局及我苏商学各团体祝电,问本日应否当场报告,余意以报告为宜,遂开会。报告文件迄,众无言,忽闻议场南面发一种悲凉之声,谓国会开设年限乃可吊之事,非可贺之事,众愕然。已而易宗夔、于邦华、李搢荣等群起发言,多不满五年说。罗杰提出再上奏问题请付表决,喻君长霖起立演说,略示国会不能骤设之旨。语未毕,哗噪之声大作。议长大声对众宣言,先将易议员质问说帖送付政务处,俟得覆文再定办法,众始宁静。旋开议(详情不悉记),以审查各省咨议局与督抚异议各案设特任股员十八人,由议长指定,余在其列。五时顷展会。特任股员于明日午前九时选举长、副,开始审查。旋各散。归途经大清门,灯火荧煌,游人杂沓,下车延伫片刻而回。

十月初七日(11月8日) 早起。冷水浴。董恂士来谈。九时半诣延鸿贝子,贝子以昨日议场情形近于乱暴,要求过分,难于维持,慨然有辞职之志。已而仲和、伯屏、润田相继来谈,留午饭。饭后余往资政院，知午前选举结果，徵宇以八票当选为股员长，余以四票当选为副股员长。此次核议案凡四，余到会时同人已议决其二（一《广西限制客籍学生案》、二《湖南禁烟事宜案》），旋续行开议，先议《江西统税改征银元案》，此事已经度支部议驳，惟改征事关系地方负担，不交局议系属侵权，应令嗣后照章交议。次议《云南盐斤加价案》，应令该督具案交议，俟议决后再行公布施行。五时顷散，以夏虎臣招饮省馆往赴，八时顷先散。到京津时报馆与季兴一谈，九时顷回寓。

十月初八日（11月9日）　早起。六弟回南，未及送行，季兴来谈，商榷维持本院之策。旋同诣延鸿贝子，谈次，隐坪上公适至，共谈片刻。余与季兴同到院，午后二时开会，沈副议长代理。昨日本院奏《核办湘省发行公债》一折，奉旨"以此案经部议奏准，仍照前旨办理。嗣后有应交局议之件，仍照章交议"。本日由议长当场朗读讫，议员易宗夔首起驳诘，要求军机大臣即时出席，面问责任。陶镕、席绶、陶峻、曾广鎏及直隶互选议员群起和之，要挟议长非军机大臣出席不得开议。相持片刻，议长宣告休憩二十分，续行开会。陶镕、席绶突起质问议长，顷休憩中议长招集少数议员秘密会议，所议何事，请即宣布。议长嘿然。于邦华、李榘起述顷间谈话情形，陶、席二君仍哓哓不已，众甚不平。最后余议员镜清倡议请报告文件，余以机会已熟，大声请议长将余议员之倡议迅付表决，多数赞成。报告毕，已五时，遂宣告展会。余与敦老商酌维持之法，拟设一维持会，邀集本院全体议员布告宗旨，以此为然者请即入会，阴备组织政党。得发起人十馀人，定初十日午后一时假财政学堂开会，议定而散。余即诣延鸿贝子，详告本日会场情形及余等维持办法，贝子拟于明晨入内候进止。九时顷回寓。

十月初九日（11月10日）　早起。冷水浴。庸生、季兴来谈，季兴以为明日之会可暂不必以维持为名，即名为谈话会。至组织团体一事，应另定办法，慎密联络，俟联络妥洽，再行公然结党。寻议定民选议员一面由季兴担任邀结，钦选一面由余担任邀结。饭后余往宪政馆,密以此旨告玉老、伯平,二君皆赞成。三时半诣肃邸,谈一时许回寓。

十月初十日(11月11日) 早起。冷水浴。十时半诣延鸿贝子,遇伯屏于座,共阅初八日《速记录》。谈次,易宗夔、罗杰、籍忠寅、陈树楷、汪龙先、李文熙、牟琳诸人来谒,贝子欲弗见,余力劝延入一谈,伯屏亦怂恿之,贝子允诺。余与伯屏退入旁室,贝子见客,清辩滔滔,洞中肯綮,闻之悦服。阅一时许客去,余与伯屏亦即辞出,同往宪政馆。饭后余往财政学堂,二时顷开会,季兴陈述发起本会宗旨,已而湘人黎尚雯演说初七日上谕之缺点,仍主停议说。陶镕复起和之,力诋年来朝廷举动,以为好民之所恶,恶民之所好。余愤甚,大声言"不得指斥上谕",众和之。陶君窘怒,与席绶、黎尚雯等悻悻散去。旋季兴演说,吴赐龄复起驳之,众多与季兴表同情,易纬舆宗夔、许九香相继演说,决定明日仍行开会,遂散。旋与季兴、庸生、伯平同往中兴球房茗谈,晚间打球一盘,复往福兴居晚饭,由季兴柬邀杨千里、方惟一共来一谈,至十时顷而散。

十月十一日(11月12日) 早起。冷水浴。十一时诣延鸿贝子,报告昨日谈话会情形,贝子决定本日到会。余即赴法律馆小憩,即到院。饭后一时顷开会,本日议事日表凡七件,第三件《江西统税征银元核议案》由余报告。议场对于审查报告书尚有不满足之点,休憩时余在分股室酌加修正,得同人之赞成。遂于续行开议时将《修正案》呈送,议长即付表决,多数赞成。遂议第四件《云南盐斤加价核议案》,众意对于审查报告多有不惬意者,邵君羲及余各提出《修正案》,议长先以邵君《修正案》付表决,赞成者少数,随以余之《修正案》付表决,赞成者虽多数,仍不满三分之二,因决议付原股重行审议,时已五时馀,遂展会。余与徵宇、伯平、绶卿诸君至特任股员室商酌修改,至六时半,定稿而散。

十月十二日(11月13日) 早起。冷水浴。见客两次。补写日记。相生日来项际肿胀,遣车延谢慰岑来诊,车夫误请一太医院董姓者来，只得敷衍一番，仍以车送还，顺便再接谢君。午后三时顷，谢君来寓，开示敷药一种，留谈一时许。余以胡伯平之招拟往西城，因驾车与谢君同乘，送之还家，遂赴伯平约。便道访逵臣不值，在伯平家剧谈至十一时顷而回。豫备下次议会演说稿，就枕后犹萦脑际，过二时方能成寐。

十月十三日（11月14日） 早起。冷水浴。订正第九会至第十四会《速记录》。彤士来谈。写昨日日记。本日为内人生辰，午刻吃面。午后出城拜客数家，贺俞廙轩侍郎为文孙授室之喜。在南通州馆晤江亦元谦，谈半时许，旋以马俊卿士杰、曹君直两中翰招饮同丰堂往赴，在坐皆同乡议员及政府特派员。席间知本日资政院奏请补钦选议员缺额，得旨以陆闰生（补刘华缺）、崇芳（补张缉光缺）、吴向之（补江瀚缺）为议员。九时顷回寓，千里在坐，留手谈。

十月十四日（11月15日） 早起。冷水浴。写昨日日记。大风。十一时顷到宪政馆，新议员陆闰生、吴向之均以未接知会，本日不肯到会。军机处拟覆吴赐龄质问说帖，华璧臣来馆商酌。余为起稿，略言现在宪法未颁，法令界限尚未划清，况初七日谕旨对于局章但有保护并无变更，末言"赏罚黜陟乃君上大权，贵院既不敢擅议于先，该议员等更何从质问于后"云云。饭后余到院，时已开会，即入议场，报告文件迄，开议日表第一件《云南盐斤加价核议案》，先由徵宇报告修正大意，旋易纬舆登台演说，取消前日所主张加入侵权违法字样之语，余起演说，力言本院对于核办事件之不得当，语颇激昂，拍掌声大作。第二《著作权律》案再读。第三《地方学务章程》案三读。事毕已五时许，宣告展会（详情不悉记）。天气寒甚，散会后即回寓。与家人手谈，夜深乃已。

十月十五日（11月16日） 早起。大风。室中三十八度。冷水浴。十一时顷到宪政馆，本日速记学堂第二班举行毕业式，饭后与柳溪侍郎同往。候至二时许，沈侍郎、伦贝子先后至，余与柳溪、子端、伯屏及本堂教员诸生先谒圣，行三跪九叩礼，礼毕，与诸生行三揖礼，旋相将入讲堂。贝子及沈侍郎随入,以次唱名授毕业文凭,事迄,全堂合照一相。四时顷散归,千里来谈,出《筹办日报豫算草案》甲、乙二种见示。

十月十六日(11月17日) 早起。大风。室中三十八度。冷水浴。订正第十五会《速记录》,补写日记。午刻到宪政馆,以千里所拟《日报豫算》示柳溪。饭后到院,时已开议,日表第一件为《修正〈报律〉案》,讨论大体毕,议决再读,即行逐条讨论,以股员会《修正案》为根本。易宗夔提出《修正案》两条:一宣讲白话报免缴保押费之规定,一关于名誉损害之规定,皆以规复旧律为宗旨。顾巨六再三登台辨明《修正案》之主旨,"保押费"一节卒用易议,其名誉一条(第十一条)辨论再四,由巨六提出《修正案》,众可决时已五时许。中止议事,将日表第△《陈请速定官制议案》及第△《提前设立审计院议案》,由议长指定特任股员十八名审查,余在指定之列。随即散会回寓,与家人手谈。

通信:接王守微信一件。

十月十七日(11月18日) 早起。室中温度三十六度。冷水浴。写昨日日记。十一时顷到院选举特任股员长、副股员长。候至十二时半,同人始集。那亲王及籍议员忠寅当选。

通信:接王侃叔信一件。

十月十八日(11月19日) 早起。冷水浴。十时顷到宪政馆。本日同人以厘订官制事开会,议于考核科。余发表意见如下:(一)以各部为内阁;(二)各部设尚书一人、侍郎一人;(三)侍郎有会同尚书奏事及发部令之权,但不副署谕旨,不列阁议;(四)罢兼辖总督,各置巡抚;(五)巡抚有奏事之权,但须敕部议覆乃行;(六)罢司道,于巡抚衙门内设诸司为补助之职;(七)罢直隶厅、散厅,以府、州、县平列,留三大县为府,中县为州,小县为县;(八)官品分离。同人多赞同余说,惟李孟鲁对于(三)、(五)两问题有异说,余亦无以难之,卒不得要领而散。闰生新居落成,顷已迁入,二时顷自馆中散,同闰生往，会朱季桢来谈，共论比日北京报界之堕落，相与太息。五时顷回寓。

十月十九日(11月20日) 早起。冷水浴。少麒妹丈、陆君春元、君度妹丈先后来谈，留君度饭。饭后与家人手谈。三时顷诣偶邸，以子涵所拟《结社集会律修正案》呈阅，时李木斋、陈景韩在坐，共谈片刻回寓。叙斋贝子约今晚七时半在六国ホテル晚饭，届时与蓉阁同往。本日资政院奏核议案三件：一奉旨依议(江西改征统税事)，一交民政部查核具奏(广西警学招生事)，一交盐政大臣查核具奏(云南盐斤加价事)。以多数议决请旨裁夺之件而委诸行政衙门之复核，不得不疑枢廷辅弼之失宜也。饭后与贝子、润田、久香、伯屏等讨论此事，殊无善法以处其后。十一时顷散归。

十月二十日(11月21日) 早起。冷水浴。十时顷诣胡伯平，假得陈伯(言)[严]《散原精舍诗集》读之，留午饭。饭后以特任股员会赴院，二时顷开会，审查议案凡三件：(一)请速定官制，(二)请提前设立审计院，(三)修改筹备清单。余倡议第一、第二件归纳于第三件内，一并审查，多数赞成，遂将筹备事宜逐条讨论，略有增删，定二十二日再行审查。昨日谕旨发表后，见者无不惶惑，闻民选诸君将于今夕在全蜀馆开会，讨论对付政府之法。散会后余往延鸿阁，时主人未归。留待片刻，主人即至，并电约润田来谈。主人言本日谒枢府，均未见，明日院中必有风潮，应预筹平和了结之法。余谓必须有政府特派员出场，将谕旨内查核具奏理由宛委解释，此事须以属诸柳溪。主人及润田均以为然，立邀柳溪来商，拟明晨由议长与柳溪一同入内，与枢廷商妥，如法办理。至十一时顷正拟各散，忽许九香有电云将诣谈，知必为此事，因再候之。阅一时许，九香来，略述全蜀馆会议情形，余等告以顷间商酌办法，九香颇赞成，至二时顷始散归。

十月二十一日(11月22日) 昨夕眠迟，今日睡至午初乃起。冷水浴。千里来谈。赴资政院，入见议长，立谈片刻，已届开会，旋即入场。报告文件迄,议员对于十九日谕旨提起军机大臣责任问题,倡议弹劾。李侍郎出席,代表枢臣说明查核具奏乃裁夺以前咨询行政大臣意见之事,非以资政院之议决委诸行政大臣之复议,故将来对于资政院尚有裁夺之旨。众交相质问,仍坚持弹劾之说,议长以此倡议表决于众,多数赞成。复以此议题表决,得三分之二以上之赞成,议题通过。由议长指定起草员六人,宣告休憩。休憩后重入议场,人数不足三分之二,乃将关于蒙古事件议案及关于教育事件议案,各指定特任股员十八人审查之。余在教育案股员之列。宣告展会,旋即回寓。晚饭后与子涵、蓉阁、千里手谈。

十月二十二日(11月23日) 早起。家中缺水,欲浴不得,写日记。季兴来谈。相生项际肿胀,久而未消。萧智吉新自加奈大归,本日延之诊治,将于午后二时顷再来奏刀。饭后到宪政编查馆,巨六于《报律》十二条又有异议,对余强聒,余敬谢不敏。三时顷到部,同人已散,阅报一时许而回。得资政院电话,以官制股员会必欲余一往,不得已雇人力车而去,至则本股股员以不及开会各散去。遇庸生诸君,方商榷《弹劾军机奏稿》,余阅之,措词太拙,不敢赞成,因陈述所见,以供参考。旋往伯初家晚饭,并电邀伯平来谈,余谓弹劾题目止当着重不负责任,不能着力批驳前日谕旨,二君皆以为然,时仲和方在石桥宴客,以客少,闻余与伯平在此,电约往谈,因偕往。席散后与金伯屏撞球一盘,余负。又与仲和为之,余胜。润田、伯平复为一局,余旁观,未及终局而回。

十月二十三日(11月24日) 早起。冷水浴。写日记。季兴来谈。十一时顷同诣伦贝子,润田亦来,闻盐政处定于明日覆奏。留午饭。饭后得民政部电话促往,知必为察核具奏问题。二时顷到部,奏稿已由寿生拟就,余为删定,呈堂。邸定于明日加班陈递,属缮就后由余阅折。五时顷衙散,诣月华贝勒,略述十九日谕旨之由来及政界竞争之暗潮,颇滋疑虑。余为力陈时局危险,亲贵大臣尤宜同德同心,共奖王室,不可再分门户,自相残杀,请其竭力调和,以维大局。

贝勒亦言“此吾素志，当努力为之”。八时顷辞去，以陆闰生招饮，往赴，秀英亦在。席散后听歌数阕，与秀英同车而回。

通信：叙斋、月华、闰生各来一缄。

十月二十四日（11月25日） 早起。冷水浴。写日记。到宪政馆会议《内阁官制》，议决数条。本日民政部、盐政处各以奉旨察核具奏事件遵旨覆陈，奉旨“知道了”。同时对于资政院前奏两折各有交旨一道，均依议。仰见圣明尊重立法权之意，无任欣忭。饭后到院，正值开议，议长宣布本日交旨讫，由秘书官报告文件，众议决，将前日起草员所拟弹劾文取消，讨论数四，应另换题目具奏。议长就前指起草员六人内更换两人（赵竹垣、沈侣崑），重行起草。再读《报律案》，将十六日顾巨六提出之第十一条修正案重付表决，反对者占多数，遂否决。于议员邦华提出《修正案》，众赞成，逐条表决，迄第二十四条，已逾五时，宣告展会。与伯平到石桥别业，撞球两局。

通信：徐惺初来一件。

十月二十五日（11月26日） 早起。冷水浴。十一时顷到法律馆，旋与伯初同到院。教育案特任股员选举股员长，严议员复当选；又选举副股员长，顾议员栋臣、江议员谦得票同数。余以官制案特任股员会议往预，遂不知抽签之结果。会议修正《筹备清单》，将二十日讨论各条件逐一议决，并将先后次序排定，应另具修正案报告会场。股员长指定季兴、庸生及余为起草员，遂散会，回寓。

十月二十六日（11月27日） 早起。冷水浴。昨叙斋贝子约今日午前往谈，十一时顷往，九香在坐，贝子颇以群疑众谤交集一身，牢骚特甚。已而季兴、庸生偕来，共商弹文措词之法，九香以有事先散，余等留饭，长谈抵暮。庸生出所拟稿呈贝子，余尚嫌其散漫，拟代作一篇，旋即回寓。季兴同来商榷筹备清单，酌定一稿。晚饭后千里、蓉阁、子涵来谈，因共手谈，至十一时顷，留季兴宿斋中。

十月二十七日（11月28日） 早起。雪。冷水浴。季兴早餐后即去。本日资政院有秘密会议，讨论开平矿务及中葡界约诸问题，余以草奏不克往预,是为开院以来余缺席之第一次也。草奏竟日,灯下成稿,晚饭后清书一通,至十一时许而睡。

十月二十八日(11月29日) 早起。大雪。冷水浴。十时顷庸生冒雪而来,云季兴感寒疾,故未偕行,以奏草示庸生。庸生大叹服,以为极得立言之体,就坐索纸抄录一稿。留午饭,饭罢即去,余以雪不出。傍晚与家人手谈。

十月二十九日(11月30日) 早起。冷水浴。得庸生电话,谓奏稿已得同人之赞成,属转电议长,早临阅定,以便报告,当即代为电达,旋往宪政馆会议《内阁官制草案》,略有修正,至午饭后三时顷展会。本日资政院有会议,因馆事不及前往,作书与金伯屏翰长请假一日。三时半回寓,得延子澄书,即复一缄。夜与家人手谈。

十月三十日(12月1日) 早起。室中二十八度。冷水浴。补写日记。

十一月初一日(12月2日)[①] 早起。冷水浴。

十一月初七日(12月8日) 早起。冷水浴。到法典股员会审查《刑律草案》,迄一百十七条。晚刻伯屏招饮六国饭店。

十一月初八日(12月9日) 早起。冷水浴。草《刑律分则第四章修正案》竟日。杨补塘来谈,留午饭。

十一月初九日(12月10日) 早起。冷水浴。到法典股员会,将昨草《刑律分则第四章修正案》报告本股股员,各无异议。

十一月初十日(12月11日) 早起。冷水浴。到仲和处谈《刑律》审查情形。旋到法典股员会接续审查,迄二百三十三条。晚刻子涵招饮其寓斋。

十一月十一日(12月12日) 早起。冷水浴。到法典股员会审查《刑律草案》,迄三百二十五条,又删除第五十七条修正增入之第三项。

---

① 以下五日未记日记。

十一月十二日(12 月 13 日)　早起。冷水浴。到法典股员会审查《刑律草案》,迄三百三十二条。本日有大会,余以审查《刑律》,故缺席。

十一月十三日(12 月 14 日)　早起。冷水浴。到股员会审查《刑律草案》,议决删除第三百十一条之罚金,全部完毕。

十一月十四日(12 月 15 日)　早起。冷水浴。午刻到院。二时顷开会,报告文件毕,开议日表第一《请明谕剪发易服具奏案》,牟议员琳报告审查大旨,赞成此议。有礼部主事某君,递一陈请书反对,议长令秘书官朗读,语意支离,满场哗笑。杨议员锡田演说反对之旨,声细不可闻,众请其将演说稿交秘书官代为朗读,陈义肤浅,殊不能令人满意。讨论数四。余对于具奏文起述修正之处,闵议员荷生大声反对,语殊无礼,众多不平,议场骚然。议长命付表决,余倡议用无记名法表决,闵议员又反对,因请用记名法表决,众赞成。余请封闭议场投票之结果,赞成者一百〇二票,内有伪票一枚(汤议员鲁璠是日缺席),反对者二十八票,议遂决。休息十五分,再入会场,人数已不足三分之二。顾议员栋臣对于顷间表决提起异议,谓有一伪票,即于全体有累,应重付表决,各议员多不赞成。纷扰片刻,议长以人数不足,宣告展会而散。

十一月十五日(12 月 16 日)　早起。冷水浴。校改《刑律案》,修正条文。午刻到院开正式股员会,政府特派员到者八九人,均列席讨论。余起述《刑律》修正大要,均无异议。至二百八十八条,余倡议欲将该条第三项删除,其理由如下:亲属相奸,《刑律》既认为罪恶而处以重罚,则必以此为有害社会秩序之事,而决不仅以为一家之丑行。今若以告诉权限于尊亲属或本夫,则似以尊亲属等为犯罪之客体,殊于立法初意不相贯澈,且使无尊亲属者而犯此罪,则国家遂无处罚之途,与不设此罪何异?特派员交相辩难,余详细申论,至一时许,卒以本股同人多不主删去,遂否决。余甚愤恚,欲行辞法典股副股员长之职,众虑决裂,遂散会。余往法律馆一谈,又到仲和家晚饭,饭后伯平亦来,反复申论此事,二公均悟。约将来于大会再行提议,九时顷散归。

十一月十六日(12月17日) 早起。冷水浴。接续校改《刑律》修正条文。午刻赴院,以《请旨宣布杨庆昶恭缴景庙手诏及昭雪戊戌冤狱具奏案》,又《请赦国事犯具奏案》开特任股员会。余起述景庙手诏发见之来历及手诏之内容与此时宣布之必要,请众赞成具奏,多数可决。旋论国事犯之区别,余主张以不背立宪政体宗旨者为在应赦之列,其馀姑俟诸将来。陈议员树楷、易议员宗夔均主张不分党派,笼统乞恩,免招反动,寻议决具奏。股员长庄亲王指定牟议员琳、陈议员宝琛、胡议员柏年诸君起草,遂散会。余又以《请旨剪发易服具奏案》有应行修正之处,与易议员宗夔、长议员福商酌,修正数语,定稿而散。访冈田博士,谈《刑律》事良久,抵暮而回。

十一月十七日(12月18日) 早起。冷水浴。检阅《刑律草案》及《日本新刑法》,陈君佐清来谈。午刻食面一碗。赴财政学堂,二时顷开会,到者不过四五十人。润贝勒报告开会宗旨,余报告法典股员会审查《刑律》之经过及其结果,演说至两点钟之久,闵议员荷生起而辩难,语殊无理。余不欲多辨,即迅回本席,沈议员林一登台逐条陈述意见,殊琐碎无关宏旨。时楼上旁听席中发声嗤之,高议员凌霄对楼上大声呼叱,众寂然。沈君刺刺不休,余略与辩驳。高君又起与余辩难,余一一剖答。沈君下台后,劳议员乃宣又登台发言,时已昏暮,遂散。忽闻议场门外喧嚷声,急出视之,则高君方与旁听者某君等口角,同人劝解不听,遂致互欧,经众拉开。章君伯初呼巡警至,一并带区。余晤绶金,闻本日奉朱谕,以资政院奏劾枢臣,严词责其不应干预,又因枢臣辞职,慰留,相与骇怪。旋往肃府剧谈,留晚饭,至十一时顷而散。

十一月十八日(12月19日) 早起。冷水浴。许九香有电话通知,属往叙斋贝子处,云有事相商。十二时顷往,则贝子已赴院,余亦踵往。贝子以昨日严旨,恐本日议场有过激之语,愈滋咎戾,特延各议员对于昨日朱谕相继发言，卒议决再上弹章，恳明定枢臣责任。此问题解决已四时半，议员纷纷散去。议事日表第一为《禁烟章程》，余代述股员长润贝勒意，委托刘议员曜垣说明本股员会修正要旨，时议场人渐少，众请展会，遂未及讨论而散。余草成《刑律》总则追改条项及分则第四章、追改字句各一件，送秘书厅。与四弟同车而回，途经润田侍郎新居，入谈并晚饭，至九时顷回寓。

十一月十九日(12月20日) 早起。冷水浴。拜周镜渔廉访，未值，遂往宪政馆。饭后会议《弼德院官制草案》，李孟鲁提出《内阁官制》内追加条文，讨论之后否决，毋庸追加。旋议《弼德院官制》，逐条讨论，仅决两条，时已三钟许，即散会回寓。续草《刑律修正报告》。

十一月二十日(12月21日) 早起。冷水浴。十时顷到宪政馆，同人尚未到齐，因续草《刑律修正报告》。至十二时顷会议《弼德院官制》，余以资政院有会先散。午后二时顷开法典股员会，将《刑律修正报告书》逐条朗读，经众公决。本日院议《弹劾奏稿》，表决时人数不足，书记官来股员会邀人，往赴，因与乐亭主人、刘伯刚同入议场，余以未知弹章内容，表决时未起立，而赞成者适少一人，遂否决。籍议员忠寅提议修正要旨，再付表决，余仍未起立，而赞成者已得多数。旋讨论他问题，余仍退出，到股员室改正总则第三条至第五条，列举条文一律告竣，计先后提出各件：一、《总则修正案》，二、《分则第四章修正案》，三、《总则追改条项》，四、《分则第四章追改字句》，五、《分则修正修项字句》，六、《总则续改条项》，七、《总则第三条至第五条列举条文》，八、《暂行章程删除说帖》。由余送至秘书厅，途访叙斋贝子，入谈片刻，回寓。

十一月二十一日(12月22日) 早起。冷水浴。陈徵宇参议来谈。到民政部取《结社集会律修正草案》一册。赴资政院开股员会，先审查《禁烟章程》，讨论再三，增加两条。旋审查《陈请修正结社集会律议案》，余以所拟《修正案》朗读一过，众无异议，即作为法典股员会提出之《修正案》函送秘书厅，并定廿四日午后一时审查《商律》及

《运输章程》。五时许散会,访冈田不值。诣叙斋贝子,询悉本日召对情形,金伯屏亦来谈,留晚饭。比日东三省人民公举代表来京,为第四次国会请愿,并送一陈请书于本院,贝子颇以为难,筹商应付之策。余谓宜延见东省议员及代表,开诚布公,告以无从再请之理由。贝子亦无他法,约明日邀长寿卿来府一商,十二时顷散归。

通信:陆杏生信一件,王荃士信一件。

十一月二十二日(12月23日)　早起。冷水浴。竟日未出。午后三时许,逵臣来长谈,抵暮而去。晚间为日本风牛鸟料理,围炉大啖。

十一月二十三日(12月24日)　早起。冷水浴。十时顷彤士来谈。诣李柳溪侍郎,询昨日枢议之结果,知《内阁官制草案》已阅毕交还,令详议施行之程叙。旋往法律馆饭,冈田博士对于《刑律案》总则又有修正之处,余亦将所疑之点详加质询,复据以修改字句。二时顷赴院,议长方在秘书厅楼上,与弹劾奏案起草诸君有所商榷,迟迟不开会。余敦促再三,至三时顷乃开会。先讨论弹劾问题,费时甚久,旋以籍议员《修正案》付表决,得多少之赞成。旋开议,日表第一为《豫算》,第二为《刑律》,均重大议案,第三为《禁烟章程》,第四以下皆各省地方利病问题。于议员邦华首请变更日表,先议《禁烟章程》,余力持毋庸变更。院议卒赞成于说。《禁烟案》决,浙议员又请以日表第四《浙路公司问题》先议,《浙路案》决,粤议员又请接议日表第五《粤省禁赌问题》,余真不耐。《禁赌案》决已五时半,遂展会而散。

十一月二十四日(12月25日)　早起。冷水浴。午刻诣叙斋贝子。谈半时许,以股员会赴院,先议《运送章程案》,农、邮两部各提出修正条件,讨论之后,酌加修正,多数赞成。次议政府提出《商律案》,众议委托孟君昭常审查,具案送股员会复核,遂中止议事。余复提出《刑律案》续行修正各条:(一)原案二四条第三项删除,(二)原案三八条第二项改为三九条,(三)原案四五条删改字句,(四)原案七六条修改字句,(五)《修正案》八八条删除。经众可决,遂由余草定修正案，连同《运送章程议决案》送付秘书厅，旋散会。

十一月二十五日(12月26日)　早起。冷水浴。到宪政馆续议《弼德院官制草案》。饭后与润生同赴资政院，时已开议，正讨论弹劾问题，盖以昨日有旨，令宪政馆迅拟《内阁官制》，故议长咨询本院此案应否上奏也。讨论一时之久，议分两派，一主取消，一主修正再奏。余倡议请付表决，和者甚众，遂以取消此案先付表决，得多数之赞成，遂作废。次报告文件，次以四川倒款一案提前公议，邮部龙君辩护甚力，卒议决上奏弹劾邮部。次讨论《预算案》，由股员长刘君泽熙报告审查要领，演说至一时许。演说毕，议长宣告休息，余请继续讨论。议长以疾辞，由沈副议长代理，章君宗元报告裁减公费要旨，词未毕而议员已纷纷退场，人数不足，遂展会。余与伯平在院略进食品，同到石桥别业为撞球之戏，九时顷回寓。在孙宅手谈。

十一月二十六日(12月27日)　早起。冷水浴。本日法典股有会，余以须赴宪政馆作书请假，旋到馆。午后徐相及朗贝勒先后来馆，谈《筹备清单》及《豫算》、《官制》各问题，至暮而散。刘幼云祭酒有疏痛劾资政院议员"嚣张偏激，轻更国制，公倡邪谋"，请旨严防流弊。此种迂谬之论，真足淆惑圣聪，动摇国是，令人气短神索。五时顷回寓，写数日日记。

十一月二十七日(12月28日)　早起。冷水浴。补写日记。清理资政院先后分送印刷文件。午刻到院，在议事科校阅《刑律案》，修正清本，二时顷开会，李议员素倡议前日所取消者乃弹劾奏稿，非弹劾题目，请另指起草员起草，附之者数人。议长咨询有无异议，众莫敢反对，遂指定起草员六人。开议《宣统三年豫算案》，首论京外各官公费数目标准，颇有争辨。余倡议讨论终止，多数赞成，而吴议员赐龄同请发言，大声与余抗争，余亦力斥之。接续讨论，将第一科报告各件逐一议决已七时，电镫骤灭，遂中止议事。又以川路事，各议员于黑暗之中大相冲突，余不愿预闻，即散出回寓。

十一月二十八日(12月29日)　早起。冷水浴。到省馆视江隽侯母太夫人六十寿,留午饭,未终席。赴院候至二时许,以到会议员不足三分之二,不能开会。三时顷始振铃入场,人数仍不足,但报告文件,并宣读《请旨延会十日奏稿》,众赞成。时议员有续到者,而仍不足三分之二,遂宣告展会。余急招集法典股员开股员会审查《国库章程案》,并通知度支部特派员及提案议员章伯初、王小宋到会陈述意见,逐条讨论,当场修正。至五时许全部议决,草《报告书》付书记缮写,旋即散归。晚饭后与家人手谈。

通信:仲仁来书一件。

十一月二十九日(12月30日) 早起。冷水浴。午刻到资政院。本院奏恳请延会一折,奉旨"延长十日";又奏请明谕剪发易服一折,奉旨"毋庸议"。一时半开会,议长宣布本日所奉谕旨,易议员倡议以刘监督廷琛奏劾本院议员,奉旨"交宪政馆知道"。本院已不为朝廷所信任,故本(员)[院]议决具奏事件都归无效,应请旨解散。各议员继续发言,甲论乙驳,约费两小时。最后议决以说帖质问宪政馆有无其事,并请从速抄示。旋报告文件,开议《豫算》,将第一科所管全部议决;以第二科所管关系军事,须与陆、海部协商,故未报告;而将第三科所管提前讨论,拟报告而电镫忽灭,遂散会。与伯平、季兴同到石桥别业,论及会计检查院性质,余谓该院专管决算,伯平、季兴均言兼管豫算,因以六国饭店一饭为赌。就馆客余议员镜清假得《法规大全》阅之,果如余言,遂同到六国饭店饭。时姚次之本在此招饮,往与应酬两次。十时顷散归。

十一月三十日(12月31日) 早起。冷水浴。到宪政馆。资政院有秘密会议,午刻与闰生同车往。一时十五分开会,外务尚书、侍郎、度支尚书、陆军大臣均列席,东省议员陈瀛洲起述东三省危状,并提出补救之策数条。润田侍郎历陈政府办理东三省交涉情形,及现在所执政策。荫午楼陈陆军计划之必要,度支尚书泽公报告筹借美债宗旨及办法。旋开议《豫算》,各议员与陆军大臣及陆军部特派员舌战至七时半,议将"减削新军费用"一节,再付审查(详情不悉记)。

八时顷散会，回寓。

通信：清伊来信一件。

十二月初一日（1911年1月1日）　早起。冷水浴。朱芾庄来谈。留饭。饭后以法典股员会到资政院。一时半开会，审查《商律案》，将总则议决。五时顷散。冯历夫招饮东兴楼，往赴，未终席而回。

十二月初二日（1月2日）　早起。冷水浴。得田自芸书，即覆一缄。十一时顷访叙斋贝子，门者言病卧未起，已乞假五日，因往访宝瑞臣，亦未晤。旋赴资政院，道经润田家，入谈留饭，饭后到院。二时顷开会（秘密会议），第一山东铁路问题，第二中葡界约问题，均照《股员会报告书》办理。四时半，议长宣告休息，余即先散。访月华贝勒，谈甚久，留晚饭。八时顷回寓，与家人手谈。

十二月初三日（1月3日）　早起。冷水浴。到宪政馆，旋到资政院。午后三时顷开会，前日以刘监督疏劾本院，议决质问宪政馆，迄不得复。本日易议员倡议由本院具疏声明资政院性质、地位，聊以解嘲，众赞成。由副议长指定陈徵宇、章伯初、孟庸生、邵仲威、易纬舆及余为起草员，吴议员赐龄以《昭雪戊戌冤狱及恩赦国事犯具奏案》久未决议，倡议要求报告，众赞成。余承特任股员长庄郧之委托，报告《昭雪案》审查情形，登台演说景皇帝手诏杨锐及杨锐覆陈变法次第之历史。以今日豫备立宪，实发源于此，将来吾人生息于立宪政治之下，皆景皇帝之所赐，当永永不忘，众大欢迎。随开议《豫算》，余于大理院经费略有诘问（详情不悉记）。散会后与徵宇诸君商酌草奏办法，公推纬舆属稿。归途诣叙斋贝子，谈片刻而回。

十二月初四日（1月4日）　早起。冷水浴。午后到资政院。三时顷开会，日来《公论实报》有侮辱议员之文字、图画，于是易议员倡议宜咨行民政部，取缔该报馆，众赞成。遂开议《豫算》，第四科审查长易议员报告，逐件议决。旋齐议员树楷报告农工商部豫算，不得要领，豫算股员群起辩难，余大异之，起加诘问，齐君谓"时间匆促，此件尚未经股员会议决"云。院议核减甚巨，特派员邵参议声明不能承认,争论良久,遂付表决,卒从院议。特派员复声明不能同意。次复讨论邮传部豫算,刘议员倡议裁撤铁路局,特派员持不可,卒以表决多数决定裁撤。又有倡议裁撤该部官报局者,时议员纷纷出场,人数不足,无从表决,遂宣告展会而散(详情不悉记)。

十二月初五日(1月5日) 早起。冷水浴。到宪政馆。午后到院,三时半开会,报告文件迄,续议《豫算》,以涉及军事计划,令旁听人员退席。逐件议决,中间休息一时许,接续开议,将《宣统三年豫算案》全部议决,至十一时顷散归。

十二月初六日(1月6日) 早起。冷水浴。本日资政院议事日表为《新刑律案》,续初读,股员长报告。余在家检阅参考书籍,豫备演说。午刻到院,二时许开会,报告文件迄,余起述股员会审查情形及修正条项,至一小时之久。随议决付再读。逐条讨论,第八条删"特别"二字,第十五条、第十六条小有异议,仍照股员会《修正案》通过。时已六时顷,遂展会(详情不悉记)。

十二月初七日(1月7日) 早起。冷水浴。午刻到院,二时许开会,再读《刑律》,自十七条至一百八十五条,无甚异议。一百八十六条籍议员忠寅议改"营造物"为"建筑物",多数可决。高议员又倡议增入"多众乘坐之汽车、船舰"一款,第一百八十八条邵议员羲又嫌所有物范围太广,讨论再三,议决再付审查。至二百〇四条,无异论,时已近十时,宣告展会(详情不悉记)。余往冈田博士家,商榷顷间议决问题,至十二时顷而回。

十二月初八日(1月8日) 早起。冷水浴。十时顷到法律馆,旋到资政院开法典股员会,审查《商律·公司编》。午后二时许开大会,议长伦贝子消假出席。报告文件迄,续议《刑律草案》,余起述一百八十六条及一百八十八条再行审查之结果,得通过。至第二十一章,股员会删去一条原第二六七条,众反对,议决复活。随至第二八八条,异论纷起,卒投票表决,赞成无夫奸有罪者得七十七票,反对者仅四十二票。又表决赞成列入《暂行章程》者起立,起立者少数;反证表决，赞成列入正条者起立，起立者多数。于是新党全体失败，有愤怒退场者。闰生起言"此之谓程度不足"，余附和之，众大怒，一哄而散。余惘惘而归。

十二月初九日(1月9日)　早起。冷水浴。得闰生书，云昨日散会后赞成《新律》诸君皆愤愤，约定今日不到会，属余毋往。即诣闰生，商论办法，旋同往宪政馆。饭后院中屡有电话来馆，述议长命促往，诡词却之。寻与伯初、闰生同出名作一启，招集昨日投蓝票诸君于明日午前九时至十二时在财政学堂会议善后之策，倩顾巨六带交秘书厅分送，旋各散回寓。与家人手谈。

十二月初十日(1月10日)　早起。冷水浴。林君汝耀来谈，林君为亡友静安明经之子，近自英国学成而归，供职邮部。十一时顷与同车到石桥别业，访陶惺存保霖、余民进镜清，均不值。即往财政学堂，同人陆续来会。余起述开会宗旨，旋讨论本日到会后之举动，议决如下：(一)变更议事日表，破坏《刑律》分则之再读；(二)将《刑律》总则付三读。午后一时顷到院，旋开会。本日议事日表凡十七件，《刑律》居首，伯初倡议将第二至第十七顺次议毕，再议《刑律》，得多数之赞成。就中《国库章程》由余报告，陈树楷、于邦华颇有所争论，余大反对之。七时顷休息，余因润田招饮，与小宋、季兴、仲和同往，八时半回院时已开会，余起报告《结社集会律》修正要旨，旋付再读、三读，多数可决。日表各件一律议毕，籍议员忠寅请以《刑律》总则付三读，反对党哄然退场，留者仅七十馀人。余请省略三读，即付表决，不起立者仅三四人，遂通过。时已七时许，遂散会，仍至润田家续饮，十二时许回。

十二月十一日(1月11日)　早起。冷水浴。本日资政院举行闭会式，余于十一时顷到院。十二时集议场行礼，军机大臣朗贝勒登台宣读闭会上谕，议长前跪受，恭捧退，置黄案上，序立致敬，各退。同人合摄一影，以为记念。沈副议长自议场退出时，举足触地毡裂口，致倾跌伤鼻，血流甚多，未预摄影。议长备香鞭酒及饼饵之属，分饷各议员于分股室,亲诣酬酢,互祝健康,感情甚洽。许九香倡议于明日午后二时,假石桥别业公饷议长、副议长及秘书长、秘书官,以答本日议长盛意,众赞成。议定而散,领公费三百元回寓。与家人手谈。六时顷以金伯平招饮石桥别业往赴,遇仲和,云馆议将以《刑律》原案颁行,不复与资政院会奏。余闻之愕然,殊为宪政前途危惧。十时顷回。

十二月十二日(1月12日) 早起。十一时半往宪政馆,遇达侍郎,告以关于颁布《刑律》意见,请力为维持。旋往吴菊农家中,吊粤生先生之丧。随往财政学堂,蓝票同人约本日午后一时集此,商榷《刑律》善后事宜也。余到较早,阒其无人,乃步往资政院秘书厅,遇刘莼生、罗峙云。饭后与莼生同车往财政学堂,同人渐集,余报告政府对于《刑律》问题,因《清单》定本年颁布,而资政院未能议决,将颁布原案。若然,则于本院之协赞立法权,生非常之危险,亟宜筹维持之法。众起讨论,寻议决办法如下:(一)要求会奏总则,不成则(二)请变通颁布年限,又不成则(三)请开临时会,又不成则惟有辞职。二时半往石桥别业,议长尚未到。得达侍郎书,云枢堂将于本日三时以后到馆,商酌颁布《刑律》问题,属余与闰生、向之速来一谈。因密示闰生,立即驰往,则枢堂在会议政务处,并不到馆,而召提调往谈。余等因与哲子计议办法:(一)会奏总则,惟将其中不同意之点特别声明,请旨裁夺;(二)由宪政馆草奏分则,请与总则同时颁布,但声明明年交资政院追认。哲子怂恿闰生及余诣政务处面陈,即同往。枢堂谢不见,仍退回馆中。候提调还,乃以顷间所拟办法商之,宝侍郎颇有异同,卒不得要领而散。李缉庵招饮醉琼林,往赴,十时许散归。

十二月十三日(1月13日) 早起。冷水浴。胡子靖同年新得日本留学监督,来谈,拟具呈外部,于所办明德学堂内设游美豫备科,请拨款协助,余允赞成。本日六弟生辰,午刻循例吃面。二时顷到部办事,原定《筹备清单》地方自治先城镇乡而后府厅州县,比来各省筹办自治,率以变更顺序为请,顷当修正清单之际,此事先后次序不必拘泥前说。鄂督来谘,据该省咨议局议决,请将上级自治提前办理,本日与尚之参事计议变通原定次序，于覆陈筹备最要、次要事，宜折内详晰声明，通行各省，以免窒碍，仲和亦以为然，即属尚之属草再酌。四时许衙散回寓，与家人手谈。晚间为日本式牛鸟料理食之。

通信：上父大人书。

十二月十四日(1月14日)　早起。冷水浴。到宪政馆。江督、苏抚会奏请裁并江苏同城州、县，本日会议政务处议准覆奏，得旨俞允。我县与长洲同在裁撤之列，嗣后我曹为吴县人矣。饭后二时许到部办事，京师区议事会呈请将车铺各捐拨充地方自治经费，总厅申部请示办法。余与尚之参事议将车捐拨归自治团体征收，惟一切路工泼洒悉令担任，至铺捐系营业税性质，未便拨充，定议而散。四时许回寓，与家人手谈。蓉阁治具饷客，余畏酬酢，不列宾筵而在内室饱啖。饭后续行手谈一局，至十二时。

十二月十五日(1月15日)　早起。冷水浴。译学馆学生徐焌、张天才以毕业来见。十一时诣吴蔚老，贺其新除邮侍之喜，谈次子东尚书来，以哈尔滨鼠疫浸寻蔓延，欲请邮部停止京奉铁路交通，并欲请民部设法豫防。十二时顷，以朱小汀京卿母太夫人七十生辰往祝，旋往西安楼应刘仲鲁、达稺甫招饮，坐皆同馆诸子，商榷颁布《刑律》问题。饭后以月华贝勒生辰往祝，仲和亦来，与仲和同往其寓，勾留半日。五时顷以季兴、庸生招饮石桥别业往赴，饭罢与伯平、季兴、闰生诸君为玉突之戏。得寓中来电，谓王少絛见访，有公事面商，立即回寓，则以外城厅丞任满保留，照章请奖，特出奏稿请酌，余略述己意，仍付少絛修改，十二时顷始去。

十二月十六日(1月16日)　早起。冷水浴。补写日记。饭后到部办事，今日哈尔滨ペスト[①]流行，及于奉天。京师各国公使馆非常惊恐，讹[②]言大起。本部议筹预防之策，昨有堂谕，派内外厅丞、卫

---

① ペスト：鼠疫

② 讹，原误作“诫”。

生司长等及余办理,并通知外务部、邮传部派员会商。先与仲芗草拟办法数条,四时顷,周子廙、施植之等来自外部,出连日与各使往还照会见示,邮部亦遣一人来会,公同议定办法十馀条,彼此分别担任,具书报邸堂。六时顷散,以乐亭主人招饮宗显堂,往赴,九时顷席散回寓。

通信:易纬舆来书。

十二月十七日(1月17日)　早起。冷水浴。到宪政馆。前日本馆奏陈修正《筹备清单》,本日奉旨"裁可,公布"。饭后会议《内阁职官官制草案》,又追改《内阁官制草案》,增加数条。三时半散会,旋即回寓。本日治具为子靖、仲和饯行,并请资政院议员籍亮侪、刘晓愚、李缉庵、易纬舆、雷季兴、孟庸生、陈徵宇、胡伯平、陆闰生诸君。李、易二君辞,馀客均到,九时许始散。六弟自镇江取道汉口回京。

十二月十八日(1月18日)　早起。冷水浴。傅惕生来谈。十一时顷以防疫事诣肃邸,值邸未起,遂赴宪政馆。阅枢改《内阁暂行官制》,殊有与狐谋皮之叹。饭后到部,以天津有ペスト嫌疑死者,属卫生司电询奉、吉、直司道及哈尔滨道,以现在蔓延情形及防检方法,令其随时报部。朱师悔、傅惕生来部,以本日两厅议决防疫办法十馀条见示,属代呈邸堂。随即诣邸商办,适王、董两厅丞、唐公柔郎中踵至,公同讨论,仲和后至,谈至五时顷而散。写本日日记。

通信:周子廙来书,复。周少朴来书,附件。

十二月十九日(1月19日)　早起。未及浴而朱季淇、蒋履尊来谈,客去乃浴。华四一度。曼仙送来《铜官感旧图题咏册》石印本一部,即复一缄。二时顷到部,以防疫事约外部派员来预会,草定《卫生会章程》数条,又议设临时病院一所,四时半散。舒宾如以六时招饮德昌饭店,先与逵臣、叙五往为球戏,途遇仲和,与俱。未终局而主人至,六时半入坐,八时半散归。写本日日记,又补写日记两页。

通信:章曼仙来书,即复。

十二月二十日(1月20日) 早起。冷水浴。本日民政部公宴本部议员及特派员,并约丞参、司长、厅丞等来会。十二时往,邸及林侍郎先后到,十二时半入座,二时顷宴毕。得周子廙自外部来电,言"协和医院报称昨日来一病人,今晨死,验其血,含有ペスト菌,乞速布置"云云。随白两厅丞,急遣医官到该院检查,设法防护。少选,施植之右丞来部报告此事,并促本部严密注意,三时顷散归。写本日日记,又补写一页。

十二月二十一日(1月21日) 早起。冷水浴。电询总厅,昨协和医院死者查系ペスト菌毒所致,此人为崇文门外三星栈服役,本月初旬该栈旅客有来自奉天者,疫发身故。随栈内有三人传染,一人移至某炭厂,于十七日死;一人移至某处,于十九日死;此人于十八日病,十九日诣协和,昨日遂死也。晚间肃邸为仲和饯别,邀润生及余作陪,六时顷往会,润田亦来。本日有旨"以鼠疫流行,交外务、民政、邮传三部会商防疫",余因白邸宜具折请款,并宜与外、邮会奏。润田言植之于今日已注射血清,余亟欲询其从来,因属润田函致植之,余复自作一书与之,九时顷散归。得详周及师诲书各一件,又电属师诲拟请款折。

十二月二十二日(1月22日) 早起。朱季箴来谈。译馆丙级学生柴振权△△以毕业得奖分部来见。智吉来谈。十一时顷诣施植之,问槎时在坐,植之处并无血清,渠昨在协和医院注射耳。因属与协和一商,定期往受注射。旋与植之、问槎共诣肃邸,谈片刻,植之往协和为余请注射事,余往内城总厅,属将连日筹办防疫情形开具简明清单送邸,并属转告外厅照办。旋往外部,阅连日来往电报关于ペスト问题者。植之来云已与协和商妥,书一刺与余,属即前往。因持刺诣协和,门者拒不为通,乃往访智吉,商他法,智吉允为转觅此药。旋即回寓。叙斋贝子以今晚为仲和饯别,邀季兴、润田、伯屏及余作陪,六时顷前往。饭罢为玉突之戏,至一时顷而散。请款折外部允会奏,因函致师诲,属将拟稿酌改。

十二月二十三日(1月23日) 早七时起。以得赏入内谢恩,雨雪,露立良久,姑随班诣长春宫。行礼毕,误出隆宗门,觅归途不得,彷徨久之,始绕道而东。到宪政馆,馆议对于《新刑律》决定会奏总则、单奏分则,将于明日同时呈递。分则由绶金就股员会《修正案》及原案斟酌取舍,昨已定稿,余索阅,复采用股员会《修正案》数条,绶金亦首肯,议遂定。午后三时到部,因防疫事约四时与外、邮两部会议,董祥周、朱师诲以奏稿见示,余因其未合会奏口气,另行属草。邮部梁燕生、李又山,外部周子廙、施植之先后来会,示以奏稿,各无异议,旋散。余回宪政馆与叔伊、绶金校读《新刑律折(单)》,复修改若干处,九时顷回寓。以防疫事拟堂谕两道:一、分配医务,二、检查捕获之鼠。肃邸送来日使函一件,以保定现有鼠疫,请部中保卫旅保日人,因拟电与天津巡警道及保定守各一件。

十二月二十四日(1月24日) 早起。冷水浴。译馆丙级生田树藩以毕业来见。写廿一日至昨日日记,又补写一页。写春联一幅。饭后智吉来谈,与当面约定四时赴外务部实行注射。届时智吉来,同到外部,植之出Vaccin① 一瓶,注射者凡三人,余及李季高、胡馨吾也。事毕又与紫东尚书等商论雇聘洋医事,并阅外部与直督等往返电文,旋即回寓。注射处微觉胀痛。与家人手谈消遣。晚饭后即就寝,夜中稍稍发冷及热,旋安眠,殊不觉苦。

通信:(来)四妹、姚玉孙。

十二月二十五日(1月25日) 早起。译馆毕业生孙百璋及赵渭舫来,均未见。陆彤士以宪政筹备处折稿来商,为修改数语付之。饭后三时顷智吉来谈,以防疫事务豪无要领,请设法整顿,余亦无良策,旋往民部与延右丞及两厅丞一商。四时顷,外、邮两部派员来会议,将会奏折稿付施右丞持去,余与两厅丞及朱师诲、王少泉商酌设立临时防疫事物局,仿照日本《大阪临时ペスト豫防事务局官制》草

---

① ①Vaccin:鼠疫疫苗,英文全称为"PlagueVaccine"。

拟章程十九条,六时顷脱稿。与两厅丞及朱、王两君赴肃王府商榷此事,增加一条,凡二十条。邸批于十七日具奏,谈一时许散归。写昨日及本日日记。

昨夜十一时顷,外厅得警报,棉花八条胡同居民郭宅内同日死病疫者二人,即三星栈伙三人内一人(单守先)之父(单太和)若母(单郭氏)也。传染之迹显然可寻,非加意豫防,流毒将不可胜言矣。

十二月二十六日(1 月 26 日) 早起。两厅丞来谈,以《奏请设防疫局折稿》及《组织卫生会片稿》见示,余为酌加修正,并将防疫局员薪水等级商定一单,留两君饭。饭后到部,将折片各稿呈邸堂阅定,又覆改宪政筹备处奏陈次年筹备事宜办法折稿,均定于明日具奏。散后到外务部,晤润田,略谈本部请设防疫局计划及二条胡同捉赌案之交涉事件,旋即回寓。润田书来索债二百金,因以书往李福孙处索债,得四十圆。

十二月二十七日(1 月 27 日) 早起。傅君汝勤、王君若宜来谈,傅君以厅丞命赴保定调查ペスト传染情形,昨夕回京,故来报告一切也。未刻到宪政馆,礼部具奏以为法律与礼教相为表里,修订法律大臣宜与礼学馆相接洽。嗣后《民律》草成,须与礼部会奏。本馆又拟奏饬劳玉初赴任,请俟明年核覆《民律》时饬该员来京参预,不禁为法典前途惧。四时顷回寓,李一琹来谈。

十二月二十八日(1 月 28 日) 早起。连日因注射血清,停止沐浴,今日创孔已平,行热水浴,浴毕沃以冷水。得祥周书,防疫局本日开办,属午后一时前往。午刻诣肃邸,商酌任用局员事,会问槎亦来,共谈一时许。与问槎同诣防疫局,与局长、副局长商定科长各员名单,旋即回寓。子函为余购日记册子一本。夜间与家人手谈。

十二月二十九日(1 月 29 日) 早起。冷水浴。朱君惟清来谈。补写日记数页。天雨雪。居官数年,受禄逾万,世故日深,良心日薄,德之不修,名之不立,块然拥此七尺,食粟而已,宁不可耻?午后智吉来谈,函致王、董两局长,为李福生说项。陆闰生冒雪枉顾,留共手谈,还润田百金。晚间与家人掷新升官图一局。晚饭后外姑、蓉阁夫妇、子函夫妇同来,为博士之戏,余至四时顷而睡。

人名录:

周少朴　有信　三〇

丁衡甫　有信　三〇

潘仲年　有信　四〇

宣统三年辛亥(1911)

正月初一日(1月30日) 午前十一时始起,大雪弥漫,平地积尺许。冷水浴。饭后与家人为博士之戏,至十时半乃已。

正月初二日(1月31日) 早起。冷水浴。部中团拜,十二时顷前往,邸堂及左右侍郎均未来。二时顷散归,到东邻为骨牌之戏,夜深始回。

正月初三日(2月1日) 早起。冷水浴。蔚若、紫东、和甫招饮蔚若寓斋,并设局戏。十一时顷前往,流连至夜间十一时而回。

正月初四日(2月2日) 早起。冷水浴。饭后与家人为博士之戏。

正月初五日(2月3日) 早起。冷水浴。伯齐、渭舫来谈,留之食面,本日环生百露也。饭后与家人为博士之戏。

正月初六日(2月4日) 早起。冷水浴。到北京饭店访李一琴,谈片刻。旋往宪政馆。饭后到部,三时顷陪邸堂同到防疫事务局一观,与董副局长等商议清洁街巷及筹建帝国医院问题,五时顷散归。五妹、六妹均来寓,留为手谈,晚间又共为博士之戏。晚饭后遣车送归,又与家人接续前局,夜深始已。

正月初七日(2月5日) 早起。冷水浴。本日苏府同乡京官在长元吴馆团拜,余以未刻前往。饭罢与邃青、荫之、伯荃同到裕源,旋同往荫之寓所;君善、寿丞先后来,共为博士之戏,至十一时顷散归。

正月初八日(2月6日) 早起。冷水浴。寿丞、邃青、荫之招饮沙锅琉璃胡同张紫东寓斋,午刻往赴,顺道拜客两家,在紫东寓流连至夜深而回。

正月初九日(2月7日) 早起。冷水浴。饭后诣肃邸,剧谈,抵暮而回。

正月初十日(2月8日) 早起。冷水浴。萧智吉来,以六弟妇头痛、咳嗽诊视一过,系属伤风。拟邸堂手谕两道。饭后到部,与逵臣商酌,函送邸堂。旋以伯齐招饮往赴,顺道拜钱幹臣,未遇。在伯齐处谈两时许,未及入席,往刘荫之家为博士之戏,夜深始回。

正月十一日(2月9日) 早起。冷水浴。写初八日至昨日日记。

正月十二日(2月10日) 早起。冷水浴。午刻为君度饯行,并请少麒、渭舫、子函、蓉阁作陪。晚间子函、蓉阁招饮其寓,与子函、六弟象棋数局。

正月十三日(2月11日) 早起。冷水浴。大兄携伏侄、酉儿由汉口快车来京。

正月十四日(2月12日) 早起。冷水浴。王伯荃诸君招饮潘轶仲寓斋,午前往赴,夜深始回。

正月十五日(2月13日) 早起。冷水浴。夜间丁问槎来谈。

正月十六日(2月14日) 早起。冷水浴。饭后到部开卫生会第一次,余发问题如下:甲、传染病豫防法问题:一、法律上应认为传染病者当有几种,二、豫防经费应由何处负担。乙、普通卫生问题:一、修浚沟渠筹款方法,二、学堂、工厂卫生行政如何由主管衙门与本部联络办理。午后三时顷开议,将各种问题大略解决,抵暮而散。与仲芗、祥周、公柔同诣肃邸,报告会议情形。八时顷散,以江隽侯招饮往赴,流连至十二时许而回。

正月十七日(2月15日) 早起。肃邸将以本日出永定门巡阅道路,并览新筑病室,昨夕约余同往。饭后赴外城总厅,闻邸已出城,因与仲芗、公柔同至永定门外下车。邸阅病室毕,自西来邀余同车入城,至天桥下车,伫立片刻,指示厅丞、佥事清洁事宜,旋各散。余即回寓，又行热水浴一次。晚饭后智吉来寓，为余施第二次注射，六弟亦愿受注射，遂各刺一针。事毕，仍与家人为博士之戏。至十一时许而睡，觉恶寒微热，馀无所苦。

正月十八日(2月16日) 早起。微觉不适，饭后与子侄辈放纸鸢，仿佛童时况味。五妹丈招饮，未赴。

正月十九日(2月17日) 早起。本日与君善、伯才、采南、隽侯诸君假轶仲寓斋公请同乡诸人。午前八时顷赴法律馆，同人已散，即往轶仲处酬酢竟日，夜深始回。大兄定明日早车赴津，今夜不复睡，在东邻为博士之戏，余往陪片刻，以倦归寝。

正月二十日(2月18日) 午刻始起。大兄赴津。饭后到部办事。四时顷回寓，与子涵到后院放纸鸢。早睡。

正月二十一日(2月19日) 早起。冷水浴。出城拜客数家，到刘荫之寓，以张采南太守招饮于此也，流连至十二时顷而回。

通信：七弟来书。

正月二十二日(2月20日) 未明即起。往西车场送元和相国南行，旋回寓略休息。到宪政馆，伯平出所抄胡肃堂侍御《论官制疏》见示，攻击宪馆不遗馀力。疏中指名纠参者李柳溪居首，荫午楼为殿，中间牵涉项城及张文达；目余与吴向之、章仲和为丙午馀孽，又谓杨皙子实行革命于政治之中；末称《新刑律》成而民乱于下，《新官制》成而官乱于上，其馀诞妄乖谬之语不可悉记。五时顷散，诣肃邸，长谈至八时顷而回。

正月二十三日(2月21日) 早起。冷水浴。到西车场送钱榦臣方伯赴陕。旋与伯平共诣陆闰生家小坐，又同往世相邸公祭相国夫人。十二时顷散，到宪政馆。饭后到部办事，四时顷散，仍往闰生家手谈，至十一时顷而回。

正月二十四日(2月22日) 早起。冷水浴。到宪政馆会议《内阁属官官制草案》，不得要领而散。饭后到部办事。五时顷回寓。

正月二十五日(2月23日) 早起。冷水浴。到修订法律馆。

午刻到宪政馆,与伯初论本年财政之情形。三时顷到部办事。四时半回寓,热水浴。

通信:唐、王、董公信一件。

正月二十六日(2月24日)　早起。冷水浴。写日记。昨夕四弟等买一龙鹞,正理线思放,适张星五及郑生鹏来谈,遂不及,偕客去。悉四弟与伏侄在资政院基地,往踪迹之,以风微不能放,少憩即归。饭后到宪政馆,旋得部中电话促往,即到部办事。四时许回寓,得吴震修书,云通州翟里庄疫病传染,死者数人,地方官殊不措意,属速为布置,因立作一书与两厅丞,并转一电与直督。

通信:蒋履尊一件,附《避病院设置标准》。与刘聚卿一件,附还《姑苏图》。石井勘次郎一件。吴震修一件。

正月二十七日(2月25日)　早起。冷水浴。到修订法律馆会议《民律草案》,迄百馀条。饭后到部办事,与逵臣酌拟堂谕一通。回寓晚饭后热水浴。

正月二十八日(2月26日)　早起。冷水浴。旧著《法言疏证》检稿缺《先知》一卷,嗣知彤士许有此残稿数卷,因即索还。本日送来,则《先知》在其中,亟补入稿本内,复加校勘,思付排印,以免散佚,理董竟日。

正月二十九日(2月27日)　早起。冷水浴。写信两件。宝、刘、达、李四公与哲子、闰生借农事试验场为劳玉初、王月庄饯行,并约同馆数人偕游。十一时顷余诣闰生家,与同车而往,登畅观楼最上层,徙倚半时许,又与闰生、伯英、哲子、稺甫、仲鲁在楼前草地竞走。在燕春园饭,哲子即席赋诗二章送劳提学,余和一章如左:

瑟瑟春寒袭锦裘,携尊同上最高楼。石渠已罢雕龙辨,金谷还思秉烛游。长祝寒花香晚节,共期沧海障横流。江南桃李峥嵘甚,沟舍青溪傲陆刘。

末句乃向之参议足成,仓促间无以易之。饭(步)[后]在场中散步,五时顷回城。访汪子健,方有博士之局,因即加入,至夜深而回。

通信:覆仲年及孙次青各一件。

正月三十日(2月28日) 早起。冷水浴。借东兴楼与向之、逵臣公饯劳玉初提学、王月庄、王仁安两观察,仁安未来。二时顷席散,到宪政馆小憩。旋与逵臣同到部。以京汉汽车检疫问题,邸令往外务部接洽一切,随即往谒邹尚书、曹侍郎,商同外部发一电致新加坡领事,促林大庆来京。旋将询明各节函达肃邸,回寓。润田如夫人来寓,晚间润田亦来,留之啖鸡牛料理。约闰生来共谈,至夜深而散。

通信:于实秋一件,仝公一件。

二月初一日(3月1日) 早起。热水浴。覆于实秋信一件。十一时到部,与邮部派员会议车站检疫事宜,大要如下:一、车中检验归邮部担任,遇有患者随时置空车隔离;二、下车检验归民政部担任,车届将至京,在前一站停候检验,验毕放行;三、京汉北段保定上下车俱验,定州停止载客。一时顷肃邸到署,以所议呈阅批准,交邮部派员龙君建章回报该部长官。二时许,以庆邸嫁女往贺,旋又到乾宅绍侍郎家贺喜,略一周旋即回。邵厚夫来谈。放风筝。早睡。

二月初二日(3月2日) 早起。冷水浴。饭后到部办事。四时半到宪政馆,五时许散。籍亮侪招饮宗显堂,便道视五妹,并晤少麒。至暮赴籍君之招,同坐有本院议员。散后与闰生同车回,至东单牌楼易车回寓。

二月初三日(3月3日) 早起。冷水浴。将《法言疏证》付手民排印,议价每页二圆四角五分,约二百页,印二百部。吕寿生来谈。饭后令诸儿及兆弟、樟侄各讲《国文读本》一段,酉生为最,樟侄次之。到部办事,散后诣肃邸长谈,至暮而回。

二月初四日(3月4日) 早起。冷水浴。到修订法律馆会议《民律案》,旋校勘《刑律》黄册,尽分则第九章。饭后到部,议设一法案调查会,豫备本年提出于资政院之议案。以留学毕业分部各员充编纂之任,即以试验其学识,甄择擢用。属尚之、介伯拟一说帖。五时许回寓,子函请食鸡牛料理。

二月初五日(3月5日)　早起。冷水浴。检点钱硕人为余撰《法言疏证》叙稿，删节数处。夏生道焕来见。与四弟往工程处放鹞子，风不定不能上，略憩而回。饭后访荫之，流连至夜深而散。

二月初六日(3月6日)　早起。冷水浴。阅吴向之《改土归流说帖》。饭后到部，寿生以所拟《请改土归流折稿》见示，余因取向之《说帖》内所叙沿革增入折稿，略加点窜，口授寿生更成一稿，颇为详赡。四时顷散，到宪政编查馆，月华贝勒及那、徐二相均在坐，旋各匆匆去。余与伯屏同车赴陆闰生家，闰生之子弥月，为汤饼之宴，聚曲友及旧伶唱昆曲，余虽不解音律，而听之忘倦，十一时顷回寓。

二月初七日(3月7日)　早起。冷水浴。周君学熙、马君莽以自来水公司有请求本部保护之事来谈，出所拟条陈一扣见示，并约本日诣民部会议一切。饭后到部，二君已先在，以条陈呈邸，又与两厅丞接洽，粗有定议而散。余以《改土归流折稿》呈邸堂阅定，交司缮写，定十二日呈递。四时许回寓。集成图书公司送来《法言疏证》样本一纸，校迄送还。张执中约在六国饭店晚饭，七时顷与四弟同往，赵竹垣亦改作主人，坐客有叙斋贝子、程绍唐兄弟、曹润田及德人喀佑斯。饭罢，观贝子打球，至十二时顷而回。

二月初八日(3月8日)　早起。冷水浴。饭后到钱粮胡同吊良赉臣夫人之丧，顺道到官医院(临时防疫局)一观，以显微镜观百斯笃菌。旋拜客一家，到部办事，四时顷散归。

二月初九日(3月9日)　早起。冷水浴。到修订法律馆续校《大清刑律》黄册，迄第二十三章。饭后到部办事，衙散往新开路吊荣月帆夫人之丧。旋即回寓。赵竹垣在资政院工程处，邀往一谈，与竹垣散步场内，抵暮而返。

二月初十日(3月10日)　早起。冷水浴。天微雪。顾枚良约午刻饮江苏馆，余以十二时往，阒无一人，候良久而主人始至。初拟小坐，即到署，旋以天雪兼为时已晚，遂不果。席散后到京津时报馆访李兴，谈至日暮。往太升堂应周君学熙、马君莽之招，未终席而回。

二月十一日(3月11日) 早起。冷水浴。到宪政编查馆会议各部《官制通则草案》,聚讼半日,不得要领。至三时顷,余先散到部,阅明日应递各折。四时顷回寓,约采南、寿人、君善、荫之、子健、枚良、伯崇在寓晚饭,隽侯未来,夜深始散。

二月十二日(3月12日) 晏起。秀英生日,午刻食面。政学会开会,约午后三时。余以二时许往赴,阒其无人,因留一书而出访荫之,流连至十二时,与四弟同车而回。

二月十三日(3月13日) 晏起。饭后到西堂子胡同祝吴炯斋母夫人之寿,旋到部办事,五时顷散归。伯平来谈。

二月十四日(3月14日) 早起。冷水浴。到修订法律馆续校《刑律》黄册,全部告竣。十二时许诣伯平家午饭,饭后与同往朗贝勒邸,贺其嫁女之喜,旋即回寓。润田来谈,述叙斋贝子邀往有事面商,因与同车往,以编纂《宪法》问题有所咨询,谈至八时顷而回。晚饭后补写初六日以后日记。

二月十五日(3月15日) 早起。冷水浴。到宪政馆,阒其无人,惟遇寿生。午刻到部办事,去腊警政司奏催设江宁巡警道,余初不知,比江督电询可否缓设,警司具稿送核,余主归苏州巡警道办理,改该道为江苏巡警道,无庸分设,拟一电覆之。五时顷散归,七时顷与四弟同请叙斋贝子及赵竹垣等饭六国饭店,余兄弟往,贝子已先在。饭后打球,至夜深而散。

二月十六日(3月16日) 早起。冷水浴。以官制会议到宪政馆。余意颇有异同,与哲子龃龉,争论甚激,殊无谓也。三时顷徐相来馆,闲谈一时许而去。

二月十七日(3月17日) 早起。冷水浴。金伯屏、雷季兴先后来谈,同留饭。饭后客去,余到部办事,四时许散归。七时顷以小田切万寿之助、实相寺贞吉两君招饮,赴正金别墅。首坐为叙斋贝子,倭伎数人歌舞侑酒。宴罢,主人出纸索书,余为写《浩浩太平洋》及《陶然亭》各一首,十二时始归。

二月十八日(3月18日) 早起。冷水浴。两厅丞招饮德昌饭店,坐有日本人铃木君等数名及西人孔抹克君,并外、邮部员。二时顷席散,肃邸来谈片刻,言明本日不到署,因即回寓。五时许以顾枚良招饮长吴馆往赴,流连竟夕,近曙始回。

二月十九日(3月19日) 晏起。午后写小楷两开。资政院秘书厅诸君公宴两总裁,邀余奉陪(六国饭店)。七时许余诣伦贝子,经金鱼胡同,值市场剧园方散,道梗不得通,绕道而往。时伯屏方在,共谈片刻,同赴饭店,十时许席散。贝子方欲与客打球,余不能待,先散回寓,即睡。

二月二十日(3月20日) 早起。冷水浴。十时顷到宪政馆,张憩伯条陈官制,奉旨"交馆知道"。阅之,所称多与现制不合,通政司久裁而折内请以通政司隶邮部,理藩院久已改部,而折内请改院为部,殊为怪诧。华璧臣来馆,出本日上谕,派陈侍郎邦瑞、李侍郎家驹及余协同纂拟《宪法》。自维浅薄,何敢当此重任,用逾其量,不胜懔懔。饭后到部,邸闻余奉命草宪,属谨慎秘密,余谨受教。三时顷以理藩部有知会请往,往赴则因《边属审判章程》有须核议之处,故邀各咨议官与议也。余详细校阅,签改十馀处。文伯英、殷楫臣均以为然,即付司照缮。见寿尚书及达、恩两侍郎,谈藩事良久。五时许回寓。

二月二十一日(3月21日) 早起。冷水浴。王月庄来谈。雨雪。邸电约往福全馆便饭,与子涵同往,谈两时许而散。余诣叙斋贝子,时柳溪在坐,略谈纂拟《宪法》之豫备,贝子约晚间到府再谈。四时顷诣月华贝勒,谈枢府近状及言路攻击新政之气势。傍晚以李孟鲁舍人招饮往赴,客有郑苏盦年丈,阔别十馀年(辛丑年见于武昌),气概犹昔,惟略苍老耳。八时顷先散,重诣叙斋贝子,坐有季兴、庸生、伯屏,贝子谋集同志设一俱乐部,隐为组织政党之豫备,记录同志姓名数十人,约他日再商集合之法。季兴、庸生先散,余观贝子与伯屏打球,至十二时顷而回。

通信:接父大人书。

二月二十二日(3月22日)　早起。冷水浴。诣隐坪上公,未见。访蒋智由君,谈片刻。到宪政馆,知本日有旨以伦贝子补农工商部尚书,令沈敦老回法部左侍郎任,而以世相及柳溪充资政院正、副总裁,以刘仲鲁充法律大臣,殊出意外。饭后诣叙斋贝子致贺,今而后喜可知也。旋回寓。

二月二十三日(3月23日)　早起。冷水浴。到修订法律馆校刊本《刑律》写底。饭后诣刘仲鲁致贺,不值。到部办事。四时顷诣徐相,未见,旋诣肃邸,遇李木斋及乐亭主人于座,长谈二小时。旋诣那相,未见。访柳溪,亦不值,遂回。

二月二十四日(3月24日)　早起。冷水浴。午前到宪政馆,见刘幼云攻击《新刑律》疏。本日有旨以林赞虞调署学部右侍,而以李季高经迈署民部右侍。与逵臣同到部办事,早散。三时顷回寓。

通信:董恂士电。赵渭舫。

二月二十五日(3月25日)　早起。冷水浴。本日新派法律大臣刘仲鲁少卿到任,余衣冠赴馆谒见。草《进呈刑律黄册折稿》,付绶金。饭后出宣武门拜客数家,均不值,遂到裕源银号访刘荫之。闲谈至三时半,与荫之同车到东馆,赴子健约,候良久而主人始至,流连至一时许而回。

二月二十六日(3月26日)　早起。冷水浴。午后王勤斋治馨来谈,李木斋新得山西臬司,本日招饮其寓,六时许往赴,兼致贺。九时许席散回寓。

二月二十七日(3月27日)　早起。冷水浴。寄父大人书,本日大人生辰,午刻食面。李侍郎到任,衣冠赴署谒见。散后诣林侍郎,贺调署学部之喜,未见。又往溥仲鲁家投刺而回。《内阁暂行官制》设总理大臣一人、协理大臣一人或二人,余于肃邸前力陈其非。本日为代作一说帖,说明此制之流弊,函送肃府,肃府未知其能否力争也。

二月二十八日(3月28日) 早起。十时许诣柳溪,时晦若侍郎在座,方奕,余旁观终局。晦老去,余与柳溪略谈纂拟《宪法》事。旋以曹君直嫁女往贺。到宪政馆小憩而返。隐坪上公招饮邸第,七时顷往赴,座有叙斋贝子、瑶圃、柳溪两侍郎,商酌纂拟《宪法》开办各事,至十一时顷而散。

通信:仲年来电。

二月二十九日(3月29日) 早起。冷水浴。雨,旋加雪。

自定日课(从明日始):

午前七时起,冷水浴。单日写日记,双日写信。

午后十时睡(有不得已之酬酢时不在此限)。

午后二时许,以庆邸常诞冒雨往祝,旋往刘荫之家,为婪尾之会,至十二时顷先散回寓。

三月初一日(3月30日) 早起。冷水浴。为刘伯刚封翁七十生辰写寿屏八幅,竟日未出。五时顷智吉来视茂儿臂痈,与同往议院基地散步,在工程处小憩,抵暮而回。晚刻润田来谈,留饭,商酌寿屏款字,谈至九时许而去。

通信:二伯父来书。

三月初二日(3月31日) 早起。冷水浴。续写寿屏四幅,有脱误两处,遣李忠持往荣宝斋修补。智吉来为茂儿治臂痈,奏刀一割,出脓血杯许。灯下修改去年在资政院报告审查《刑律草案》演说速记二十馀页。

通信:曼仙来书。

三月初三日(4月1日) 早起。冷水浴。写日记。谒叙斋贝子,尚高卧未起。访陈瑶圃侍郎,入谈片刻,旋诣聚丰堂,祝刘伯刚封翁及太夫人双寿,略坐即出。诣肃邸,亦高卧未起,遂访韩晋卿兄弟,晤萃清,谈片刻,到部办事。余近以宪政馆办事棘手,每有献替,多不见纳,而论者或疑余等把持一切,枉道取容,交相攻击。余久有去志,苦未得间,比奉诏编纂《宪法》,两邸意亦不愿余兼此差。本日因具呈辞职,以部务殷繁为词,并函致四提调,请于枢堂前善为我辞。五时许回寓。

三月初四日(4月2日) 早起。冷水浴。陈瑶圃侍郎来谈。四叔父常诞,午刻食面。一时许以政学会开会往赴,顺道访季兴,不值。过琉璃厂书肆,购《定庵文集》一部及小说数种。遂赴会,会场在八角琉璃井,同人陆续到者近二十人,议联名请开临时会。余心知无效,亦不欲公然反对,讨论再三,苦于无适当题目。寻议决,由汪勉斋、孟庸生、陈绶珊三君草请愿书,俟脱稿后再议。五时许散,余即回寓。晚饭后阅新小说《女界现形记》一种。

三月初五日(4月3日) 早起。冷水浴。刘伯崇太史约巳刻饭东兴楼,饭罢拜客两处。到部办事,四时顷散。诣肃邸长谈,遇乐亭主人及宗室恒君钧于座。七时顷与乐亭同到福全馆饭,至九时许而回。

三月初六日(4月4日) 午前三时许,卣觉作动,唤余醒,余急起,电招斋藤产婆,并唤仆媪伺候,移卧秀英室。有顷,斋藤来,余转辗不成寐,旋闻"呱呱"一声,询知得一女,甚喜。披衣起视,婴儿骨格甚大,惟颇瘦耳。时正五钟,旋复睡至九钟许始起。覆仲和信,未终。到法律馆,本日馆中休假一日,到者寥寥,余校阅《刑律》刊本写底一卷。午后以郁周贝子生辰往祝,听戏两出,旋即回寓。续写仲和信,付邮。晚间胡伯平约到润田处夜谈,余不愿远出,约共诣闰生许。晚饭后驾小车往,则主人方宴六国饭店未归。独坐听事,取架上《全唐诗》阅之,尽一套,主人回。又顷伯平始至,谈至十一时半而散。

通信:章仲和。

三月初七日(4月5日) 早起。冷水浴。写信五件,写日记。叶清伊由日本还京,送来书两部。

通信:父大人、四妹、钱友夔、于实秋、劳玉初。

三月初八日(4月6日) 早起。冷水浴。雨。清伊来长谈,询悉东游求医数月，喘病略减。本日酉刻与闰生假坐石桥别业请偶豕[①]、乐亭、苏盦、木斋、佀崑、补塘、伯屏、润田诸君，润田辞。四时顷胡伯平来谈，旋与同车往别业，即留之陪客，苏盦辞，馀人陆续到，至十时许而散。

三月初九日(4月7日)　早起。冷水浴。五妹来寓。饭后到部办事，吕寿生自宪政馆来，述宝瑞臣语，辞职事已白枢堂，属为挽留并将原呈送还。五时顷回寓，七时许以李琴峰、徐惺初招饮福全馆往赴，坐有熊秉三、李木斋、杨皙子、林小项诸君。九时许席散回寓。

三月初十日(4月8日)　早起。冷水浴。雨。写定《法言疏证》叙录，又欲为卷首题字，终不惬。傍晚诣东邻，为手谈。晚饭后回寓，伏侄自学堂回。

三月十一日(4月9日)　早起。冷水浴。诣叙斋贝子，略谈更调之原因及政界之形势。未刻回寓，二伯父自镇江来京，详谈别后各事。赵渭舫来谈，云将之安庆，就彼处法政学堂德文教席，借川资三十金而去。钱硕人来谈。

三月十二日(4月10日)　早起。冷水浴。杨戟门来谈。补写日记。二伯母黄夫人及二嫂潘孺人常诞，食面。午刻到部办事，四时许回寓。闻广州副都统兼署将军孚琦被刺。

通信：黄京士，即覆。寄曼仙。

三月十三日(4月11日)　早起。冷水浴。到修订法律馆，不见一人，迄午刻而散。诣润田，张凤辉在坐，旋四弟亦以工程事来谈，留饭。饭后余即回寓。本日皇太后移跸西苑。

三月十四日(4月12日)　早起。冷水浴。二伯父定以本月二十五日借源丰堂为先祖父设奠，领帖，连日钩稽亲友住址单，预备发讣。余亦分书讣闻，签条竟日。

---

① 肃亲王耆善号偶遂亭主人，此处用“遂”之古字。

三月十五日(4月13日) 早起。冷水浴。分书讣闻签条。天雨。未刻到署,以董祥周嫁妹、诚玉如嫁女往贺,便道拜客数家而回。

三月十六日(4月14日) 早起。冷水浴。柳溪来谈。饭后到部。旋以联仲宜家喜事往贺,就便拜客,到伯平处闲谈良久。六时顷与同车访良赉臣统制,比至则已迁居近边,往踪迹之,乃与廉惠卿泉同居。谈片刻,无意中遇孙叔方揆均于坐,南菁同学,不见者十馀年矣。旋与伯平同到福全馆应金季骢骐招饮,九时许席散回寓。

三月十七日(4月15日) 早起。热水浴。十时许诣柳溪,旋共谒叙斋贝子,遇润田。纂拟《宪法》初拟就文华殿办事,现已议定改就武英殿,正收拾房屋,事竣即可开办云。留饭,饭后回寓。略憩即到部办事,草《诰诫各报馆书》一件,六时许散归。

三月十八日(4月16日) 早起。冷水浴。大风。晴。江苏同乡公祭先贤,午刻初行礼,余往预。礼毕,饭,天又雨,就便拜客数家而回。阅《文选》诗一卷。改旧诗一首:

瑟瑟春寒袭锦裘,携尊同上最高楼。石渠已罢雕龙辨,金谷聊为秉烛游。共向[1]青冥凌倒景,谁从沧海障横流。安车行召申公入,前席横经礼数优[2]。

三月十九日(4月17日) 早起。刘性渊国彦来谈。本部奏报《筹办成绩折稿》,由筹备处拟就,为加点窜数处。严子猷姻丈及张凤辉来谈。补写日记。饭后到部,阅本日有廷寄交本部,已由机要科持送肃邸,未知何事。余与小彭、逵臣、聚五候良久,使者持还,启视则有人奏京师匪徒充斥,胪举姓名十余人,请严密查办,奉旨"交民政部、步军统领及顺天府查拿"也。旋与聚五诣溥学士善家,贺其嫁女之喜。又以奎乐峰宫正七十赐寿往祝,遇木斋、廉访,谈及比日外交

---

① "向"字右侧又书"倚"字。

② 末句原为"白首横经傲列侯",后删去。

消息颇恶,驻日汪伯棠侍郎匆匆回京,必有秘密报告云。六时顷以俞侍郎、刘少卿招饮石桥别业往赴,席散,思诣润田一探消息,数遣人往询,还言未归,乃诣伯屏处小憩。旋回,途遇润田,下车立谈片刻,云尚无何等紧信。

三月二十日(4月18日) 早起。冷水浴。饭后到部,昨日奉旨查拿人犯,已由两厅及提督分别逮捕。按照新章应交检查厅起诉,肃邸立于廿三日覆奏,旋探知提署明日即行具奏,亟传知警政司迅速具稿,以便同时呈递。

三月二十一日(4月19日) 早起。冷水浴。大风。为肃邸代覆马湘伯良信一件。饭后到部办事,旋诣肃王府,谈一时许,邸述及《阁制》行将发表,并略谈组织之概要。六时顷回寓。马车后轮上铁弓折坏,非修理不能用。

三月二十二日(4月20日) 早起。冷水浴。陆凤老、何少圻闻二伯父来京见访,适伯父出城拜客,由余陪谈,留少圻午饭。二时许到部,本日有旨以赵次山移督东三省,允锡清弼开缺。部中以筹设中央医院事由卫生司拟具章程,通知各衙门遣员会议。余与逵臣预会,阅章程,多未妥之处,讨论再三,公推龙伯扬、王君九、江铁云、游星伯、蒋醴尊五君为审查委员,另行起草。五时许散会回寓,周子廙约二十四日晚饭,以书往辞。

三月二十三日(4月21日) 早起。冷水浴。邹子东、凤永叔、雷季兴先后来谈,留季兴同饭。增订《法言疏证·重黎》卷。胡伯平电约晚饭,七时顷往赴,坐有润生、伯屏,谈至十时顷而回。

通信:柳溪来信。

三月二十四日(4月22日) 早起。冷水浴。增订《法言疏证·重黎》卷数条,竟日伏案。自"或问持满"以下至篇末。大兄自天津来京,宿源丰堂,部署一切。

三月二十五日(4月23日) 早六时起。本日为先祖父在堂子胡同源丰堂开吊,六时半与二伯父同车往,拜跪竟日,来吊者三百馀人。二伯父以劳顿太过,微觉发热。晚饭后以马车送伯父及伏侄先归。大兄及四弟留检赙礼,余与六弟步行回,至石大人胡同遇马车来迎,乘之而返。

通信:父大人来信。

三月二十六日(4月24日) 早起。冷水浴。大兄在长寿卿家,送去信一件。陈颂平自日本回,午前见访,留之作竟日谈。饭后同往议院基地一游,在工程处休憩良久而回。端匋斋来谈。

通信:上大人。

三月二十七日(4月25日) 早起。冷水浴。大风。补写日记。饭后到部,奉天万国防疫研究会各国所派医员赴会,事毕将来京一游,本部当豫备招待,以尽地主之谊。肃邸属赴外务部接洽一切,因往谒润田,商定招待各节。旋回寓,分别函致两厅丞及肃邸,报告种种。晚饭后与子函象棋三局。

付永明人寿保险公司第五回保险费,公砝平足三百六十六两五钱,每公砝足一两,合京足一两〇二分五厘,共京平足银三百七十六两四钱。

三月二十八日(4月26日) 早起。冷水浴。自东北城到西城拜客二十馀家,在胡伯平处饭,遇钱念慈于坐。饭后拜客数家。到法律馆,阒其无人,良久始遇书衡,询知馆中自刘少卿接任后改以午后办事,往往至四五时始集,故午、未之间无人也。得部中电话,云有要事促往,因即赴部,便道拜客数家,比至则警政司有一折稿相商,同为斟酌,定稿付还。四时顷散,拜客数家,回寓。李一琹、叶清伊先后来谈,留清伊晚饭,与象棋一局。

三月二十九日(4月27日) 早起。冷水浴。校《法言疏证》印本,尽第四卷。吴斯千燕厦来谈,饭后拜客数家。到部办事,散后又拜客数家而回。隆裕皇太后赏暑药一包,如去年例。

通信:父大人来信。

三月三十日(4月28日) 早起。以得赏暑药诣西苑谢恩,在苑门外直庐候两时许始入，又候良久乃诣海燕楼，阶下行礼，事迄回寓已十时矣。饭后四时顷，与子函、寰甫同到琉璃厂荣宝斋购文具数事，旋到青云阁啜茗，约季兴来谈，遇陆彤士、李缉庵，日暮回寓。

四月初一日(4月29日) 早起。冷水浴。闻润田在工程处，因往一谈，邀来共饭。伯屏来谈。饭后到部，肃邸手书顾瑗、黎宗岳、叶崇榘三名，属具折请旨勒令回籍。三人中惟顾以承揽香厂辟建市场事有干求情节，尚可着笔，馀二人皆无事实。余因固请三人皆系职官，欲令回籍，非先请革职不可，欲请革职，非条列真实劣迹不可，若含糊其辞，致人于罪，非立宪时代所宜有。邸顾谓李季皋侍郎云："但请解任，毋庸革职。"侍郎言："曩年蔡和甫以四品京堂驱逐回籍，亦未革职。"余知不可争，即为具稿。衙散后亲诣肃府交卷，邸言："顷在部未便明言，彼叶君者开罪某贝勒久矣，君何戆也。"余谓："幸顷间未定，若明言之，则仰要人之鼻息，加人以罚，宁辞职不能为也。"旋谈他事，会有他客至即散归。

四月初二日(4月30日) 早起。冷水浴。季兴来谈。宪政馆统计局诸君公饯沈侣崑于农事试验场，余叨陪，十时许往，流连竟日，六时许回。到石桥别业，作主人，招孙赤方等南菁旧同学九人，到者四人耳(君直、彤士、楙堂、徵明)。因捉伯平、润田共饭，饭罢共为诗钟，余得句如左("里"、"当"，第二字)：

万里远征提剑去，两当酣战凯歌回。

四月初三日(5月1日) 早起。冷水浴。季兴电询："闻本日民政部逮捕多人，究竟有无其事？"告以系属谣传，大约因本日奏请将顾瑗等三人解任勒令回籍，致生误会耳。饭后拜客数家。到部办事，本日有旨，令顾瑗、黎宗岳、叶崇榘解任回籍，交地方官严加管束。四时顷散，接续拜客。六时顷以恩咏春、张仲嘉招饮福全馆往赴，未终席而散。各国派赴防疫研究会会员昨日由奉天来京，本日戌刻外务部宴诸新署，余叨陪。七时许往，中外宾客男女五十馀人，饭罢为茶会，来者三百馀人，有舞蹈，余旁观久之，十一时顷回寓。

四月初四日(5月2日)　早起。热水浴。补写日记。

四月初五日(5月3日)　早起。冷水浴。本部堂官以本日午刻假农事试验场宴各国研究防疫会员,余叨陪。十时顷往赴,便道拜客八九处,十一时许到场,来者方数人。各国会员均已往颐和园瞻仰,须游毕乃来。候至二时顷,众宾始集,乌侍郎未到,宾主凡七十人。席间肃邸演述欢迎之意,宾答词如礼,尽欢而罢。三时许散,到修订法律馆会议《民律案》若干条,闻诸仲老"《阁制》及《弼德院官制奏稿》已具,明日必奏"云。日暮回寓。

四月初六日(5月4日)　早起。冷水浴。《阁制》于本日具奏,计当有旨颁布。十时顷诣闰生许听信,闲话片刻,闰生往宪政馆探询,余遣李忠随往,有信即还报而自回寓。有顷,忠还云本日未发表。饭后到部办事,四时顷回,在东邻手谈。子函言闻诸韩晋卿,今日有廷寄到陆军部,逮捕杨皙子,云因粤事牵连,将处以监禁之刑。予因疑其妄,而晋卿方官陆军部,所言当必有据,殊大骇异。急以电话四处探听,或云未闻,或云闻之而不得其详。迄晚饭后无确信,最后得伯平覆电,云顷遣人往皙子家探询,则皙子方以同乡团拜,在湖广馆听戏未归也。甚矣,京师谣言之多也。

四月初七日(5月5日)　早起。冷水浴。谭组庵同年来谈。

四月初八日(5月6日)　早起。冷水浴。五、六妹来寓。张凤辉来长谈。二时顷到部办事,三时顷即回寓。校《疏证》至第六卷,晚间治酒肴为二伯父饯行,并款待两妹。

四月初九日(5月7日)　早起。冷水浴。写信两件。余东屏、李福生先后来谈,与东屏同出看屋,乃在板桥胡同,尚在船板胡同后二条,大小可四十间,院落甚大,材料亦颇不恶,惟苦偏北耳。看毕回寓,属东屏探询的价再商。饭后循例权体重,列记如左:

二伯父,一〇三。衮,九七。秀,八七。相,二二。卣,一〇三。伏,七七。环,一八。廉,八五。酉,六五。寰,八五。茂,七〇。瑟,八二。龙,二六。

通信:父大人来书,即复一缄。

四月初十日(5月8日) 早起。冷水浴。闻《阁制》定于今日发表。十时许,以电话询润田,尚无所闻。有顷,外务部有电话,报告大略如下:庆邸任总理大臣,那相、徐相任协理大臣,梁崧生任外务大臣,馀部仍旧。陆相任弼德院院长,荣相任副院长,涛邸、朗邸任军谘大臣。饭后到部办事,四时顷得见本日谕旨,凡朱谕一道,上谕十二道。五时许回寓。

四月十一日(5月9日) 早起。冷水浴。饭后在东城谢客十馀处,顺道诣徐、那两相道喜。以胡伯平招饮石桥别业往赴,时甫五钟,宾主阒无一人。候两钟许,主人始到,共为玉突之戏,以客至而罢。席散后又为两局,十一时许回寓。

通信:四叔父、陶保霖、杨廷栋各一件。覆四叔父。

四月十二日(5月10日) 早起。冷水浴。诣月华贝勒道喜,入谈一时许,旋到胡伯平家午饭。天微雨。饭后诣凤老道喜,君九在坐,共谈片刻。诣荣相、庆邸、涛邸,各投一刺。到肃邸处贺其嫁女之喜,留听戏两小时,又往景东甫官正处祝寿,听戏一出,旋散归。七时许以许久香招饮蒙古实业公司往赴,坐有伦邸、赵次帅、雷季兴、孟庸生、叶葵初诸人,剧谈至十二时许而散。

通信:父大人来信。

四月十三日(5月11日) 早起。冷水浴。补写日记,竟日未出。晚诣东邻手谈。

四月十四日(5月12日) 早起。冷水浴。陆彤士电话约鸿升楼晚饭,辞。饭后到部,有言官疏陈今日革命党徒由长江一带纷纷北上,请饬严防等语,廷寄本部及提署顺天府严密侦缉。四时许散归,胡伯平来谈,写示近诗一首。夜读陆士衡《豪士赋序》,有云:"见百姓之谋己,则申宫警守以崇不畜之威;惧万民之不服,则严刑峻制以贾伤心之怨。众心日陊,危机将发,而方偃仰瞪眄,谓足以夸世。"怵心刿目,为之怃然。

四月十五日(5月13日)　早起。冷水浴。诣柳溪，商榷纂拟问题，遇于晦老。午刻回寓，大兄自津来京。傅肄三来谈，留饭。饭后到部办事，四时许回寓。六弟今日应廷试，八时始返。首题为"中天下而立定四海之民"，写作尚无大疵。晚间与二伯父、大兄、子函手谈。

通信：大人来信。

四月十六日(5月14日)　早起。冷水浴。覆大人信一件，写日记。沈君亮棨来谈，沈君热心教育，尤注意于私塾改良问题，出示所上学部书一件，确有见地，可佩也。本日更换马车夫，傅肄三所荐也。叙斋贝子约晚饭，八时顷往，坐客已到齐。首坐为次帅，馀客为伯棠、久香、馨吾、润田、闰生、庸生诸君。饭罢与伯棠谈近来大局，欷歔流涕。十二时顷，诸客先散，余与润田留，与叙公谈至三时许而回。

通信：上大人一件。

四月十七日(5月15日)　早起。冷水浴。夏虎臣、孙叔方、廉惠卿来谈。留学生廷试揭晓，六弟取列一等第一百〇六名。陆闰生来谈。

四月十八日(5月16日)　早起。冷水浴。二伯父回南，与大兄、四弟、六弟送至车场，候车发乃退。拜客数家而回。张凤辉来谈。饭后四时顷，出城拜客数家。到江苏馆，与本省资政院议员公宴本省咨议局赴联合会会员，并因苏省常驻议员及咨议局议长以宁属豫算问题，与张安帅冲突，相率辞职，拟共筹维持之法。余谓议局既持之有故，自应坚执到底，惟政府只闻张督一面之词，将谓议局无理取闹，似应由议局将全案始末详细发表，一面请都察院代奏，一面通告各省，以评其是非曲直之所在。六时许以叙斋贝子大人生日往祝，入坐听戏，至夜深而散。

通信：收仲和信。

四月十九日(5月17日)　早起。冷水浴。叶清伊来谈，留之饭，至三时许而去。五时顷诣叙斋贝子处听戏。

通信:收张云抟、四妹。

四月二十日(5月18日) 早起。冷水浴。秦闻诗、王新之以铭、蔡子昭琦先后来谈。饭后到部办事,四时顷回。伯平来谈。智吉约余夫妇晚饭,七时顷与卣同往,至十时许而回,觉体中不适。

四月二十一日(5月19日) 早起。冷水浴。朱苇庄来谈。以感冒竟日未出。

四月二十二日(5月20日) 早起。以感冒停止冷水浴。饭后王少泉及肃邸来谈。隆裕皇太后赏绛色及茶绿色纱各一件。

四月二十三日(5月21日) 早起。昨日得赏,今晨例须入内谢恩,初因感冒拟不去,继思西苑空气清洁,吸之当于身体有益,乃鼓勇前往,先行热水浴。八时顷诣西苑门,在警厅直庐小憩,旋与两厅丞同行,随班诣仪鸾殿。谢恩讫,拜客数家回寓,旋觉恶寒发热(一〇〇度六分),偃卧竟日。夜间延智吉来诊,服药得汗,热渐解。

四月二十四日(5月22日) 亭午始起,表热已解,惟苦疲倦。彤士来问病,谈片刻而去。

通信:收顾巨六、许九香各一件,即覆。致祥周一件。

四月二十五日(5月23日) 午后萧智吉来诊,云热解即不须服药,休息一二日自愈。伯平来问病,谈片刻。

四月二十六日(5月24日) 据《御览》校《法言》异文竟日。

四月二十七日(5月25日) 据《御览》校《法言》异文竟日。

四月二十八日(5月26日) 早起。检《御览》校《法言》异文。自西苑归后至今日,未尝出门。本日酉刻,荣希贤、张星五饭伯棠于润田家,邀余作陪。自觉体健,因往周旋,至十一时许而回。

四月二十九日(5月27日) 早起。访伯棠,谈一时许。旋访君直、彤士,与君直讨论《法言》一文,并质以《疏证》中疑义若干处,留饭,假得《初学记》一部而回。

五月初一日(5月28日) 早起。检《御览》校订《法言》异文,竟日未出。夜间改《先知篇》"或问政核"条下疏证。午前季兴来谈。

五月初二日(5月29日) 早起。访君直、彤士。考订《法言》异文及疑义。回寓饭,饭后到部办事。四时许回寓,校《法言》异文。

五月初三日(5月30日) 早起。冷水浴。校《法言》异文。闰生来谈。饭后到部,校《疏证》十,讫三页。《重黎篇》"杨王孙倮葬以矫世,曰矫世以礼倮乎?如矫世则葛沟尚矣","葛沟"二字自来不得其说,怀疑十年,博访通人,无能解者。偶见《墨子》有"禹葬会稽,桐棺三寸,葛以绷之"之语,因搜讨群籍,知"桐棺葛緘"为中古圣人薄葬之常法,《御览》引《尸子》及《潜夫论》并有其文,即《王孙传》载王孙《报祁侯书》,亦有"葛藟为緘"之语,乃悟"葛沟"即是葛緘。"沟"读为"篝",篝者束也,与绷、緘同诂。十年云雾,一旦廓清,所谓"思之思之,鬼神通之",愉快为何如邪!比以端节将届,各处债欠纷来要索,罗掘几空,室人愁叹,而余方偃伏一室,眇虑沉思,为不急之务,宁不可哂?

五月初四日(5月31日) 早起。冷水浴。写定"葛沟"条疏证,诣君直示之,君直以为精确不易,发前人所未发者也。午后谒寿师、徐相,均未见。因诣肃邸,入谈良久,邸约晚间来此观剧。四时顷回寓,校《疏》十,至第十页。晚饭后诣肃邸,邸与令弟善[预]将军据《台湾外纪》将延平故事作为新剧一出,名曰《镇江府》,今夕演之。邸自装延平,声情激越,将军装江南总督郎廷栋,亦复春容大雅,有色有声,诚可观也。二时许回寓。

五月初五日(6月1日) 早起。冷水浴。为肃邸撰《滇缅北段界线说帖》,饭后写定封送。与家人手谈。

五月初六日(6月2日) 早起。冷水浴。骤雨。校订《疏证》竟日。夜阅《王莽传》。

五月初七日(6月3日) 早起。冷水浴。据《元后传》及《王莽传》,补《五百篇》疏证两条("月未望"云云、"彤弓卢矢"云云)。诣君直,午刻回寓,检《周礼》郑注"九嫔"引《孝经纬》条。饭后到部办事,五时顷回。伯平来谈,因与论考证之学。乐亭郡王本月九日四十生辰,本日在府中演剧,邀余夫妇往观,内子先往,余于傍晚驾小车诣之。侗将军、阿亲王及肃邸诸子均粉墨登场,各极其胜,夜深乃回。

五月初八日(6月4日) 早起。冷水浴。校订《疏证》。张凤辉来谈。金伯屏生子弥月,招余夫妇与汤饼之会。闰生来寓,与余同车而往。饭罢,主人招瞽者王月峰弹弦子娱宾,月峰技术精妙,能以三弦作种种乐器及歌哭笑语之声。余久聆其名,本日始得相遇,因令为诸戏曲及铙吹,铿锵顿挫,妙造自然,叹为绝技。六时顷诣石桥别业与评议会,并检阅收交各簿籍。润田夫人、伯平夫人偕内子来游,余陪往各处一览,在润田家晚饭,饭罢与内子同车回寓。

五月初九日(6月5日) 早起。冷水浴。校订《疏证》。夏子章来谈。杨翼之自南来,将赴奉天,枉顾剧谈,留午饭,述及苏省方办一中等农学堂,拟求专门学者监督其事,若寰父愿就,即为绍介。因请寰父出谈,面与接洽。饭后到部,邸以本日午后三时临消防队阅操,管理者遍邀丞参及司长等往陪。届时余与介白参事同往,先阅步伐技勇,旋演试唧筒,植竿为表,高可七丈,初以日本制唧筒喷射,仅达五丈许,最后乃用英制者射之,高过表尖矣。惟装置迟钝,自驾车至喷水,费时逾二十分,以此应用,盖其难哉!六时许散,以乐亭郡王生辰往祝,留听戏,至十二时顷而回。

五月初十日(6月6日) 早起。冷水浴。校订《疏证》。饭后季兴来谈。

五月十一日(6月7日) 早起。冷水浴。写信一件。到修订法律馆,子健告予《亲属》及《承继法》中问题甚多,仲鲁畏首畏尾,意主迁就。现拟将此两编提开,暂不具奏,委诸将来编纂云。甚矣,编订法典之难也。午刻诣润田不值,旋即回寓。饭后从事《宪法》纂拟,检阅群籍。六弟奉旨授翰林院检讨。余东屏来谈。

通信:上父大人。

五月十二日(6月8日) 早起。冷水浴。校订《疏证》。饭后到部办事。六时顷回寓,与子函讨论宪法问题种种,夜中犹萦思未已,几不成寐。

五月十三日(6月9日) 早起。冷水浴。补写日记。

通信:上父大人,又寄四叔父。

五月十四日(6月10日) 早起。冷水浴。诣柳溪,商榷《宪草》。会世相来,以江苏资政院议员为苏省议局以豫算问题与张督冲突,致全体辞职事,呈请总裁咨内阁设法解决,故就柳溪商办法也。午刻回寓。

五月十五日(6月11日) 早起。冷水浴。出城拜客,晤翼之、季兴。宪政实进会诸君以张季直殿撰来京,由许九香发起开会欢迎,邀予往预。与翼之同往,会员三四十人,来宾十馀人,合摄一影。饭罢开会,予等就来宾席,九香起述欢迎之意,称颂殿撰功德数千言;寻宋平子育仁起,朗读颂词,牵引经义,杂以史事,语刺刺不甚可辩;次张君起演说,就"实进"两字敷衍成篇,末后报告比年调查商务情形,娓娓可听;次会员魏君正邦起演说,不知所语何等也。旋散会,余访谭组庵不值,遂进城诣叙斋贝子,为季直先容,谈片刻而回。乐亭郡王来谈。子涵招饮其寓斋,坐客为翼之、补塘、季兴、伯平,话七八年前旧事,尽欢而罢。

五月十六日(6月12日) 早起。冷水浴。饭后到部办事。新科留学廷试诸君团拜,借织云公所演剧,姚次之柬招往观,未赴。季直来谈。

五月十七日(6月13日) 早起。冷水浴。为《疏证》校补一卷,偶阅《孟子音义考证》,有"桐子"一条,意是赵注文,编检《注疏》不得二字所出。久久乃悟,必是《章指》语,检之果然。

五月十八日(6月14日) 早起。冷水浴。阴。诣君直,以《校补》及《后叙》请其鉴定。午刻回寓,阅赵邠卿《孟子章指》,有云"天非人不因,人非天不成",又云"孟子精之,是在其中",又云"故曰师哉师哉,桐子之命",均用《法言》文,乃知邠卿固心折子云者也。饭后校《重黎》篇疏。晚刻约翼之、补塘、季兴、意城诸君在寓斋便饭,意城新自伊黎调查中俄边境商务事竣,回京谈边情甚悉,云“有边无防,与无边同”,诚为笃论。饭后手谈一局,十二时顷乃散。

五月十九日(6月15日) 早起。冷水浴。补写日记。萧智吉来为相儿治目。隐南来谈。饭后到部办事,五时顷回寓。翼之、伯屏约六国饭店晚饭,诣闰生家,则两主人及季兴、伯平咸在。七时许同诣饭店,润田亦来,意城最后至,谈笑尽欢。饭罢共为球戏,至十二时顷而回。为白蛉所扰,竟夕不能成寐。

通信:覆千里一件。

五月二十日(6月16日) 早起。冷水浴。许九香早车赴奉天,余往车场送行。事毕回寓睡,至饭时乃起。饭后到部办事。三时半诣闰生,翼之将以晚车赴奉,在此候车。因与季兴、伯平诸君为手谈,余亦加入,意城、伯平亦来。六时半翼之去,余等续为一局,晚饭后余先散回寓。在闰生处假得《图书集成》一本。

五月二十一日(6月17日) 早起。冷水浴。诣君直,谈片刻,又诣柳溪讨论关于《宪法》问题。午刻回寓,考订《法言》。五时许略睡片刻。晚饭后诣肃邸,听戏至十二时顷而回。

五月二十二日(6月18日) 早起。冷水浴。校订《疏证》十二、十三两卷,恂士来谈。外姑生辰,在东邻吃面。午后以卢心渊令弟娶妇往贺,又因李季皋侍郎母太夫人生辰往祝,听戏片刻。赴石桥别业,本日开会选举董事评议员,润田、闰生、伯屏及余当选为董事,事毕合照一相(会员到者四十二人),略用茶点。晚间润田备饭款待,至十时顷与六弟同车而回。

五月二十三日(6月19日) 早起。冷水浴。沈君长颖来谈。得仲仁信,即复一缄。饭后到部办事。

通信:得仲仁信,即覆一缄。

五月二十四日(6月20日) 早起。冷水浴。天雨。徐相约十时半饭,依时往,客为季直殿撰,那相、端午帅、杨杏城、曹润田、陆闰生、胡伯平、孟玉双同坐。饭罢复与季直畅谈,迄三时顷而散。到部办事，五时许回。

五月二十五日(6月21日) 早起。冷水浴。诣彤士贺，并晤君直。十一时顷回寓。饭后到部办事，事毕与逵臣谈良久而回。曼仙来谈。八弟代题《姑苏图》：

山川蕰华秀，高城接云衢。匪伊一时美，皇灵昔所都。泰伯创王业，阖庐闳霸图。文化被邹鲁，游侠称句吴。遐观隆盛际，财赋冠中区。雕甍夹道起，飞轩敞曾居。歌舞妙万方，极服容态殊。嗣德苟弗衰，何乃为蓁墟。崇丘宛佳气，苕苕千载馀。丹青何炜晔，历历穷规模。披图览形胜，慨然咏归与。功名不足恃，会当泛五湖。

通信：接八弟信，并诗一首。

五月二十六日(6月22日) 早起。冷水浴。《疏》稿有遗失(《渊骞》前六页)，往集成公司接洽。事毕访隐南，谈片刻而回。饭后阅《后汉书》竟日。七时许以金、陆、胡三君招饮石桥别业往赴，十时顷散归。

通信：接熊秉三一件，又四叔父一件。

五月二十七日(6月23日) 早起。冷水浴。补写日记。改《题姑苏图》一首：

山川蕴华秀，高城接云衢。岂伊吾土美，皇灵昔所都。端委启王业，组练宏霸图。文学溯言偃，游侠称专诸。涵育讫前纪，旁魄雄中区。金椎隐驰道，朱甍幭曾居。阛阓百隧别，楼观千门俱。甲第侈兰锜，画舫阗笙竽。谈倾稷下士，讴妙淇上姝。清梵溢舍卫，杂戏恢都卢。绮绣错皋隰，烟云交川途。众流各熙浩，四序常欢娱。地理有兴废，人事多隆污。长廊无遗迹，崇台成蓁墟。窥园主屡易，问卷名久殊。莫辨百岁下，宁知千载馀。愍周感无疚，观鲁省有初。丹青罄藻缋，尺寸穷规模。抗心揽在昔，矫翼思归与。功名岂不贵，会当泛五湖。

五月二十八日(6月24日) 早起。冷水浴。草《疏证校补》竟。诣君直请益，并以《题姑苏图》一首示之。午刻回寓。《内阁属官制》

及《法制院官制》昨奉旨公布,以华世奎为阁丞,李家驹为法制院院使,章宗祥副之,杨度、陆宗舆各得一局长。本日又奉旨"以李景钰署法制院参议,以王善荃调内厅丞,以吴篯孙补外厅丞"。

五月二十九日(6月25日) 早起。冷水浴。诣闰生贺,不值。到东单三条胡同看屋一所,甚大而破,闻将以二三千金出典,故往一视也。到西城拜客,诣月华贝勒,谈片刻。本日假润田家,与润田同作主人,请陶斋、伯潜、季直、苏盦、蕙亭、孟鲁、哲子、闰生、伯屏。二时顷散,伯屏欲手谈,因为一局。五时顷,与润田同诣隐坪上公,祝其夫人寿,留听戏,抵暮。叙斋贝子夫人亦以今日为三十生辰正日,已提前庆祝,本日复治具招饮,与润田同车往。行未数武,润田车惊轶,疾驰几覆,幸润田同余载,未至受惊。至叙斋贝子邸听戏,至一时顷而回。

六月初一日(6月26日) 早起。冷水浴。冯历甫、胡伯平来谈,历甫先散,伯平商榷部、院(法制院)之去就,余力劝其舍部而就院。留之午饭,饭后与商酌《姑苏图》题句。旋同车到部,办事迄,至五时顷与公柔同到外务部会议传染病研究所设置问题。议分两派,有主设医院者,有主设研究所者,余谓研究所系行政上之事,可由国库支出办理,医院乃慈善之事,只能由地方团体担任办理,二者性质不同,不能并为一谈。寻议决先行筹设研究所,属余草拟说帖。七时顷散,以肃邸假陶斋侍郎宅招饮往赴,席间侍郎以报纸记载荒谬,公然索诈,颇责难于民政大臣。邸详述《新定报律》及现在司法制度,语颇含讽刺,席散后又长谈两小时而散。

六月初二日(6月27日) 早起。冷水浴。题《姑苏图》卷子未竟,而柳溪来谈,岣峋岩之行[1]定以本月十一日,又略谈修正《资政院院章》及《法制院组织》。客去,写卷子迄。得清伊书,即复。饭后睡两小时许。到法律馆会议《亲属法草案》,至暮而散。过润田闲谈,会

---

① 指本年六月二十一日游览明皇陵所在之岣峋崖。

荃生至，共谈至十时许回寓。

六月初三日(6 月 28 日)　早起。补写日记。刘厚生垣来谈，秦闻诗、陆闰生先后过访。一时顷以叙斋贝子招饮六国ホテル往赴，坐客为季直及各省商会代表，又有庸生、季兴。至五时顷乃散，谒徐相，遇舒宾如于坐，谈三十分左右，先后辞去。又诣肃邸，则宾如已先在，会伯刚、补塘、乐亭均至，余留听补塘讲《民法》一小时，旋邀补塘过余斋晚饭。

六月初四日(6 月 29 日)　早起。冷水浴。携《姑苏图》卷子诣君直，君直出示近著《礼议》两首，均精卓不磨。十时顷以蔡理双郎中招饮赴福全馆。饭罢拜客数家，在柳溪许谈一小时而回。傍晚访闰生，时润田在坐，长谈至十一时顷而回。

六月初五日(6 月 30 日)　阴。早起。冷水浴。校《疏》十一，迄第八页。饭后到部办事，五时顷以吕镜宇尚书七十生辰往祝，略坐即回。写日记。吕寿生来谈。

六月初六日(7 月 1 日)　早起。冷水浴。考订《武成》逸书年月日，不得要领。阴雨。饭后睡两小时。夜间与家人手谈。

六月初七日(7 月 2 日)　早起。冷水浴。大雨。寄大人信一件。李忠请长假而去。饭后冯历夫来谈。三时顷诣闰生。政学会会议修改《院章》问题，余知明日即当具奏，会议无益，遂托词未赴。润田、伯平同来闰生家闲话，润田先散，余与伯平留，午饭后而回。

大人赐书，以余不预新内阁属官之列，颇加褒勉，有“足知心定神清，卓焉有以自守”之语，三复慈训，益当砥砺品节，无玷清白矣。

通信：得大人书，即覆一禀。又黄京士来信，即覆。寄曼仙一件。

六月初八日(7 月 3 日)　早起。冷水浴。纂拟《宪法》本日在武英殿西庑焕章殿开办，余于十时顷前往。陈侍郎及李院使先在，十一时顷伦、泽二邸同至，会议纂拟程叙及派员办理庶务，寻派定李秘书绍烈及恩郎中华二人。一时顷散，回寓。饭后到部办事，旋诣杜侍郎家长谈，六时许回。胡伯平来谈，留晚饭。

六月初九日(7月4日) 早起。冷水浴。金伯屏夫人来访卣。饭后到部办事,内阁行文各衙门"嗣后奏后行阁之件,须备五分,分行一厅四局",余极不以为然,属文牍科具稿驳之。四时许回寓,写日记。

通信:寄大兄、八弟各一缄。

六月初十日(7月5日) 早起。冷水浴。到西城拜客,晤伯屏。在胡伯平家午饭,饭后到部办事。天雨,五时许散。诣那相,未得入,旋回。

六月十一日(7月6日) 早起。冷水浴。部署行箧带书十馀种。十一时诣西直门车场,少选柳溪院使来会,以十二时四十五分发,二时四十三分抵南口,止华洋旅馆。天阴欲雨,近边无可游览者,与柳公就旅馆客坐后轩,促膝杂谈。天气甚凉,可御夹衫。晚饭后有月,谈至十时许而睡。拟明日谒明陵,向导赵氏兄弟家陵门之左,与端午桥侍郎有旧,侍郎知余等有此行,先期属令料理一切。本日赵氏兄弟在西直门迎候同行,明日入山之准备均两赵为之,极旅行之便利矣。

六月十二日(7月7日) 早醒,闻雨声淅沥。五时半起,雨止。早餐毕,七时顷与柳公同乘肩舆诣明陵,至石坊下小憩。坊凡五架,雕镂精妙,坊东有堤以御山水。午桥侍郎督直隶时檄昌平州杨君所筑者也。坊东北小丘上有侍郎筑舍一区,赵君导余等往憩,并备午餐,赵翁亦来招呼。饭后十一时顷,同柳公谒长陵,规模闳壮,祾恩殿柱均以楠木为之,圆周可丈许,余与柳公两人合抱之,彼此手指不能及也。殿凡九楹,大内宫殿无此壮丽,想见明初物力之盛。旋谒定陵,规制狭小,不及长陵远矣。遂更舆赴岣岣崖,山翠扑人,泉流清绝,径路崎岖,舍舆而步,经瑞峰庵小憩,时已过申,复鼓勇气拾级而上,至玉虚观止宿。薄暮与柳公登观后玉皇阁内小眺,群山苍翠,俯视陆地,仅见一角若掌。俄而雷雨交作,渐昏黑不可辨,返至观中,夜宿西厢,赵席卿珍陪游同来。

六月十三日(7月8日)　早起。冷水浴。与柳公出观门，循径西转可数武，岩泉若溜，凿池蓄之，观中饮料取给于此池。侧有小庙，供龙神，名五龙宫，徙倚片刻而返。与柳公商榷纂拟义例。饭后睡两小时。起草《凡例》六条，又拟定章目如左：(一)皇帝，(二)摄政，(三)领土，(四)臣民，(五)帝国议会，(六)政府，(七)法院，(八)法律，(九)会计，(十)附则。属稿毕，与柳公往观东碧霞宫一游。薄暮返观，就碑侧写放翁诗一首。

六月十四日(7月9日)　早起。与柳公讨论弼德院应列为《宪法》上之机关与否。参考所携群籍，不得要领。旋草拟第一章，至第八条规定命令权。余欲采普鲁士等国宪法主义，不取独立命令，而略采俄罗斯宪法之意，加入委任命令一层，议久不决，遂搁笔。六时顷与柳公往观东斗姥宫及了了亭一游，亭为午桥侍郎所建，榆柏交荫，极幽僻之致。返经碧霞宫，徙倚片刻而返。天无纤云，月光如画。晚饭后与柳公登玉皇阁，树影泉声，一洗尘虑。取"宪"、"沟"二字为诗钟，得句均不甚佳。构思间，忽闻怪啸数声，自南而北，相顾惊异。返观中询之臧获，聚语莫测所由。道士亦谓从来未闻，以意度之，殆山兽鸣号也。

六月十五日(7月10日)　早起。出观西散步，俯仰岩壑，翛然有出尘之想。旋与柳公讨论独立命令问题，卒定议采《日本宪法》主义而条件加严，接续起草，尽第二章。六时顷与柳公登玉皇观，联句题壁：

汉家陵阙已苍茫，西上灵岩见夕阳。径路千盘飞鸟绝衮，山阿终古女萝荒。可怜重漏沉沉歇柳，谁念衣冠寂寂藏衮。但使君臣同一体，更无来者吊兴亡柳。

六月十六日(7月11日)　早起。部署行箧。九时顷与柳溪步行下山，至瑞峰庵小憩，易肩舆。至德胜口，赵氏族属多居于此，席卿导入其族叔家，进茗。旋行，以十二时顷抵午桥侍郎别业，初拟饭后即向南口行，而赵翁坚留一宿，又湿云如墨，恐有暴雨，因决意留此。

雨不甚大,少顷即止,与柳溪登北首山上一眺,拾黄琉璃瓦一片而回。晚饭后与柳久论领土变更问题,至十时许而睡。

六月十七日(7月12日)　早五时许即起。天阴。赵翁复来留客,余等决意还京。六时许乘肩舆向沙河进发,趁八时四十九分车赴京,而余所乘舆之舆夫有一人行极迟钝,柳溪先到,且值车至,以余落后不能独行,比余至则车已发,不得已留趁第二次车。在近旁客店小憩,殊陋劣,不堪驻足,阅美浓部博士《宪法》消遣。十二时赴车场候车,于车中遇关伯恒,二时顷抵西直门,回寓略憩。五时顷以那相为公子授室往贺,旋访闰生,主人尚未归,入候片刻而李佑三右丞亦来访闰生,共谈一时许,主人始回,留晚饭,饭罢回寓。

六月十八日(7月13日)　早起。冷水浴。叙斋贝子电约一时顷往谈。十时以两厅丞招饮福全馆往赴,饭罢诣子东,贺其得弼德院副院长之喜,未遇。随诣叙斋贝子,为纂拟事有所商榷。旋诣焕章殿,隐坪上公及瑶圃侍郎先至,上公将半年间朝官条陈《宪法》折片数件见示。已而柳溪及贝子陆续至,由柳溪将《纂拟凡例》及《章目》提出,余为两邸陈说大意,两邸均以为然。拟即呈递监国,恭候训示。又令咏春拟奏报开办情形及请款各折片,阅定而散,已六时半矣。

六月十九日(7月14日)　早起。冷水浴。陆彤士来谈,留之饭。饭后到部办事,五时顷散。以俞廙轩侍郎七十生辰往祝,旋诣那相邸第,听戏至十二时而回。

六月二十日(7月15日)　早起。冷水浴。学部奏设中央教育会,余在会员之列。本日午前八时举行开会式,余后至,时已事毕,惟会长张季直、副会长张菊生、傅沅叔尚未散,略谈片刻即回,道经润田门,探访不值。饭后缮写《凡例》及《章目》,豫备进呈。旋到部办事。六时顷散归,伯平同车来,旋又与同诣闰生,听歌数曲。十时许回寓。

六月二十一日(7月16日)　早起。冷水浴。沈君泽春以由陆军部改官民部来访,同时恂士亦来谈,与论《日本宪法》疑问数事。饭后与家人手谈。补写日记。石桥别业开董事会,未赴。

六月二十二日(7月17日) 早起。冷水浴。

六月二十三日(7月18日) 早起。冷水浴。沈君恩孚、黄君炎培来访,二君皆中央教育会会员。

六月二十四日(7月19日) 早起。冷水浴。赴中央教育会。午刻诣伯平,不值。见伯平夫人,学得制造豆腐浆方法。旋到章宅,与颂平谈良久,到法律馆会议《承继法草案》。六时许到石桥别业,约王榦臣、赵仲宣、毓叔彭、陆彤士、汪聘耕、沈伯侣、葛荫梧诸君饭。天大雨,荫梧未到,馀客均至,十一时顷始散。

六月二十五日(7月20日) 早起。冷水浴。蒋季和太史来长谈。午刻季直、久香两年丈同见访,论导淮利病甚悉。

六月二十六日(7月21日) 早起。冷水浴。

六月二十七日(7月22日) 早起。冷水浴。沈、黄两君来谈,余因自述对于教育上之意见,又论日本豫备立宪时代与现在中国情形之异同,称心而道,不自觉其言之长也。

六月二十八日(7月23日) 早起。冷水浴。为子涵书挽韩晋卿联一副,又撰一联挽之云:

治礼极淹通,当年都讲开黉,曾共曲台搜雅记;

理财穷缊奥,此后司农仰屋,更谁平准续遗书。

即在子涵寓斋书之。三时顷以曾介白祖母太夫人七十生辰,与子涵同往拜祝,小坐即回。适林侍郎来访六弟,共谈片刻。

六月二十九日(7月24日) 早起。冷水浴。赴中央教育会,以军国民教育问题有主张许容学校打靶者,有反对者,甲论乙驳,卒议决赴审查。十二时许散会,诣润田,具面食之。一时许赴部办事,四时顷散。到七条胡同奠韩晋卿,旋诣徐相,候一小时而桂月亭侍郎至,徐相出见,匆匆谈数语而出。访柳溪,假其讲义两册回寓。

六月三十日(7月25日) 早起。冷水浴。

闰六月初一日(7月26日) 早起。冷水浴。接续抄写《宪草》。

闰六月初二日(7月27日)　早起。冷水浴。赴中央教育会,议及停止实官奖励及出身问题,余起演说不可不停止之理由,寻以多数赞成,将此案可决。一时许散归。

闰六月初三日(7月28日)　早起。冷水浴。为钱硕人改《法言疏证序》。饭后到部办事,五时顷回,续改钱《序》。八时顷以张季直年丈招饮六国饭店往赴。席散回,仍续改钱《序》,凡五千馀言。

通信:得大人书。

闰六月初四日(7月29日)　早起。冷水浴。田伏侯、刘骧逵来谈。

通信:上大人信一件。得渭舫书。

闰六月初五日(7月30日)　早起。冷水浴。十一时顷与亩、秀同往农事试验场,润田、润生、伯平各携眷先在。少选,六弟、子函、蓉阁等与眷属同来。在燕春园饭,大小男女几三十人,仲和夫人亦携儿女来游。饭罢就加非馆啜茗。遇逵臣及邵仲威,寻散步园中,就树荫小憩,又同眷属到豳风堂前面分坐啜茗。日暮回城,与亩、秀同诣伯平,留晚饭,陈仲平、杨景苏在坐,杂谈经史、物理、哲学,至十二时顷而回。

闰六月初六日(7月31日)　早起。草《导淮会奏稿》。饭后携稿赴部,偶公未来,函送邸第。四时许散归。

闰六月初七日(8月1日)　早起。冷水浴。写《宪草》。饭后正思赴武英殿,而伯屏来谈,署中又有电话促往,因先到署,则肃邸以《导淮会稿》所陈办法尚有商榷之处,属先与农相一言。旋即入内,两邸及陈、李两公已先在。两邸各将第一章正文钞录一通,又令书记将第一、第二条参考条文及按语抄出细阅。至七时许而散,定初十日午后再集。王榦臣兄弟招饮石桥别业,往赴,十时许回寓。

闰六月初八日(8月2日)　早起。冷水浴。颂平来谈竟日。晚草《宪法》第十二条按语。

闰六月初九日(8月3日)　早起。冷水浴。诣柳溪,将第十二条按语付之，请其斟酌。访季直不遇，又出城拜客数家，亦不值，即回。姚次之来谈，留饭。饭后到部，将《导淮疏稿》酌改，函送肃邸，旋回寓。李孟鲁来长谈。

闰六月初十日(8月4日) 早起。冷水浴。覆仲和书未就，秦年丈敦世来谈。十时顷诣焕章殿，陈、李二公已先在，分写按语。午后二时许两邸先后至，将前五条正文及按语逐一讨论。正文无所改动，惟将按语酌改数处，约十二日午后再行复议，议定即于十三日督书记缮写，定期进呈。七时半散，诣肃邸，谈至十时顷而回。

闰六月十一日(8月5日) 早起。冷水浴。草第十六条按语。饭后到部办事，邸以防疫局购买药品器具，迄今未有报销到部，属与尚之参事往查。旋即同往内城总厅晤仲芗、祥周，请将详细情形查明开示。六时许回寓，续草十六条按语，至十二时许始毕。

闰六月十二日(8月6日) 早起。冷水浴。草第十七条按语。饭后诣焕章殿，将十六、十七两条按语，与诸公一阅，又草第十八条按语。六时顷散，访闰生，不值而回。

闰六月十三日(8月7日) 早起。冷水浴。补写日记。八时顷诣焕章殿，与陈侍郎督书记将前五条参考条文及按语誊真。饭后一时顷，柳溪来接班，余与陈侍郎同散。余往法律馆，本日无会议。五时顷回寓。

闰六月十四日(8月8日) 早起。冷水浴。草第十八条按语，脱稿。诣焕章殿，两邸及陈、李二君均已到，决议将皇室大典之制定加入本章内，作为第二条之第二项。属书记改写一页，由两邸将正文分别填入，装订成册，豫备十六日进呈。三时顷散，到部，邸堂已散，在参议厅办事，至五时许回寓。

闰六月十五日(8月9日) 早起。冷水浴。六弟回南，兆弟游日本，本日同车赴津。访柳溪，拟将第二条第二项改为正条，又颁历为中国历史上大权之一，亦应增入。谈一时许，以姚次之招饮农事试验场往赴。盛暑烈日，不复能游，惟在荟芳轩憩半日。四时顷散，访伯平，适润田亦在，盖润田母太夫人昨在伯平家倾跌伤骨，偃卧在此也。阅伯平所藏新小说《狱卒泪》一卷，非刑之惨，乃无人理，不忍卒读。六时许访陈伯潜，不值。润田招饮其家，十时许席散回寓。

闰六月十六日(8月10日) 早起。冷水浴。本日由两邸将第一条至第五条正文及按语进呈。庸生来谈。饭后到部办事。三时顷散，诣叙斋贝子，询悉本日召对情形，略谈片刻即回。校《疏证校补》数页。七时顷诣柳溪，同车到六国ホテル饭，十时顷回寓。

闰六月十七日(8月11日) 早起。冷水浴。饭后到部办事。张菊生参议拟乘中央教育会开会中各省教育家均集京师，联合集议组织一私立教育会，以谋学务之进步。先日以书来商，余赞成其意，列名发起。本日借八角琉璃井帝京法政学堂开会议，三时顷开会，菊生演说组织宗旨，次公推伍昭扆光建为临时主席，将《会章草案》逐条议决，次选举会长以下职员，伍君有事先散，公推余为主席。投票之结果，菊生以八十馀票当选为会长，伍昭扆及张季直当选为副会长。时天已昏黑，评议员及干事各票不及当场检点，遂宣告散会，而留会员数人在此检票。晚饭后请菊生监督检票，余与子涵同车而回。

闰六月十八日(8月12日) 早起。冷水浴。以中央教育会末次会议往赴，将本会期内未经议决各件逐一报告，议结束方法，颇不得要领。至一时许，余先散回寓饭。昨夕检票之结果，余以三十六票当选为评议员。

闰六月十九日(8月13日) 早起。冷水浴。本日开教育评议员会，余以午后有纂拟会议，未能往预。饭后因铭将军安薨逝，于今日接三，往金鱼胡同致奠。旋诣焕章殿，与柳公商酌第二条第二项抽出另立一条，而颁历一节毋庸增入。两邸明日豫备召见，计前五条清本当可发下。六时许散。

闰六月二十日(8月14日) 早起。冷水浴。上父大人书。饭后到部。闻本日有旨任命弼德院顾问大臣，遣巡警到官报局敬领上谕。四时顷领会，专任顾问大臣凡十人，振贝子居首，国务大臣均兼任，又宗人府宗令、内务府大臣亦在兼任之列。参议官十人，专任者六，内有恩咏春及张仲仁；兼任者四，为内阁及各部参议。余颇以不预其列为幸。衙散后诣柳溪，讨论疑义数事，旋即回寓。

闰六月二十一日(8月15日) 早起。冷水浴。以建议增加第十九条，草具按语。九时顷入内，顺道拜客两家。旋诣焕章殿，两邸至，略述昨日召对情形，并将发下之第一条至第五条原本见示，其中正条无所更易，惟按语颇有删节。余以第二条所采主义，与《摄政》一章颇有关系，提出问题数事，共相讨论，两邸拟于下次进见时再行婉陈。旋又议决以制定皇室大典之事，于本章内特设一条，为第十九条。先将第六条至第九条正文及按语接续进呈，由陈侍郎招书记于明日往其家敬谨缮写，后日再行会集校勘。本日有旨，以寿子年为荆州将军，调肃邸为理藩大臣，而以桂月亭侍郎署民政大臣。六时顷自焕章殿散，出后门，拜客一家，遇骤雨，幸即止。旋诣肃邸，入谈片刻，五年堂属，一旦分袂，殊有依恋之感。遇吴彭秋来，共谈，旋各散。归途遇孟鲁，知系因枉顾不值而去，邀之同车长谈，留晚饭，至十时半乃散。

闰六月二十二日(8月16日) 早起。冷水浴。以育周贝子得顾问大臣往贺，未见。旋往谒月华贝勒，入谈片刻，回寓。伯平顾访，留饭，长谈，抵暮而去。

闰六月二十三日(8月17日) 早起。冷水浴。十时顷诣焕章殿，陈、李二公先在，余与柳溪讨论第八条疑义，拟加入消极条件，而以法律未有规定时为限，辩难半日，仍定议用原文。午后二时许两邸先后至，填写正条，校勘、装订事毕已六时许，定于明日进呈。余与柳溪约定明日往上方山接续起草，寻散归。姚石荃来谈。

通信：寄大兄信一件。

闰六月二十四日(8月18日) 早六时起。冷水浴。七时顷往西城谒新民政大臣桂月亭，未见。旋往润田家小憩。九时十五分往西车场，柳溪先在，五十分发，午后一时抵周口店，下车易肩舆进发，沿路停顿,至七时顷抵接待庵止焉。晚饭后与柳溪纳凉庵门外。早睡。

闰六月二十五日(8月19日) 早起。八时顷与柳公由接待庵入山,曲折行里许,经云梯凡二百馀级,中有数十级势颇斗峭,两旁施铁索,攀援而上。级尽有庵,名云梯庵,与柳公入憩片刻。更上至兜率寺,为此山最高处,寺颇宏大,视玉虚观可广四五倍,就西院东厢止焉(舍利殿,光绪辛卯有《嵩申碑记》)。检点行箧,安置笔砚,补写十七日以后日记。饭后草第三章成,又删改第十五条按语。睡两小时。天雨。傍晚与柳公讨论第二章及第三章,大略粗定。九时许睡。

闰六月二十六日(8月20日) 早起。天甚凉,可御夹衣。出寺门,呼吸空气,山光树色,爽心悦目。徙倚片刻,入寺读庭中诸碑,因知寺为万历中司礼监李中轩所修。旋与柳溪登殿后钟楼题壁,记来游日月。草《宪法》第四章。五时顷与柳溪游华严洞。

闰六月二十七日(8月21日) 早起。草《宪法》第五章,易稿数回。伏案竟日。又与柳溪讨论第四章,修改文字,增加一条。傍晚就寺旁散步,柳公以《日本宪法》第三十一条余未经采入,颇有疑义,余因谓此条殊不可解,与其于第四章内采用此条,不如以大权事项,非列举所能尽之旨,酌采依藤及穗积诸人学说,明白规定列入第一章之末作为第二十条,柳公大以为然。因酌拟条文,彼此商定而罢。

闰六月二十八日(8月22日) 早起。写定《宪草》第四章,与柳公讨论第五章,阅有贺氏《大臣责任论》。天雨。

闰六月二十九日(8月23日) 早起。天阴。与柳公讨论第五章条文,略有修改。饭后阅清水博士《宪法》。四时许下山,止接待庵。

七月初一日(8月24日) 早起。自接待庵发,十一时许至琉璃河,乘汽车。午后二时抵前门,即回寓。热水浴。理发。晚与子函长谈。

七月初二日(8月25日) 早起。冷水浴。以《宪草》十六条二项颇多挂漏，思加修正，编检清水、织田、美浓部、上杉诸氏著书阅之，酌拟条文，终苦不当。饭后到部谒见桂大臣，与巨六、尚之覆核《府厅州县地方自治收支章程》及《豫算表式》。五时许散，诣叙斋贝子，谈一时许而回，覆六弟书。

通信：大人来信一件。六弟来信两件。覆六弟一件。

七月初三日(8月26日) 早起。冷水浴。补写日记。阅副岛氏《宪法论》关于条约与立法关系，颇与余意见相合，即采其意，拟成条文。日本人丰岛舍松来谈。六时顷诣肃邸，留听戏，至十一时顷而回。

七月初四日(8月27日) 早起。冷水浴。阅宪法各书。饭后诣柳溪，略述近日所见，旋谒东海，未遇。访闰生，亦不值，乃回。章曼仙、徐少瓌、于子昂、吴季荃先后来谈。拟改第三章第二十六条条文，参考各书。

七月初五日(8月28日) 早起。冷水浴。饭后以武英殿会议入内，将拟改十六条二项又拟增之二十条，再与柳溪商定，呈两邸，两邸无异词。惟第二十条文义，细思终觉未安，因请作为未定之稿，下届再商。先将第十条至第十五条清理豫备进呈，由瑶老督同书记官明日在其家缮写。两邸又将第六条至第九条进呈原本宣示，内中按语经扆邸删削不少，语极简当，而条文一无更动，仰见睿鉴莹澈，无任欢忭。五时许散，访闰生，长谈，留晚饭。九时许回寓。访子函，遇杨补塘在坐，谈片刻。

七月初六日(8月29日) 早起。以伤风停止冷水浴。阅美浓部、副岛、上杉诸氏宪法书。张菊生来谈。饭后到部，三时许回寓。续阅各书，略有所悟。与子函讨论良久。晚饭后手谈一局。连日钻研宪法，方寸萦回，跬步不忘，梦寐皆是，殊于身心无益，故欲借手谈以遣之也。

七月初七日(8月30日) 自昨夜十二时起大雨，至今日午后四时顷始已。孙师郑祭酒送来册页，属写所为诗，雨窗无事，为书近作数首。学《长生殿》曲一支。晚得叙斋贝子书,云与隐邸商定以初九日午前十时会议,并属转致陈、李,随即覆一缄。以风琴习《长生殿·惊变》一出。

七月初八日(8月31日) 早起。冷水浴。以《宪草》续增第二十条,疑义甚多,易滋误解,思有以易之。遍检日本诸博士说,苦不得当。饭后李孟鲁来谈,知世相于本日奏请开缺,奉旨赏假一月,以李柳溪摄总裁,而以达稺甫摄副总裁。得叙斋贝子书,以感冒改明日会议为十一日。

七月初九日(9月1日) 早起。冷水浴。钟山玉来谈。访菊生,谈片刻。又以柳溪摄资政院总裁往贺,略谈纂拟事,定十八九日赴泰山登日观,接续前草。随又诣叙斋贝子一谈。回寓饭,阅关于宪法各书。傍晚吕寿生来谈。以李孟鲁、金伯屏招饮往赴,坐有郑苏盦、李柳溪、杨皙子,畅谈官制问题,至十一时顷乃散。

七月初十日(9月2日) 早起。冷水浴。郑苏盦方伯来谈。

七月十一日(9月3日) 早起。冷水浴。天雨。叙斋贝子属午前十时半往谈,届时前往。余因纂拟事,思设法开去资政院议员,前曾请贝子与隐邸一商,贝子以机会尚未成熟,属余少待,故邀往面谈也。旋以焕章殿会议往赴,将第十条至第十五条正文及按语校勘、装订。两邸定于明日进呈,料理竟日,至五时许而散(本日将增加第二十条之议作为罢论)。

七月十二日(9月4日) 早起。冷水浴。集成公司送来印就《法言疏证》二百部,价银五百三十圆四角。比日一钱不名,对于此项负担殊无术以应之,如何如何?饭后到部办事,以《疏证》一部赠逵臣。早散回寓,步行诣闰生,闲谈政界近状,留晚饭而回。

七月十三日(9月5日) 早起。冷水浴。柳溪来谈,商榷招待议员事,开一名单与之。又将第三章参考条文面致,请加按语。晚阅美浓部博士译述厄利纳克氏《宪法变化论》,末段述国会制度之缺点及代表主义之无用,精警透澈。以他人行之数十年而犹未惬意,我乃方思学步，即一一模拟惟肖，已不免为学人所嗤，况复袭其皮毛而遗其精意？欲以挽回颓运，岂可得哉！掩卷深思，百忧交集。

七月十四日(9月6日) 早起。冷水浴。吕寿生来谈。出城拜客，晤陆晋笙，谈良久，楼木庵、徐少瑰均未见。未刻回寓，饭后睡片刻。范静生、梅君光远来谈。寻以肃邸福晋生日往祝，门者述主人命固辞，不获入。旋谒徐相，亦未见，遂往访闰生，适遇润田在座，留晚饭。饭罢登露台望月，凉气袭人，旋又同往长安街观电影，比日演各种技巧，乃与中国卖解者绝相类，十一时许散归。

七月十五日(9月7日) 早起。冷水浴。何兰生观察煜以程雪楼中丞之介绍书来谈，议论明通，识解超迈，自是杰出之材。饭后韩遂青来谈，以陆军部近办统计需人主任，属转询子函愿否舍民部而就彼。研究各国司法制度，夜与子函讨论疑义，至一时顷。

七月十六日(9月8日) 早起。冷水浴。译学馆毕业生李民部国钧来见。饭后以铭将军之丧往吊。访柳溪不值，旋到法律馆，以谕旨、诏诰、制敕向来未有包括之名词，《日本宪法》第五十五条第二项所谓“诏敕”，盖即所以檃栝各种者；《普鲁士宪法》谓之“国王所发之公文书”，一文一质，于中国均不合用。因思唐律所谓制书，殆即包举一切而言，亟求《唐律疏议》考之，殊不得确诂。五时许访冈田博士，质以关于司法权解释之异同，亦颇不了了。冈田刑法专门，于其他公法未尝十分研究也。子健新自日本回，亦来访博士，共谈半时许，余先散归。晚修改第六章(《政府》)及第七章(《法院》)正文。

七月十七日(9月9日) 早起。冷水浴。写定第七章草案。饭后到部办事，同人纷纷告余民相新政，共相嗟异。三时许即回。君九来谈，面交《疏证》三部，属其代呈文相及两侍郎。晚研究大臣责任问题，以《土耳其宪法》于此事规定独详，反复审思，因悟彼宪法第三十五条之精意。窃思采用，撰拟条文，辗转不寐。

七月十八日(9月10日) 早起。冷水浴。写定第六章草案。十时顷诣焕章殿，恭阅第三批发还稿本，除删改按语外，又将第十二条第二项删去。余与柳溪商榷此项,似不可删,当即婉白两邸,俟将来面陈扆坐。旋将第十六条至第十九条按语清出,由陈侍郎于明日监督誊真,豫备进呈,并将第二、三章正文及按语呈两邸。三时半散,柳溪、稺甫二公约四时在石桥别业饭,顺道访润田,谈片刻,往别业,同席均本院议员及秘书厅官。席散又与闰生同往润田家,谈及近日川事,共相扼腕。有顷,伯屏亦来,手谈一局,至十二时顷回寓。

七月十九日(9月11日) 早起。十一时诣肃邸,未见。旋谒徐相及林侍郎,各谈半时许。一时顷回寓,补写日记。阴雨。

七月二十日(9月12日) 早起。冷水浴。以原拟《宪草》第三章(《领土》)未能明确,思加修正。语太浑则近于循环,词过折则嫌于结漏,易稿三四次,迄未惬心。与柳溪为登岱之约,本日发轫,饭后收拾行箧,赴西车场,柳溪亦来会。午后二时半车发,抵津止大兄寓所(人和里),时伯母方病湿温,纠缠已匝月,就病榻敬询数语,不敢多言。旋与大嫂略谈家中近事。同柳公访朱桂辛,定明日赴济南,索得《汽车时间表》及《北段路线图》各一件而回。桂辛来访,亲送由津至泰来回免票二张,因留共饭。饭罢桂辛以梁燕孙在某青楼邀饮,强余同往,因同车而去。遇张凤辉、任振采于座,未终席而回。

七月二十一日(9月13日) 早起。七时许与柳公同诣车场,大兄送行,比至则桂辛已在此相候,同登车,送至西站而别。自车中得读昨日上谕,以川路风潮未定,宣示办法有"朝廷不得已而用兵"之语。途中时雨时霁,午后八时许抵黄河,铁路代办总办何子霄观察及提调朱旭初观察同渡河来迎,孙中丞赤闻信遣人致候。旋与两观察乘小蒸汽船共济,风雨交作,比抵南岸,大雨如注,冒雨登车,衣履尽湿。九时许抵济南,止督办行辕,精美爽垲,设备完全。饭罢冷水浴,更衣。十一时顷睡,为蚊所扰,至十二时许始入寐。

七月二十二日(9月14日) 早五时半即起。有顷,何、朱两公来谈。旭初令弟去非通守是为余在译学馆时授业弟子,闻余至,亦来见。七时顷登车,三君同送行,车发乃去。十时顷抵泰安,泰安县令袁君励贤为珏生太史令弟，尝在译学馆及大学堂肄业，故余与柳溪均有一日之长，先期由太史函属照料。车抵驿则大令已在此迎候，共至岱庙略憩。饭罢登岱，大令同行，过红庙、斗姆宫及二天门等处，皆下舆小憩。旋经倒三盘、快活山、步云桥、十八盘，舍舆行百馀步。入南天门，回望府城，小如棋局，铁道如丝，汶水如带，遂由天街上玉皇顶，为山之最高处。时已昏暮，落日为云所遮，天气寒甚，着厚呢犹不温，仰视星汉，俯瞰云雾，苍茫寥廓，真有别一世界之感。早睡。

七月二十三日(9月15日)　早四时许起。天风震荡，寒气彻骨，拟与柳溪观日出，出门东望，天际隐隐有红光，俯瞩则云气如海，弥漫重叠，作怒涛状，洵为平生未见之奇。已而云渐散渐高，充塞上下，莽无涯际，日出不可见矣。天渐明，复出门观秦皇无字碑，高丈馀，其形正方上有盖，不类碑碣，亭林以为汉武帝所立表柱，差为近之。六时许逾顶往后石邬，云雾弥纶，咫尺不辨。乘肩舆行七里许，隐约见道旁松树，殊形诡态，不可名状。抵邬，风为山壁所屏障，寒气略减，借东厢安置笔砚，大令回城。饭后与柳公覆校第五章条文，意见未能一致，将第三章(《领土》)修正，又草第八章(《法律》)成。

上清虚籁夜萧骚，俯见奔云卷怒涛。列岫森罗如岛屿，万松浮动作龟鳌。人间风雨元无定，天上星辰只自高。曾向海中观日出，置身云海意尤豪。

七月二十四日(9月16日)　早起。天雨。湿云蔽空，一物无睹。阅副岛学士《宪法论》，参考关于豫算各学说。《日本宪法》六十七条于议会豫算协赞权限制颇严，初拟照此规定，则议会对于豫算殆无自由修正之馀地，似于事实不符。及细加考订，乃知其所谓“既定岁出”者，指上年豫算所既定之额而言，非谓大权所定。自伊藤义解以及有贺、副岛、美浓部、市村光惠、上野贞正及北鬼诸氏著书均是如此解释，惟清水博士及都筑学士馨六颇持异议，以为照此解释，于大权有非常之影响。因检穗积氏《宪法提要》阅之，于此独不及一语，盖博士亦未必如清水之极端主张也。

七月二十五日(9月17日) 早起。天晴。俯瞰山下,则云气如海,徂徕诸山仅露峰顶,若海中岛屿,日光照其上,一白无际,意山下必阴雨也。草《会计》一章,于“既定岁出”一条,采用伊藤诸人说,明白规定,以免将来论争。夜与柳公讨论改正《宪法》程叙,草《附则》三条。

七月二十六日(9月18日) 早起。天晴。与柳公商定《政府》及《法院》两章,改国务审判院为弹劾惩戒院,又将《法律》一章修改数处。傍晚与柳公出院门,循径而东,登一峰顶,群松葱翠,怪石峨峨,都入画境。东望无际,踞石坐片刻,约明早来此观日出,旋返。题诗一首:

岳色河声万里赊,瞻岩今始遂栖霞。愿书圣德三千牍,来访灵文七二家。便向九关驱虎豹,会看大陆起龙蛇。天风习习吹襟袂,仰睇青霄斗柄斜。

七月二十七日(9月19日) 夜半即起。徘徊庭中,仰视有云而东边尚漏天体。五时许与柳公同登东峰顶,候良久始见日出。六时许回,复睡至八时而起。修改《法律》章,参考各书。柳公对于《会计》一章颇有增损。傍晚以改正本见示,余因就其意略加修饰,彼此商定而罢。晚饭后又商酌《附则》,修改字句为两条。九时许睡,枕上成诗一首:

涧响松声策梦醒,四更残月在疏棂。栖迟渐欲忘人境,呼吸初疑接帝庭。坐对岳云笼紫塞,共扶海日上青冥。却思陵谷升沉后,谁向岩居问壁经。

第一句改“万籁惊吹坠梦醒”,第五、六句改“驺衍岂能知赤县,屈原何事问有冥”,第七、八句改“却思白发耕岩日,谁叩空山访壁经”。

七月二十八日(9月20日) 早起。于《附则》复加修正,与柳公商榷定稿全部,凡八十六条,一百十六项。午后假寐片刻。为子函写扇,又将昨诗题于院壁。补写日记。傍晚与柳公循径西行里许,徙倚道旁,涧声松影,开豁胸臆。

附录柳公和一首：

袖海襟河未了青，岱尊终古禀神灵。纪功文字沈榛莽，孕圣山川炳日星。大地风云今变幻，中原文物几凋零。此行不为林泉癖，盘石基安待勒铭。

七月二十九日(9月21日)　早起。与柳公自后石邬经玉皇顶往日观峰一眺，天朗晴，无片云。四望无涯，自觉地位之高。旋由旧路下山，至二天门，袁大令已在此相候，小憩后同赴经石峪，观六朝人书《金刚经》，石刻字径尺五，雄浑圆健，为山泉冲刷，已残损不全，其存者尚千馀字，非亟设法保护，恐岁久亦同归磨灭也。遂经斗姆宫游王母池，饭罢往西麓普照寺一游(有梅启照《碑记》)。朱桂辛昨赴兖州，本日回济南，专车以四时过泰安，先时遣人邀同行。在普照寺匆匆一览，即往车场，专车恰到，以五时发。桂辛明日回天津，途中更不寂寞矣。七时许抵济南，仍宿督办行辕，朱旭初兄弟来候，桂辛约往一饭馆晚餐。席散回寓，行冷水浴。

八月初一日(9月22日)　天未明即起。朱旭初兄弟来谈，并送登车，车中炎热颇甚，比较前数日山居气候，相差总在两三个月以上。午后入直隶境，遇雨，渐觉凉爽。八时顷抵津，徐建侯观察招饮其居，饭罢柳溪由桂辛招待，住督办行辕，余仍往大兄寓住宿。伯母病颇缠绵，气分弱极，本日改延东医诊治，云胃部大坏，虽不至危险，亦恐非旦夕所能奏效也。

八月初二日(9月23日)　早起。阴雨。柳公来谈，旋即同赴车场，桂辛来送。以九时快车赴京，十一时半抵前门。回寓，阅各处来信。热水浴，仍用冷水浇沃。

车中成《登岱》两首：

飞瀑高依云步桥，万松回视郁亭苕。黄河白日长辉映，玉简金绳竟寂寥。表海即今雄左翊，极天从古抗中条。故乡云水宜秋梦，惆怅吴门曳练遥。

无览中区意概慷，祝融太华渺相望。川原强欲分齐鲁，树木犹能纪汉唐。万卷岳云秋漠漠，一丸海日晓苍苍。八书礼乐今堪补，多恐名山未许藏。

八月初三日(9月24日) 早起。冷水浴。诣闰生，谈片刻。旋出城拜客数家，晤纪君靖周及曼仙邮部。一时顷回寓，饭后金伯屏及于子昂来谈。

八月初四日(9月25日) 早起。冷水浴。杨翼之来谈，留饭。四时顷诣肃邸，不值，旋遇诸涂，匆匆谈数语而别。访君直，为诵《登岱》四律。

八月初五日(9月26日) 早起。冷水浴。以慈圣赏尺头入内谢恩。晤瑶老，敬悉第四批《宪草》摄邸颇有删改，大抵以《日本宪法》为依据，不欲有所出入也。谢恩讫，往西城访翁弢夫廉访，未见。旋诣叙斋贝子，谈片刻。以饮饯廉访及陆申夫中丞，贝子约余同作主人，其日期则请廉访定之，未刻回寓。旋得贝子书，言廉访将于晚间到府，属邀润田同往一谈。三时顷到部，六时顷散。往外务部访润田，与同诣叙斋贝子。

八月初六日(9月27日) 早起。冷水浴。何兰生来谈，饭后到部。癸卯闰夏与柳屏游箱根，宿环翠楼，联句四十韵，余无存稿。此次经济南，朱去非通守以《明湖载酒集》见示，则此诗在焉，因补录于此：

信美非吾土衮，当归得故人。飞车遵大路柳，列岫送无垠。乍动登临思衮，相期信宿因。迢迢随落日柳，望望入苍旻。桥断宜扶杖衮，程遥不敝轮。茂林歌市榜柳，浅水挂渔缗。到处逢杉屋衮，回眸失海滨。岚光初票眇柳，岩势忽嶙峋。径折依松转衮，泉奔遇石皴。缘溪花似绣柳，被野稻为茵。疑缩山阴道衮，谁披禹穴榛。画屏开曲曲柳，电毂驻辚辚。拾磴云生屦衮，投巢鸟获邻。候童欢负篋柳，侍女笑延宾。杰阁森环翠衮，幽栖迥出尘。急湍喧作雨柳，老树古于椿。众绿时窥闼衮，凉飔快解绅。危阑扪斗近柳，温室浴兰频。喷玉香成沼衮，镕炉地转钧。胜骊征往事柳，风雩见天真。寻涧俱听瀑衮，依流或数鳞。空桑容一宿柳，列峤想三神。闻昔称雄镇衮，于兹扼要津。北条曾虎踞柳，东照亦龙伸。险堑蚕丛辟衮，荒原雉堞湮。霸图川永逝柳，仙窟月常新。邱壑馀风雅衮，衣冠见朴淳。长留觞咏迹柳，小憩辙环身。谈艺欣贤主衮，行吟忆逐臣。浮生宜荷锸柳，返顾欲沾巾。亦有林峦胜衮，谁能猿鹤亲。偶成观鲁客柳，肯拟避秦民。揽镜悲勋业衮，登楼忍苦辛。未容作舟楫柳，那计问鲈莼。故国犹衰草衮，空山自好春。菀枯终异地柳，哀乐共兹辰。去去休沾絮衮，劳劳譬析薪。乘桴惭季路柳，呵壁谢灵均。晓别嗟分燕衮，星躔纪在鹑。夫容峰上雪柳，回望白如银衮。

八月初七日(9 月 28 日)　早起。冷水浴。饭后到部，为逵臣书扇面一件。五时许散，访闰生，略谈即回。意城、涤生等南洋工学旧友招饮石桥别业，以书往辞。

通信：寄朱去非通守一件。

八月初八日(9 月 29 日)　早起。冷水浴。将《宪法草案》清写一通，伏案竟日。本日与叙斋贝子同作主人，请陆中丞、翁廉访、李文石、耿伯齐、杨杏城、曹润田及张效邠玮。中丞已赴津，润田眼病未愈，均辞。六时顷到贝子府，廉访及馀客陆续到，文石、效邠以事先散。宴罢，贝子出法帖数种见示，并精妙绝伦，至十一时半而散。

通信：寄袁寿君大令一件。

八月初九日(9 月 30 日)　早起。冷水浴。《日本宪法》第二章之意义，最为学者所聚讼，实则沿袭欧洲各国之历史，冀以防止专制政府滥用权力之弊，于法理上无何等之关系也。我国制定《宪法》尽可用概括主义，不必一一列举，转生误解。本日参考各书，根据法理，另拟概括的条文，当与柳溪熟商之。饭后补写日记。

八月初十日(10 月 1 日)　早起。冷水浴。叙斋贝子前蒙召见，奉谕进呈《宪草》，不必俟泽公销假(时以病痢请假)，可接续办理。因约今日会议将第三章缮齐，于明日进呈。午前十时顷入内，本章条文于上月早经提出，泽邸嫌有语病，嗣于泰山与柳溪斟酌改订。本日呈贝子阅后,复专差封送泽邸,有顷送还,云"极妥,即照缮",遂将按语酌改誊真,并由贝子填写正文,余与陈、李二公装订圈点,至四时许始散。以伯屏招饮往赴,坐有云裳、意城、孟鲁、翼之,共为手谈,云、意两君先散,润田旋至,晚饭后复为一局,至十一时顷散归。

八月十一日(10月2日) 早起。冷水浴。草《宪法》第四章按语,凡成六条,函送瑶老付写,并分送两邸。饭后到理藩部,以资政院开会在即,本部应提出何种议案,由咨议官与部中各司长会议,旋议定提出两件:一《藩属审判厅编制法案》,一《藩属劝学法案》。余以原案规定尚多未妥,略述意见,请主任者酌加修改。闻向之言,劳玉老于昨日到京,住成寿寺,即同往访之。蕙亭及张君志潜在坐,旋柳溪亦来,共谈片刻,余觉喉痛,回寓用盐汁含漱数次,略愈。以肃邸及叙斋贝子招饮贝子邸往赴,坐客有陆申甫中丞、寿子年师及闰生局长,流连至十一时许而散。

八月十二日(10月3日) 早起。冷水浴。曹涤新观察恭翊,耕孙年伯之子来谈,并以所著《集权通史》见示。会刘仲老亦来,探询登岱路程及需日几何,颇有往游之意。因以携归相片及金经拓本示之。午刻入内,瑶老已先到,二时许柳溪亦至,监督书记官钞写按语。余以第三十条文字尚欠清晰,拟加修正,与二公商酌,均无异议。四时许按语清本写迄,校对无误,交瑶老收藏。约明日午后再集,旋散归。殷楫臣携藩部奏底一件,奉肃邸命就余商榷(为清厘积弊事),余为改窜数百字,仍付楫臣携回。仲和明日可抵京。

八月十三日(10月4日) 早起。冷水浴。第四章前六条定明日进呈,饭后入内,预备一切。叙斋贝子填写正文(第三十条照余所拟修正),余与柳公装订圈迄,已近五时,即出城至东车场迎候仲和,同学诸友及警厅各官陆续咸集。七时十分车至,共拥仲和到车场客厅,握手问好,立谈片刻,各散归。劳玉老来谈。

八月十四日(10月5日) 早起。冷水浴。仲和电约晚饭。午后诣寿师处贺节,入谈良久,四时顷诣仲和,畅谈,兼晤颂平。有顷润

田、闰生、(金)伯平均至。饭罢伯初始归,共谈至十时半而散。昨典礼院会奏拟进国歌,奉旨裁定,兹纪其词句及音节如左:

巩四乙四金五六工尺瓯尺工六六五,

承凡五天凡六六工焘尺,

民六凡物五欣凡五五六凫工尺工藻六工五六工,

喜尺尺同乙尺乙四袍合,

清工尺时乙尺幸六五六工遭尺工六六五。

真凡五熙凡六六工皓尺,

帝六凡国五苍凡五五六穹工尺工保六工五六工,

天尺尺高工尺尺乙高尺,

海工五六工尺尺滔工尺乙四滔合。

八月十五日(10 月 6 日) 早起。冷水浴。阴。饭后晴霁,闰生、历甫来手谈。

八月十六日(10 月 7 日) 早起。冷水浴。草《宪法》第四章按语。陆彤士来谈。饭后以徐相得孙弥月往贺,未见。旋谒肃邸,谈一时许。诣闰生家,主人尚未归,留待片刻始至,润田、伯初兄弟及伯屏先后到,畅谈尽兴。晚饭后又在楼顶望月,至十时半而散。

八月十七日(10 月 8 日) 早起。冷水浴。续草第四章按语,凡六条,饭后封送陈侍郎。五妹夫来谈,以许叔伊尊人之丧往吊、旋诣石桥别业,开资政院议员研究会(闰生发起),到者十二人,商榷各种问题,约定为一致之行动。六时顷散,在润田家晚饭,闰生、伯初、伯屏同坐,饭后手谈,至十一时半而回。

八月十八日(10 月 9 日) 早起。冷水浴。寄大兄、六弟信各一件。饭后补写日记。四时许诣瑶老,适李柳溪在座。第四章按语已经清出,二公各无异词,惟删去一句。谈一时许,余携清稿诣伦邸,邸略有质询。七时许回寓。

八月十九日(10 月 10 日) 早起。冷水浴。孟庸生来谈,略论近来铁路风潮,颇有辩护邮相之语,盖其长厚有如此。庸生去,仲威来谈，留之饭，畅论《宪法》上各种问题。饭后睡二时许，晚间仲和来谈，留晚饭。

八月二十日(10月11日) 早起。冷水浴。本日为资政院第二次常年会召集之期，据本院通知，以午前九时齐集，余于九时顷始往，比至则人数尚未足，复在分股室待一时许，始入议场。李总裁述集会词迄，抽签匀分总议员为六股，余在第三股，旋退入分股室。公推润贝勒为股长，复互选理事，余与长君福各得六票，为最多数，照章以年长者列前，长君当选。寻入议场，由秘书官宣告各股公推及互选结果，各散。余往谒月华贝勒，未值，即回寓。饭后阅云南保君廷梁所著《大清宪法论》，瑕瑜互见，足供参考。补写日记。润田约晚饭，六时顷往。闻湖北兵变，武昌已陷，总督瑞澂退驻楚豫兵船中，提督张彪阵亡。

八月二十一日(10月12日) 早起。冷水浴。饭后以豫备进呈《宪草》入内，仍由叙斋贝子填写正文，自三十二条至三十七条，予与柳溪装订、圈点。闻本日有旨，褫瑞澂职，仍留任。命陆相、荫昌督师进剿。五时许回，子函自陆军部归，言张彪未死，与总督同在汉口。闻汉阳陷，夜间以电话询诸宪报馆，则云果然。以风琴习国歌。

八月二十二日(10月13日) 早起。冷水浴。五妹来寓。出城拜客，旋即回城。到官报局访闰生，闻有湘、豫、皖三省同时响应鄂乱之说，又有扬州失守之说。中原鼎沸，大乱成矣。在官报局饭，饭罢回寓，六妹亦来。各处传来乱耗，多言长沙已陷，长江流域一带均有摇动之势，或言扰及许、郑，官军将毁河桥、塞隧道以御。四时许以电话询诸民政部，不得确耗。旋徐尚之同年来访，言京师人心浮动，宜处以镇静，密事防范，万不可略涉张皇，致生枝节。晚间以电话询润田，言得瑞莘如电，湘、豫援军已抵鄂，长沙失守事未闻。因又以电话询吴绶卿，则云豫军至鄂即哗溃，据长沙法领事电报，谓长沙已于昨晚六时失守；又据冯梦华电报，谓安庆、芜湖等处并岌岌可危。汪仲虎来谈，言适在京汉铁路局探询，不闻长沙耗。有旨褫张彪职，仍责令平乱。

八月二十三日(10月14日) 早起。冷水浴。叶清伊来谈,杂述乱事,亦多臆测之词,不得确实消息。因共往大清银行探询,晤魏聪叔,知江宁、安庆等处并无警耗,惟前日银行通电沿江各省,迄今不得一处覆电,为可异耳。随诣润田,探询长沙乱耗,据称昨日各公使到外部会晤,并未闻法公使言长沙失守之事,当系谣传。饭后到部,仲虎自京汉铁路局抄来本日该局接到汉局电报,言湘、豫、鄂三军会防后湖,目前暂可无事,则似豫军哗溃之说亦不甚确,且鄂军亦未全变也。昨陆军部谘请本部通饬京师各报,于鄂中乱事暂缓登载,各报均已照办,而《顺天时报》乃大书特书南京、广州、许州、岳州、九江、安庆等处失守之谣传,真堪痛恨。四时顷回寓,旋诣姚石荃一谈。有旨以袁世凯督两湖,岑春煊督四川。夜遣人探询聪叔,知银行已得江宁等处电,均无恙。

八月二十四日(10月15日) 早起。冷水浴。昨闻子函言,在陆军部见汉口电局来电,言本局现受革党逼迫,嗣后不能通电,乃知电局已为叛徒所占。前此通电均系该党转发,可谓大奇。今早得仲虎信,云汉局昨无警电,惟京师市面萧条,不胜杞忧。十一时赴省馆公祭先贤,余读祝。礼毕饭,同乡诸君聚谈乱耗,无特别警信,未终席诣仲和,谈半日,遇胡珏轩。四时顷与仲和同车赴石桥别业,南洋公学同人在此开会,遇熟人甚多,意城、涤生均言今日无他警闻,惟沙市电报不通。旋与仲和为玉突之戏,余负九丸。傍晚回寓,知蓉阁得镇江电,云"镇安",益见前日长江各城骚动之说为无稽也。与仲虎通信一次。有旨令赵尔丰仍充川滇边务大臣,撤王人文侍郎衔。

八月二十五日(10月16日) 早起。冷水浴。微觉感冒,服金鸡纳丸一粒。上大人书一件。昨日陛云南去,伯初以电话来询,云学生不假而归者均应开除,只得听之。饭后到部,闻荫大臣以昨晚督师进发,林侍郎言得津信,萨都统率海军抵武昌城下,发炮攻击,叛军退守城不敢出。四时许回寓,感冒颇剧,偃卧片时。子函归自军部,云荫大臣沿途有电来京,顷知已抵确山,计今夜必可抵汉也。

通信:上父大人一件。

八月二十六日(10月17日) 早起。以感冒停止冷水浴。草《宪法》第四章按语,伏案竟日,成五条。叶清伊、陆晋笙先后来谈。四时顷以陆彤士为子授室往贺,略坐即回。晚间以按语函送瑶老。子函自陆军部归,询知荫午帅于今晨甫抵郑州,昨云抵确山者误也。

八月二十七日(10月18日) 早起。温水浴。以风琴习《惨睹》一出。饭后以肃邸生辰往祝,未获登堂。遇严莹甫于门,云本日得有消息,云武昌叛兵已携赀溃逃,无烦官军一战矣。旋往谒徐相,不值。遂往官报局,晤清伊,谈片刻。拟往瑶老处一谈,以电话询之,知尚未回,遂回寓。写日记。子函自军部归,询无叛军溃逃之说。夜间得仲虎来信,言京汉路局得汉电,黄州防营兵变,于二十五午后失陷,大智门车站昨亦被占,电线割断。今日自信阳州来电,知官军与叛军于江岸接仗,叛军败退,荫大臣现驻信阳云。

八月二十八日(10月19日) 早起。温水浴。饭后到修订法律馆,四时许回。

八月二十九日(10月20日) 早起。本日蓉阁生辰,与四弟同往候之。饭后到部办事,四时许散归。子函云闻汉口已由官军克复。晚间在黄宅饭。

八月三十日(10月21日) 早起。温水浴。饭后到焕章殿会议第九次进呈稿本,两邸均无异议,遂分填正文,由隐邸装订,余施圈点,事讫已近五时,各散(此件定于初二日进呈)。昨日闻汉口克复之说即二十七日江岸(刘家庙)之捷也。本日闻隐邸言,二十八日官军又与叛军接仗获胜,擒杀三百馀人,云荫大臣由信阳进驻花园(车站名,南距玉带门车站一〇八启罗密达[1])。

---

① 启罗密达:英文 kilometer(千米)之音译。

九月初一日(10月22日)　早起。温水浴。十时顷以吴彭秋夫人之丧往吊,旋出城拜客一处。到资政院,闻长寿卿言,外务部得荆州将军电,闻宜昌兵变,府城失守。又闻吴向之言,二十七日刘家庙之捷乃官军伺匪退而收复之,非真战胜也。本日开院礼原定午前行之,因是时正逢日食,故改于午后行礼。一时许礼,邸奉旨恭代莅院,先由议长、副议长及国务大臣等同议员行三跪九叩礼,旋礼邸升台,由那相捧读上谕,复由礼邸代宣摄政王训词迄,各退,议员仍拱立俟议长复位。指定陈谢折起草员(徵宇、庸生、顾仰山及余),余旋与徵宇、庸生同在阅览室草定折稿,交秘书厅,遂散。访章仲和,不值而回。

九月初二日(10月23日)　早起。温水浴。饭后到资政院选举专任股员,余于第三股得十四票,当选为法律股员,又将请提出修订《院章》协赞具奏案议决,遂散会。闻长沙、西安同时有警。叙斋贝子邀往一谈,遇润田,探询乱耗,知所闻不虚,似此各处响应,廿一、二日之讹言成为事实,殆有燎原之势矣。仲和兄弟约石桥别业晚饭,托润田代辞,即回寓。

九月初三日(10月24日)　早起。温水浴。饭后到部。发电至湖南,探询乱耗。闻桂大臣言北军在花园地方与革军接仗,获胜。旋往石桥别业,本院议院诸君在此开会。昨牟贡三等提出弹劾邮传大臣案,余虽赞成而觉其措词尚不足动听。本日陈叔通、籍亮侪等提出《修正案》一件,语极中肯,因议决。明日当场提出,若幸得通过,后日即行具奏,为迅雷不及掩耳之计。旋散归。闻九江有警。

九月初四日(10月25日)　早起。热水浴。饭后诣叙斋贝子,谈片刻。到资政院,正值易纬如演说弹劾案主旨,颇讶议事进行之速。旋由籍亮侪提出《修正案》,并说明理由,经三四人演说赞成之后,特派员某君欲发言,李缉庵起质问之,某君答词支离。余起倡议应要求盛大臣出席,众大赞成,旋有人反对,谓盛大臣出席,亦不能答复,可无庸要求。特派员陆渭渔起言借款事,根据张文襄所计草合同,余反诘之,谓日本借债一千万元亦张文襄草合同所有乎?旋请付表决,时列席议员一百十九人,全体起立。众要求明日具奏,议长允诺,宣告散会。寻与仲和同赴石桥别业,打弹一盘,余胜。十时许同仲和诣叙斋贝子晚饭,坐有孔怀、润田,闻本日借外国债三千万元,已签押。谈至十二时许而回。闻九江警讯不虚。

九月初五日(10月26日) 早起。午刻诣闰生,告以昨日议决情形,谈片刻到部。闻朱伯言言,本日有旨褫盛宣怀职,以唐绍(彝)[仪]代之,未到任以前令吴郁生署理。有顷,巨六自法制院来,亦述所闻如此,又对于川事有明发一道,大略系惩治肇乱地方官,释放无辜被拘诸绅。有此二事,亦足以挽回人心一半矣。得广东巡警道电,广州将军凤山于昨日由港抵粤,遇炸弹而死。闻湖口失守。五时顷回寓,晚间得读本日上谕:"盛宣怀革职,永不叙用。"斯足以伸国论而平公愤矣。

九月初六日(10月27日) 早起。冷水浴。诣石荃枢密一谈。饭后诣叙斋贝子,知昨日隐邸自请入对,于罢斥盛氏之旨,赞助甚力,具见大臣谋国之公。旋赴资政院,于泽远提出弭乱策数事,经三数人讨论之后,议决三件如下:一、罢亲贵内阁,二、将《宪法》交院协赞,三、解除党禁。作为三件具奏案同日呈递。议长指定起草员,余在其列,余起力辞,因另易他人。散会后诣闰生,适仲和亦至,因谈日来京师谣言甚多,或云民政大臣将勒令内城汉民移住外城,或云禁卫军队将对于汉人起暴动,以致人心惶惧,纷纷迁避。若不设法镇抚,恐生意外,因招润田同来一商,拟运动政府明降谕旨,解释群疑。在闰生处晚饭,谈至八时顷而散。本日有旨授袁慰帅为钦差大臣,节制各军,召荫午帅还朝。回寓后得润田电,顷以所闻白农相,农相意欲令商会具一公呈到部,由部奏请明发较为有因,属余拟一呈稿。

九月初七日(10月28日) 早起。冷水浴。因江苏水灾,蒙恩颁发内帑。诣西苑谢恩,遇陈瑶老及润田,知昨晚荫帅来电,官军大捷,恢复汉口。谢恩讫,诣哈云裳探听,未遇。旋访柳溪,谈院事良久而回。本部抄送荫帅来电，知昨日官军由滠口过四道桥进攻，毙匪甚多，夺获枪炮多件，遂得刘家庙，乘胜进占大智门，连日大雨，兵士露宿云云。代拟商会呈稿未就，得润田来电，知方与仲和同在闰生家，因往商酌一稿。留午饭，饭后到部办事，同人闻捷电，均欣然有喜色矣。

九月初八日(10月29日) 早起。冷水浴。智吉来谈，云昨在六国饭店见德文电，官军胜利，革党退至汉阳，与官电相合。十时顷与子函同访下濑医学士一谈，午刻回寓。傍晚子函自陆军部归，言昨夜四时得太原加急电报："兵叛城危。"本日寿副大臣往军谘府议办法竟日，故未到署，因亟告诸石荃枢密，属转询详情。有顷，石荃遣人来告，云政府已决派第六镇兵由保定前往防守矣。有旨逮瑞澂治罪。

九月初九日(10月30日) 早起。冷水浴。到资政院，午刻得见本日上谕四道：一引咎自责，一罢皇族内阁，一将《宪法》交院审议，一解除党禁。窃意朝廷既有悔祸之心，吾民自有望治之意，流血惨祸，或可免乎？午后开股员会，审查法律案数件，事竣而回。夜间家人聚议避难，决议由六弟妇、外姑及秀英分携子侄辈赴津暂避，即于明早动身。

九月初十日(10月31日) 早起。送六弟妇等回南。秀英涕泣就道，为之黯然。得八弟书，即发一电报覆之。

九月十一日(11月1日) 早起。

九月十二日(11月2日) 早起。诣闰生，旋往资政院，与同人商榷《宪法》信条，籍君忠寅持一院制说而理由颇不贯彻，予起辨难，几至决裂。午刻伦、泽两邸到院，述本日滦州军队电奏，对于初九日谕旨尚多不满，有"荷戈西望，不胜迫切待命之至"等语，并闻禁卫军亦与滦州联合，岌岌可危。又闻武昌有电到阁，请停战。惟其条件如何，尚不可知。审查情形，非将滦军要请各条立予决答，不足以救危急。余仍回起草室，同人已议定信条十九事，即付秘书厅誊写。随后，两邸亦来演说纂拟始末及今后办法。同人力陈利害，请将宣布信条之事于明日奏陈,务乞即日裁可,以安人心。两邸应允,旋开会(《爱国公债案》付审查,《宣统宝钞案》否决)。忽议长将上谕宣布,将宪法交资政院起草,众欢呼,余未及散会,先行退出。

九月十三日(11月3日) 早起。饭后到部,以旧拟《融化满汉办法折稿》付辅臣转交明允。旋诣林赞老一谈,见本日上谕,所有本院具奏《宪法》信条悉予裁可,立即颁布。朝廷如此让步,是亦可以已矣。从赞老处回部,遇逵臣、叙五,略谈近日变局,相与太息,旋即回寓。

九月十四日(11月4日) 早起。冷水浴。得天津电话,知六弟妇辈将以今日安平船赴上海,大兄有公事来京云。十一时顷诣润田。遇大兄于途,询悉因北洋交涉司有事须与外务部接洽,故来。因即同车到润田家一谈,并晤止欺(新自日本回,主润田家),留饭。饭后邹紫老来谈,余旋到院,大兄亦愿旁听,因同车往。诣议长室一谈,并观各处来电。日来外间舆论对于资政院之举动颇致不满,自汉口虐杀事件起,南中民情益愤,无论如何调停,恐终无效。三时许会议,陈徵宇等提出上奏案三件:一、虐杀事件,二、宪法事件,三、革命党解散改名事件。均略有讨论,多数可决。五时半散会,闻上海已有革命军占据制造局,并焚烧官署,惟租界甚安。

九月十五日(11月5日) 早起。与冈田通电话一次。大兄来寓一谈,匆匆即去。饭后赵翁(即赵珍之父,在十三陵大红门居住,前因游岣岩相识者)偕一人来谈。到子函处,遇日人相川君在坐,谈及时局,相川谓:“日本立宪谓之王政复古,今贵国立宪可谓民政复古。”论甚新警。寻与润田通电话一次,知李平书被推为上海令,又闻杭州亦已被占。此等举动似皆为虐杀事件所迫而成。嗟乎,嗟乎,我瞻四方,蹙蹙靡骋。强邻环伺,岂有幸哉!夜间闻苏州亦不守。

九月十六日(11月6日) 早起。访润田,许九香在坐,共谈借款问题。饭后因资政院谈话会往赴,润田报告此次借款始末,并详言其利害。同人讨论许久,不得要领。伯初因各省摇动,倡议采用美利坚联州制度，嗣后各省行政长官由省议会公举，就余商榷，欲由本院具奏。余以现在各省正在纷扰中，无论何等朝命，均不能行，此举亦恐无效，因劝令姑待。闻本日有旨以张绍曾为宣抚大臣，往长江一带宣布德意。

九月十七日(11月7日) 早起。冷水浴。以被派为《法令全书》总纂，至官报局视事，阒其无人，稍坐即往仲和处。伯初已往资政院，以电话来速余去，正踌躇间，子函自寓中来电，云传闻保定陷落。旋伯初亦从资政院回，云晋抚吴绶卿被杀，因相顾失色。群谓北方大局将不可收拾矣。饭时闻吏部衙门起火，益惶骇。余亟驾车回东城，经前门，正遇救火者，纷纷取水。顺道访下濑，谈片刻回寓。石荃来谈，云探闻绶卿系被旗兵所杀，似此满汉相仇必将演成极大惨剧。卣收拾行李，决意明早赴津，傍晚得萧智吉电话，云天津、保定均已变，恐不可行。因匆匆复诣下濑，拟暂借华东饭店为安顿家属之所，乞得介绍书一件，遣车回寓备用。旋得润田电话云京津电话仍通，渠大人等亦明日赴津，属代为照料。十一时顷到华东，则卣等均未来。得四弟电话，云准定赴津，因即回寓。

九月十八日(11月8日) 午前二时许，携眷与四弟夫妇及孙、黄两家同赴东车场，车中拥挤，已无立足之地。思待第二次快车再行，适遇秦闻诗兄弟，力劝上车，子函亦不肯再待，止得强就道，狼狈不堪言状。午前十时半抵新车站，余单身先下，往访大兄，而眷属等拟投租借长发栈暂住。在大兄处休憩片刻，往旭街十号访闰生，闻京城有被围之信，颇疑其不确，旋遣人到长发探听，云已无空屋，不知四弟等何往。饭后回大兄寓，倦甚，睡数小时。何升来言眷属刻已安顿长发分栈，即在本栈对门。晚饭后与何升同往一视，旋携幞被往闰生寓住宿。

九月十九日(11月9日) 早起。到长发分栈，遇意城、涤生于门，云张凤辉兄弟在某番菜馆招饮，捉余同往，即偕行。润田夫人借住廖凤书家，饭后与意城同往一访。旋又到电报局发一电与润田，回至闰生寓。高子来来谈,仲和尊人以晚车来津,探悉京师尚安,惟出京者纷纷。是夜仍宿闰生寓,闻滦州军前队已进次丰台,又闻本埠将于今夕宣告独立。

九月二十日(11月10日) 早起。昨夕本埠安稳无事,知所闻均系谣言。到长发分栈,仲和尊人与颂平、楙堂来访,乱事决非旦夕可平,而客栈又非久居之地,拟就租界赁屋居住,颇不易得。闻胡玉轩言日本公园附近有空屋可赁,因请导往一观,则已有人先入占之矣。回陆寓,外间喧传袁相在孝感被刺,未敢信以为真也。

九月二十一日(11月11日) 早起。昨四弟在旭街觅得一屋,门牌七十八号,楼底各两间半,另有厨房一间,月租七十元。先付两月,同人决议赁定,拟于日内迁往。

九月二十二日(11月12日) 早起。闻南京已复。与闰生同往电报局探听消息。晤杨霁川,知南京确已无事,并闻武昌有平和解决之说。午刻回闰生寓,饭后到七十八号,眷口及行李均已迁来,尚未安置妥帖。二时半赴哲子约,顺道复访闰生,伯屏在坐,以李总裁致议员书见付,大略言京师现在无事,大局颇有转机,属各议员早日会集,定廿三日开会云云。遂诣哲子商榷国民议会发起事,预议者除余及哲子外,有孟鲁、静生、继新、翊云、远容,议决先组织一团体,名为"国事共济会",由会中提出一陈请书于资政院,请召集国民议会,解决近日纷争之问题。傍晚回寓,迁居事已大致楚楚。晚饭后孟鲁及宰平来谈,孟鲁报告国事共济会发起办法,顷又另议得妥当办法。本夕尚拟接续会商,因复共诣闰生一谈,旋又同往哲子处商榷,至三时顷而散。

九月二十三日(11月13日) 早起。四弟同蓉阁早车回京。仲威来谈,与同诣闰生,回寓饭。饭后与子函同至大兄寓,略憩即同至交涉公所晤大兄。据言日来消息大松,黎已投降,武昌城内革军有溃散之说,并闻南京革军进攻大为官军所破,安庆以一千防营击退革军七千。南京官军且乘胜而下,将规复镇江、上海云云。旋与子函回寓，将顷间所闻各节转告各友，颇觉疑讶。夜得北京资政院电话，属明早回京。早睡。孟鲁来谈，询悉本日早车进京，晚车回津，袁相准于午后四时许抵京，渠赴津时正见西人男女无数在西车场迎候云。

九月二十四日(11 月 14 日) 早起。与历甫乘八时五十分快车回京，到前门遇顾巨六，因附巨六马车到伊寓所，阅北京近日各报，颇觉昨日在津所闻之不实。饭后到资政院，晤伯屏，悉昨日会议以袁相已到，本院应与接洽一切，故今日特开谈话会计议对待袁相之法。三时顷开会，李议长报告顷已晤袁相，尚拟辞职，又对于《宪法》信条上总理大臣之地位颇不了了，且亦未悉资政院政见是否与己相合，故非讨论明白不能担此重任。议员讨议数四，公举徽宇、绶珊、仲威及余凡四人前往谒见，解决各项问题，旋散会。电约袁相于八时顷往见，余先散，与徽宇等约以七时半会东兴楼，旋往东单二条胡同访仲和。晚饭后赴东兴楼，与徽宇等同诣锡拉胡同谒袁。袁首述主张君主立宪之宗旨及理由，次述对于信条上种种之疑问，次言对内对外各种困难情形，末言辞职之意。余等一一为之解释，并劝其当以天下为己任，不可固辞。袁允再商，旋各散。余回二条胡同，许九香来谈，是晚即宿章寓。

九月二十五日(11 月 15 日) 早起。回羊宜宾胡同寓，历甫昨住余处。饭后到法制院，晤仲鲁、仲和，又往统计局，与晳子商榷国事共济会问题，旋以议员谈话会赴资政院。袁总理于今日谢恩，余将昨夕与总理面谈之语逐一报告同人，以总理既经就任，所有本院应与接洽办理之事甚多，因各抒所见，提出各项条件，预备协商。五时顷散会，到章寓，闰生由津回京，亦来谈，晚饭后回寓。

九月二十六日(11 月 16 日) 早起。热水浴。石老来谈。十时顷到资政院，与同人商定与总理大臣协商条件，徽宇来言本日新内阁组织发表，除国务大臣外，并各部副大臣亦一并任命。午后二时许开议员谈话会，将协商条件逐一讨论，颇有争辩。余等虑生意见，乃将条件内易生疑问者自行撤销,随即议定散会。访仲和,知在闰生家,因往共谈,晚饭后回寓。

九月二十七日(11月17日) 早起。石老来谈。十一时顷,智吉偕英国《太晤士报》驻华访事摩利森君见访,论时局一时许。旋往李孟鲁家,与哲子、静生、季新诸君商榷国事共济会办法。午后三时顷到法制院访仲和,见本日上谕,因哲子辞职,以刘廷琛为学部副大臣,新内阁用人如此,那得不令人失望。随同仲和至其寓,玉轩、润田、止欺、孟鲁均来谈,十时顷回寓。摩利森以明晚七时招饮,属转邀同志数人共往一谈。

九月二十八日(11月18日) 早起。访石老不值,旋诣偶邸,论近日大局,邸颇持乐观之说,以为东南各省之纷扰殆同儿戏,倘中央政府立定脚跟,各省自然瓦解,并力劝余镇定,毋自惊扰。留饭。饭后到部,知裕右丞自请开缺,得旨俞允。遇朱伯言,询悉安庆亦已独立,中丞被推为都督,惟形势颇不稳,伯言拟即日前往省视。三时许到法制院,晤仲鲁、仲和、鹤雏,谈良久。华阁丞来院商酌誓庙礼式及日期,余谓即于孟冬时享之日举行此典较为简便,阁丞亦以为然。旋回寓。六时顷孟鲁来谈,有顷智吉亦来,同诣摩利森,仲和踵至,席间谈及中国时局,摩君以为日本若不得英国之同意,决不敢单独行动。饭后观其藏书楼,插架数千卷,均系关于中国之著述,搜罗之勤,真堪倾倒。十一时顷散,宿二条胡同。

九月二十九日(11月19日) 早起。仲和闻余寓有空屋,思移居其中,与其夫人同来一观。伯平亦来。仲和夫人以屋小不能容,遂作罢论,决定迁往闰生家暂住。下濑学士来谈,为余等摄一影而去。留仲和伉俪及伯平饭。饭后与伯平同往升平园沐浴、理发,颇觉畅适,浴罢回闰生寓止宿。

九月三十日(11月20日) 早起。十时顷访哲子,关于共济会问题商榷许久,静生、季新先后来谈,留饭。饭后与静生同到资政院,或言山东独立已取销;或言福建省城独立为各郡所反对,群起攻之;

或言广西有兵无饷，岌岌不可终日。似此纷乱，诚不知何所底止？三时顷开会，首议《剪发具奏案》，多数赞成；次议《改用阳历具奏案》，决议以宣统三年十一月十三日改为宣统四年元旦。次议共济会陈请事件，静生首表赞成之意，经三四议员讨论后，喻君志韶起而反对，宗室某君和之，拍案大呼，声震议场，秩序大乱，遂由议长宣告散会。余即往闰生家。

十月初一日(11月21日) 早起。闻历甫及四弟于昨夜来京，因即回寓。石老来谈，徐君佛苏见访，主张南北分立说，力言统一主义之不可行于今日，且谓共济会徒滋纷扰，必无结果，所言亦颇有理由。饭后到部，旋往法制院访仲和，剪发、改历两案均已于本日具奏，然未有谕旨发表，闻尚须经内阁会议方可决定云。汪子健言冯国璋有电来京，谓海军已降革党，开炮攻击官军。汉口连日大雨，军势颇不振。旋与仲和同诣柳溪一谈，五时顷回陆寓，润田来谈。山东独立条款有"与大清政府永远断绝"之语，军队大为反对，于是决定取销独立之说。闰生与其夫人自津回京，是晚仍宿陆宅。

十月初二日(11月22日) 早起。回寓。以延鸿贝子生日与仲和、润田相约往祝，午刻在陆宅会齐，同往入谈一小时。去年今日为速开国会问题，余曾以书致贝子，力言五年说之非计。本日贝子谈及旧事，且出此书示仲和、润田，谓"君等未尝负大清，大清实负君等耳"，言之惨然。旋到部办事，初拟本日晚车赴津，忽奉旨补授左丞(小彭于前日请开缺)，不得不暂留数日。闻本日内阁奏定关于停止召对具奏事项，明日应否谢恩，尚须考查。因到法制院一询，知谢恩折照旧呈进，惟毋庸递膳牌。晤斗瞻、向之，言汉口军势不支，溃去三分之二，馀军退保武胜关，并闻山东独立取消之说亦尚不确。回至陆宅，得石老书云"有要事面商"，即往访之，值其出，乃回寓。有顷石老来，关于督师问题有所商榷，历甫自资政院回，抄示驻京军队致本院议长议员等匿名信一件，以要求通过借款事件，多迫胁之语，有云"一月无饷，则寸磔汝等以充饥"。呜呼！资政院真众矢之的矣。晚饭后诣石老一谈,以下濑学士见访回寓,谈片刻。旋与历甫同到陆宅,历甫旋仍回寓,余宿陆宅。

十月初三日(11月23日)　早起。往谒乌副大臣,谈京师地面保安事宜,渠意欲将题署所管营兵改隶警厅,一律作为巡警,余甚惜其主张之已晚也。谒徐、袁二公,均不得见。又访九香,亦不值。旋谒赵大臣,谈半时许回陆宅饭。三时许以赴津到东车场,历甫同行,在车中遇蒯若木,云南京已不守,张勋逃遁,所部四溃,于是长江流域全入民军之手矣。七时五十分抵津。晚饭后孟鲁、涤生来谈。

十月初四日(11月24日)　早起。与历甫共访意城,立谈片刻而回,闻诗、意城、贡三、缉庵、(又川人某君)、涤生先后来谈。饭后补写日记。大嫂挈东、庚二侄女来寓。傍晚余往人和里访大兄,时尚未回。伯母病体日臻康复,不胜欢慰。到津浦路局访桂辛,询悉今日尚接浦局电报,但云南京岌岌可危,并未云不守,昨所闻于若木者盖尚非确耗也。回大兄处,晚饭后回旭街寓,邵仲威本日晚车出京,来述昨日资政院谈话会情形,尚有多数议员主张痛剿者,真可谓至死不悟矣。寄仲和信,上大人书。

通信:上父大人书。

十月初五日(11月25日)　早起。夜来风雪,凄厉殊甚,枯坐无聊。饭后与历甫同诣平安里访章珏生丈,谈一时许而回。四弟及蓉阁以本日晚车出京,因雪阻至夜间一时始到。

十月初六日(11月26日)　早起。张棣生来谈。十一时顷走访闰生,询悉亦以昨夜一时来津,京中无甚消息。回寓饭,饭后与蓉阁等同出购物,途遇籍亮侪及江△△,云将往访牟贡三,邀余同行,因同访贡三于美以美会刘牧师家。江君言前日谒袁相,据称连得前敌捷电,克复大别山及汉阳城,群相骇诧。旋与亮侪、贡三同诣闰生一谈,拟走访严范老,以电话往询,云有病不能见客,遂不果往。回寓见本日《北京日报》,果有官军占领大别山之信,此则武昌殆矣。晚饭后子来来谈,与同往日本理发店剪除发辫,棣生来谈。

十月初七日(11月27日) 早起。彤士来谈,与同诣闰生,略谈即回。饭后与历甫、蓉阁、四弟出购物,途遇子健、涤生、竹笙、鹿园诸君,邀过余寓一坐,枯寂无聊,因以手谈消遣。孟鲁、健斋先后来谈,七时许客散。有顷,孟鲁再来,留之晚饭,长谈。子来亦来谈,至十一时顷而散。历甫等到长发栈探听消息,回称见本日《北京日报》,言官军占领大别山之信尚不确,惟占领汉水南岸之四平山,距大别山尚二十馀里也。闻卓如来津,寓大安栈,以书往探测,则云未在。天津谣言之多如此。接仲和信。

十月初八日(11月28日) 早起。历甫、蓉阁及四弟以本日早车回京。意城来谈,与同诣闰生,遇邵仲威,云官军以昨日占领汉阳,此信系得诸《天津日日新闻》社,据称此间交涉司及日本领事馆均已得电话,乃确耗也。旋即回寓,饭后寄一书与仲和,探询确信。孟鲁来谈,渠将以本日晚车进京,余亦亟欲知汉阳消息,因约同往。比到车站,买本日《北京报》读之,乃知所闻不虚。车中遇鹿园、远容,七时顷抵京,四人共往四喜手谈消遣。十一时许回陆宅,伯平尚未睡,以本日上谕见示,相对凄然。

十月初九日(11月29日) 早起。访李柳溪及赵智庵,各谈半时许,旋回寓。饭后到部办事,四时顷散,到陆宅拟与仲和同谒袁相,因兴致阑珊,复思作罢。忽得费仲深自苏州来书,附来《上袁相书》一缄,属为代呈。仲和因力劝余往一见,即持书往谒,良久入谈,余告以大势之所趋及国民意向之所在,不宜过事拂抑,袁相极言外交危急,历引三韩故事为鉴,现在总以赶速平和了结为要,亦复持之有故,言之成理。谈一时许辞出,仍回陆宅住宿。

通信:得仲深书。

十月初十日(11月30日) 早起。回寓。徐相来谈,谓革党近在奉天、大连等处有所举动,颇有日本人在内为之主谋,并接济军械,俟革党发动,日本政府即以兵据奉天,盖运动中国内乱,因而乘机以平乱为口实,遂其野心也。又闻英人进兵广州,法人进兵云南,若再不解决，必召瓜分之祸。属设法将此意宣布国民，先将奉天暴动暂行按住，徐商平和解决之策。余允到津与闰生一商，饭后到部，四时到车场，以晚车赴津，车中遇孟鲁、远容、健斋诸君，八时顷到津，远容约荟芳晚饭。

通信：覆仲深书，由八弟转交。

十月十一日(12月1日)　早起。伏侄来寓，带到八弟信乙件，内附有仲仁及仲深书，因即发一电致仲仁。旋往闰生处转述徐相意，共商办法。饭后与同诣哲子，遇季新，邀之来寓一谈，缉庵、巨六、哲子、孟鲁、意城、仲威、子来、君度先后来。

通信：发仲仁电。

十月十二日(12月2日)　早起。闰生、仲威来谈。

十月十三日(12月3日)　早起。到人和里省视伯母，适大兄已往公所，因走访之，谈片刻而回。本日卣生日，午刻食面。午后在津友人先后来访，知南京已于昨日被民军完全占领，并闻官军与武昌革军定休战条约如下：一、两军各不得进攻；二、于休战期内各不得增加战备；三、海军中立；四、休战期以十五日为限；五、本条约由英领事保证之。傍晚得念慈书，报告南京被占之事。闰生来谈，旋与立甫、蓉阁共为手谈以消遣。晚饭后子来、意城来述南中情形，已而孟鲁来手谈。

十月十四日(12月4日)　早起。访闰生及伯刚，各谈片刻而回。得仲仁、翼之等公电，属转达项城，大意谓两军各有和意，会议结果应绝对服从，请预储实力以免反汗。伯刚来谈，午后与涤生、历甫、意城手谈，晚间与三君及蓉阁、子来、四弟同往东轩料理店啖スキャキ[1]，九时顷散归。

通信：得仲仁等电。

十月十五日(12月5日)　早起。访闰生。饭后以章珏生丈明

---

[1] スキャキ：指日式鸡牛料理。

日生辰与历甫往祝，并探询伯初昆弟来津期，坐谈片刻而回。大兄处送来父大人赐书一件，当即覆陈一禀。旅津友人先后来访，夜间共为手谈以消遣。

通信：大人来信，即复一缄。

十月十六日(12 月 6 日) 早起。本拟与四弟等早车回京，因彼等起迟，致不果行。访闰生，得润田书，法国借款已成画饼，两合同均已签字，而法政府来电言英、美、德、法、俄、日六国连约决定不借华债，真是致命伤。京师仅馀十日之粮，过此必将生变云。旋与闰生议，以北京政局既不可支，若非有继起之新政府，何以立国，因联名致书雪帅，劝其速行组织内阁，以免瓜分。寄六、八两弟，送由仲仁转呈。仲和夫妇以其尊人生辰来津，在闰生处相遇，言劳玉初日来大为运动，提出《宪法》信条追加条文，凡有违反纲常礼教之议决事件，皇帝有不裁可之权。此提案已得三十人以上之赞成云。与仲威同访亮侪，不值。晤访渔一谈，回寓，寄柳溪书一件。六时许闰生来，手持日本《天津日报》号外见示，摄政王退位，世续、徐世昌为太傅，保育皇帝，与袁世凯共膺国事，各赐年俸五万两云云。

十月十七日(12 月 7 日) 早起。见昨日上谕，其要点如左：

一、监国摄政王退位，所钤“监国摄政王章”即行缴销，仍以醇亲王退归藩邸，每年赏给岁俸五万两，由皇室经费内支出。

二、嗣后用人行政责成总理大臣、各国务大臣担负责任。

三、颁布诏旨应盖用御宝，并觐见礼节由皇太后率同皇帝将事。

四、以世续、徐世昌为太保，保卫圣躬。

闰生、聪叔、仲威、心穀来谈。补写日记。午后旅津友人陆续来访，聊为手谈。傍晚闻闰生接到北京急电，亟往一探，乃润田所发，因内阁派仲和往汉口会议，属为转达也。旋回寓，亦得一电，疑予亦在被派之列，即持电往仲和处译之，仍系润田托转达仲和之语，与致闰生电为一事也。谈至十一时顷而回。

十月十八日(12 月 8 日) 早起。与四弟早车回京，饭后到部办事。四时许诣陆宅,巨六、孟鲁、伯平诸君以两军在汉口开平和会议,欲另行组织团体,相机补助,劝余同行,余殊不欲预闻。昨日有旨臣民准其自有剪发,改用阳历,着内阁妥速筹办。

十月十九日(12月9日) 早起。仲和、伯平赴汉,余往访柳溪及下濑,各谈片刻。旋诣润田,遇伯屏,又松江人某君新自蒙古回京,述蒙事甚悉,总之此次乱事虽幸得敉平,而藩篱尽撤,外患愈深,加以经济恐慌,上下交困,收拾残局,盖亦难矣。饭后到部办事,以四时五十分车来津,车中闻棣生言,本日有旨以冯国璋总统禁卫军,调良弼为军谘使,可为龙骧虎步,举动非常矣。

停战期自本日早八时起至十一月初五日早八时止。

十月二十日(12月10日) 早起。访晢子,知已入京,遂回寓。伯刚、棣生、子健先后来谈,饭后钰轩、健斋、意城、子来先后来谈,与棣生、健斋、历甫手谈消遣。得樟侄自上海来电,言津危,劝余辈速回申,不知其听得何种谣言也。

十月二十一日(12月11日) 早起。蓉阁与历甫早车回京,走访闰生,知尚未回,即回寓。张心縠来谈,得仲仁及仲深电,属转致项城。萃青自上海回,带到子涵信一件,又言舟中遇一河南人曾君广为字建庭者,自武昌奉军政府命进京,向项城有所游说,欲余为之介绍。余以素不相识,思一见其人,约定今晚见顾。覆仲仁、仲深信一件,得父大人书,即覆一禀。六时顷萃清偕曾君见访,述武昌情形甚悉,并言彼党宗旨欲以共和之名义暂行开明专制之精神,项城若果有意,决无人愿与争总统一席,此行拟由蔡君廷榦介绍见项城,一探其意见云。

通信:得大人书,即覆。得仲仁、仲深电,即覆一信。

十月二十二日(12月12日) 早起。雪。访闰生,略谈即回。旅居无事,私拟《媾和条款》数事,大略如下:

一、改大清帝国为中华民国。二、民国之统治权由国民依宪法组织各机关行之。三、大清皇帝及其继统之子孙永远享有皇帝之号称及荣誉。四、皇帝驻跸热河。五、皇帝于皇室自治事宜有制定法规之权。六、皇族之有爵者依旧世袭。七、皇族除特免兵役义务外，与国民有同一权利、义务。八、皇室经费年三百万圆。九、本约与民国《宪法》有同一之效力。

似此调停君民之间，彼此均可相安无事，实为上策，未审会议诸君见及此否。晚间棣生来谈。

十月二十三日(12月13日) 早起。张心縠来谈，示以私拟《媾和条款》，张大赞成。走访闰生，初意约与共入京，将私拟《条款》游说东海转达项城，闰生颇不同意，争论良久，即回。心縠复来，已而伯平亦来谈。三时顷与卣同到车站，以晚车回京。

十月二十四日(12月14日) 早起。冷水浴。到迎宾馆访曾建庭，询知已与蔡公接洽，惟项城拒不见云。访润田，不值而回。饭后到部办事，四时顷往谒徐相，以张仲仁等先后两电面托转致项城。旋回寓，闻会议地点确已改为上海。晚间建庭来谈，留饭。闻官军占领娘子关。

十月二十五日(12月15日) 早起。冷水浴。柴生振权来谈。访润田，遇伯屏，留饭。饭后到部，闻南军提出条件凡四：一、推翻满清，二、优礼皇室，三、厚待满人，四、统壹各省。四时顷回寓，润田、伯屏来访，留为手谈。

十月二十六日(12月16日) 晏起。冷水浴。张宗伯来谈，饭后到部办事，以肃邸娶子妇往贺。旋往访智吉，谈片刻而回。寄子函及立夫信各一件。

十月二十七日(12月17日) 早起。冷水浴。润田电约午后到表背胡同正金住宅手谈，其太夫人及如夫人访借住该处也。石老来谈，午后四时顷与卣同到正金住宅，润田方诣外务部，候一时许始回。啖スキャキ。十一时顷回寓。

十月二十八日(12月18日) 早起。冷水浴。饭后到部办事，四时许散归。夜间曹君直来谈，留饭。大风。

十月二十九日(12月19日) 早起。冷水浴。彤士及隐南先后来谈。三时顷到官报局晤欧阳局长,略谈时事。旋访柳溪,不遇。遂到外务部晤润田,议以私拟《约款》共说东海,偕往谒见,辞以感冒,遂各散。首相移居新外务部(改为内阁公署),归途顺便一谒,亦未得见。

十一月初一日(12月20日) 早起。冷水浴。哈云裳来长谈,留饭。四弟及立甫自津回京。饭后到部办事,四时许回。约萧智吉伉俪、曹润田及其太夫人、如君来寓啖鸡牛料理,并为手谈一局。闻山西革军并无戕杀外国人情事,又闻端午桥在资州被戕,政府及民军两方代表于本日在上海正式开议。

通信:闰生来信,附仲和信一件。四弟由津带来六弟及茂、龙书各一件。

十一月初二日(12月21日) 早起。冷水浴。姚次之来长谈,留饭。饭后到部办事,五时顷回寓。晚饭后补写日记。

十一月初三日(12月22日) 早起。冷水浴。上父大人书一件。徐尚之来谈,饭后到部。四时顷散,诣叙斋贝子一谈。回寓得润田书,云沪议坚持共和,停战期又展七日。山、陕均有电告急,外债又无从借贷,属将前拟《条款》转达东海,忠告项城,因即作一书致东海。

十一月初四日(12月23日) 早起。冷水浴。何济川来谈,寄大兄及闰生书各一件,托卣带去。又寄朱桂辛书一件,令张坤持往。卣以本日晚车赴津,余送之登车,伯屏、涤生、仲骞等均同行。余旋往升平园沐浴,有顷立甫亦来,浴罢,立甫约往东安饭店晚饭,遇商云汀衍瀛。七时许回寓。

十一月初五日(12月24日) 早起。冷水浴。写日记。停战期自本日午前八时至十二日午前八时止。诣润田,遇凤辉,知沪议坚持共和,并闻外人口气亦变。政府所派议和各员均赞成民党。法债既作罢论,日前美债渐有成议,复为上海美总领事一电所危。饭后访紫东枢密,谈一小时而回。

十一月初六日(12月25日)　早起。冷水浴。饭后到部办事，四时顷散，访柳溪，不值即回。

十一月初七日(12月26日)　早起。冷水浴。风。得西儿信。与立夫等手谈。叙斋贝子电约今夕往府一谈，润田寄示唐大臣致阁电一通，劝项城赞成共和。七时顷润田来寓，与同诣叙邸，邸出示唐大臣致庆邸及项城电一通，语意略同前电。惟恳请将国体问题付诸国会公决，邸亦无所可否，惟太息而已。十一时顷回寓。

十一月初八日(12月27日)　早起。冷水浴。闻晢子回京，十一时许往候之，询悉南中近情，并知日来廷议除召集国会以外，亦无他法，不久当有明文发表。饭后到资政院秘书厅访蓉阁及立夫。四时顷同到东车站，以晚车赴津。

十一月初九日(12月28日)　早起。访闰生于荣街十七号，略谈京中近日所闻。旋往访念慈、仲芳。午刻回寓手谈。晚间闰生约在敷岛料理店夜饭。

十一月初十日(12月29日)　早起。阅报见昨日懿旨，允唐大臣电奏，将君位、共和两问题付诸国会公决。一面由内阁草《选举法》，与民军协定执行；一面令唐大臣与民军总代伍君商定罢兵条款，以弥大难。朝廷公天下之心，昭然可睹矣。饭后闰生处送来本日《京津时报》，有唐大臣致内阁电一通，即请开国会原奏也。

十一月十一日(12月30日)　早起。仲威来谈，与同访籍亮侪，不值而回。阅《天津日日新闻》，载内阁奏请召集国会原奏有云："内察民情，外观大势，实逼处此，无可转圜，言和则词说已穷，言战则饷械两绌。"语极凄惨，为之浩叹。昨日各省代表集南京开临时总统选举会，投票之结果，孙文得十六省之同意，当选为临时大总统。

十一月十二日(12月31日)　早起。十一时顷念慈见顾，同车到河北。余在交涉司门前下车，晤大兄，闻叔鲁去志已决，日来正赶办报销，豫备接替也。二时许，余往人和里，候至三时半到新车站，四时一分上车，晤闰生，有高君洪恩者同室，谈近年西藏交涉情形甚悉，渠因驻藏中有年也。阅报见唐大臣致阁电数通,于撤退军队及禁止借债两端均已承认,惟国会选举办法及开会日期尚有争执。抵京,寓闰生处,《民意报》载孙总统致袁相一电,有"公方引嫌,文暂承乏,虚位以俟之心,终当大白于将来"之语,盖孙固以国家为前提,非必有自居成功之意也。

十一月十三日(1912年1月1日) 早起。曾建庭来京,以电话相询,欲晤谈,因往宴宾旅馆访之,知其并未往上海,惟到汉口一行。午刻回陆宅,润田在座,闻前日姜、冯、张怀芝、曹锟各军队通电南中,不承认共和,又电致亲贵,劝毁家助饷,拟决一死战。饭后到部,阅报载北省纷纷反对沪议之通电,似此情形恐成南北分治之局。四时顷回陆宅,稷堂言顷闻武汉方面业经开战,自昨日午后三时战至八时,惟胜负尚未知云。呜呼,生民何辜,重遭荼毒,吾侪不知死所矣。

通信:得子函来书。

十一月十四日(1月2日) 早起。与闰生登楼一望,天日晴朗,然在愁人目中,观之只增忉怛。十时顷诣柳溪,略论近日大势。旋回寓,补写日记。晚车赴津,今日探知两军尚未决裂,十二日之役民军已承认误会矣。

十一月十五日(1月3日) 早起。回旭街寓访闰生,旋访念慈、仲芳。寄润田信一件。午刻回寓。晚间在念慈处手谈。

十一月十六日(1月4日) 早起。此间各报喧传滦州军队宣布独立,并电致内阁,要求共和。顷闻已为官军击败。

十一月十七日(1月5日) 早起。闻滦州已无事。韩、曾两君来谈。晚间与蓉阁等手谈。孟鲁自上海回津见访,备述南中情形,此次革命几于万众一心,各以死自誓,虽妇孺走卒,亦无不踊跃赞成,计各省军队人数殆近百万。

十一月十八日(1月6日) 早起。诣仲芳,谈片刻,遇一日本人某君(濑上恕治,总领事馆翻译)。旋诣闰生。阅报知南京政府业经成立,阁员如下:陆军黄兴,海军黄钟瑛,司法伍廷芳,外交王宠惠,财政陈锦涛，内务程德全，教育蔡元培，交通汤寿潜，实业张謇。旋与闰生共访静生，不值。因访哲子，询知和局颇有决裂之势。首相虽力主和平，而军队激昂，联召请战，内阁驯至，无法弹压，如何如何？旋回寓。饭后伯初来谈，与同访静生，又不值。仍至哲子处一谈，遇熟人自上海回者甚多，少顷静生亦至，所言与孟鲁语如出一口，盖南中实情如此。

十一月十九日(1月7日) 早起。陈仲骞、张心穀来谈。

十一月二十日(1月8日) 早八时顷局散回寓，睡至十二时顷始起。四弟于昨日晚车来津，询悉昨晤润田，和局虽尚未破裂，而北方军队主战，内阁方以选举手续及会议地点问题与民军代表相持，情状极为危险，恐战事终不能免云。

十一月二十一日(1月9日) 早起。旭街寓屋扣至今日，两月期满，余不愿接租。适大兄以人和里寓屋尚有空室，足敷余夫妇之用，因约同居，彼此均稍可节省，遂与卣商定迁居。昨日午后料量行李，遣仆人送往，预行布置妥帖，今日大侄来寓相迓。傍晚卣携富生先往，余仍留旭寓。

十一月二十二日(1月10日) 早起。天雨雪。蓉阁等本拟于今早迁居，因雪不果。锡侯来，因共手谈。午后雪霁，黄远容觅屋到此，定议赁居楼上，月租三十元。于是蓉阁等因以月租二十元赁楼下，免再迁徙，徒滋跋涉。晚饭后回人和里。

十一月二十三日(1月11日) 早起。写日记。饭后到旭街寓，方迁运什物，安置未妥。因访闰生，闻阁议承认共和，将于一二日以谕旨宣示，未知确否。旋访念慈、仲芳，均不值，仍回旭街。少选闰生来访，同往青莲阁啜茗，遇傅惕生、陆彤士、阮子衡、韩邃青诸君，日暮回人和里。

十一月二十四日(1月12日) 早起。阅《天津日日新闻》，两方方以国民会议地点断断争持，阁电有"万无更动"之语，又载内阁用兵方略已着着豫备，所述布置各节，似非凿空之谈，则昨日所闻当非确耗。停战至二十七日午前八时止，大局安危于此数日内当见分晓也。慨念前途，忧惶无措矣。饭后到旭街小坐，旋与立夫同诣闰生，谈一时许，又共访念慈，手谈消遣。七时许四人同往聚丰园晚饭，饭罢回寓。

十一月二十五日(1月13日) 早起。得四弟书，饭后到旭街小坐，旋与立夫共往日本理发馆理发，访闰生，遇仲威、远容，谈片刻。回旭街寓，小憩而回。

十一月二十六日(1月14日) 早起。冷水浴。手谈竟日未出。

通信：上父大人书一件。

十一月二十七日(1月15日) 早起。到旭街遇陈仲骞，见大阪《朝日新闻》译载南京政府布告文一首，光明俊伟，可与美州宣布独立文并传矣。又载美国议会外交委员长サルザ氏，已提出承认南京政府议案，大约可望通过云。旋与仲骞、立夫共访伯初，留午饭。饭罢访李孟鲁，立谈片刻，共往访哲子，不值。因访伯刚，谈良久，旋访闰生、念慈，均不值。遂共至仲骞寓一坐，闻停战期限又续展十四日，或云十二日，如此迁延不决，甚不可解。与孟鲁等访陈任先，不值。因共赴青莲阁啜茗，则任先与意城皆在，共谈一时许，闻前日上海外国商会有长电致北京亲贵，力劝平和了结。五时许回寓。

通信：得四弟书，即复一缄，并寄润田及逵臣各一缄。

十一月二十八日(1月16日) 早起。冷水浴。阅报载西林致项城一电，以撤去唐代表严词规正，有云"谁尸其咎，惟公一人"。比日对于时局颇极愤懑，本日决意辞职，草呈文一通，寄尚之参事，请为代办。四时顷到旭街，旋与孟鲁共访念慈，孟鲁约至苏宝宝校书处晚饭。《民意报》号外称袁相本日午刻在东华门遇炸，受伤未死，颇深骇异。旋遇仲芳(于晚车出京)，知炸死卫兵一名，袁相并未受伤。

十一月二十九日(1月17日) 早起。访王叔鲁司使，不值，略坐而回。闻袁相遇炸事，盖袁朝罢回邸，车过东华门某茶铺，有人抛掷炸弹，连发两枚，皆不炸，而驭者已惊觉，驱车疾驰，比第三弹炸裂，则车已过,仅伤卫队数人,毙队官一名(袁金标)。刺客当场拿获,十一人内有直隶人一、贵州人二,馀未详,如何办法亦未知,惟闻相意不欲深究云。阅报载张仲仁及庄蕴宽(苏都督)致项城一电,语极痛切。寄八弟书一件,饭后章珏生丈及伯初来谈。四时顷访念慈,于造币厂同车到其寓,孟鲁、爽甫、履平等皆在,谈一时许。念慈约至聚丰园晚饭,孟鲁到车站,遇子健、鹿园下车,邀之同来。闻子健言,本日皇族会议有南北分治之说,并闻西林又有续电到京,促承认共和。

十一月三十日(1月18日) 早起。冷水浴。得四弟书,即覆一缄,内附去与绍叙五书一件。傍晚,蓉阁来谈。得父大人书,星季在湘以侵吞公款被人告发,竟处死刑。三妹已赴沪成服,哀哉!

十二月初一日(1月19日) 早起。到旭街访立夫、蓉阁,旋共往访孟鲁,谈片刻,又同访意城。本日《民意报》载民军代表伍秩庸电,"清帝已有退位之议,前此秘密磋商,未便先行发表,刻已议有头绪,不日即可决定"云云。以理度之,此信非子虚,果能如此和平解决,岂非国家之福?意城以昨日出京,云闻诸外部,皇帝退位之后,南中允将临时政府取销,另设临时政府于天津,未知是何用意。并闻逊位诏书已豫备妥帖,三四日必当宣布矣。回旭街饭,饭后孟鲁来谈。四时顷孟鲁约往苏校书寓手谈,晚饭后回寓。

十二月初二日(1月20日) 早起。得逵臣及润田书。饭后阅《西厢记》遣闷。三时许到造币厂访念慈,与同车至其寓,旋到蓉阁寓,适曾建瓯及邃青在坐,云本日北京有电,调京奉铁路专车均赴京,不知何用。傍晚念慈约鸣玉手谈,晚饭后回寓,大兄言法领事馆得京电,言皇帝逊位后总理即到津组织临时政府,各国公使亦同来,乃悟京电索车者,殆即为此。

十二月初三日(1月21日) 早起。冷水浴。寄逵臣及喀喇沁王各一缄。午刻大兄自交涉公所回,言昨日京电将京奉及津浦线列车悉数调京,实为总理及各公使赴津之用。饭后阅《西厢记》。得润田书,述南中允许优待皇帝条件如下:(一)大清皇帝仍称大清皇帝,相传不废,待以外国君主之礼。(二)暂居宫禁,日后退居颐和园。(三)皇帝岁俸由新政府提交国会议决,但不得少于三百万两之数。(四)陵寝宗庙永远奉祀,并由民国妥为保护。(五)崇陵未完工程及奉安经费仍照实用数目支出。(六)保护原有私产。又关于待遇满蒙回藏条件如下:(一)与汉人平等。(二)保护其私产。(三)筹八旗生计,于筹定以前仍给口粮。(四)废除营业及居住之限制。(五)王公世爵仍旧。以上条件正式缔结后由驻荷华使知照海牙和平会存案云云。惟昨日皇族会议,仍不得要领,而京中有人布散传单,竭力反对,并痛诋庆邸,故邸不甚发言。今日召见庆、醇,庆已请假,又生波折矣云云。随即覆寄一缄。

十二月初四日(1月22日) 早起。阅《西厢记》。饭后到旭寓略坐,旋访闰生及伯刚,各谈片刻,知逊国问题以种种阻碍急切,颇不能解决。又闻内阁拟就上谕两道:一为逊国,一为宣战。阁臣不自擅决,付诸皇族会议,但若采用乙种办法,阁臣即一律辞职云。旋往青莲阁啜茗,遇三六桥都护,略谈蒙古情形,日暮回寓。

十二月初五日(1月23日) 早起。冷水浴。诣津浦铁路北段工程总局,访桂辛,谈片刻而回。饭后闷损无聊,写《西厢记》一折。

十二月初六日(1月24日) 早起。得乐亭覆书,略言外间传闻,多不确实,辩论则有,并非反对。惟因庆邸请假,故未能解决。不日当有定议,第观庆意如何耳。随即寄覆一缄,属其与那、博诸邸一讨论之。旋往访闰生,遇尤榦臣桐,谈片刻,到旭街寓饭,张心穀来谈。饭后访伯刚,闻廷议宗旨一变,决意宣战,项城去后将以铁宝臣代之。旋回旭寓,略坐,与立夫、蓉阁再访闰生,不值。访仲芳,入谈片刻,又同往青莲阁啜茗,遇马海饶、吴和甫,均言连日廷议,多数反对共和,项城势不能再留,将以荫午楼为总理大臣,京师人心极为恐慌云云。日暮回寓,寄润田一书。

十二月初七日(1月25日) 早起。冷水浴。得徐尚之覆书,悉渠于上月廿六来津,本月初四日始回京,请开缺,呈即于初五日呈递赵堂,想日内当可发表也。本日大伯母六十四岁生辰,晚间吃面。

通信:得曾介白书,即覆一缄。又上赵智庵尚书一缄。

十二月初八日(1月26日)　早起。到旭街小坐,旋访闰生,知昨日入京未回,仍回旭街。念慈来谈,报载昨日上谕,申明廷意以国体之解决付诸国会,戒臣民毋得轻信浮言。又载阁电辨明《民意报》所载伍秩庸电"秘密磋商"等语之不确,似对于逊位之说竭力表白其为谣传者。然则此次停战期满后,除宣战外更无他法也。旋访伯初,留午饭。饭后与伯初同访张棣生、刘伯刚探听消息,均无确闻。旋共往青莲阁啜茗,流连一时许而回。途经商务印书馆,购革命纪念邮片十六叶,壬子年官商通用日记一册。

十二月初九日(1月27日)　早起。访朱桂辛,悉已到铁路总局,乃诣局候之。正谈论间,梁燕生自京师以电话招往,桂辛与语。桂辛去,余在楼上,忽闻枪声雨响及警笛声,颇为疑讶。桂辛旋至,云昨夜京师有人炸良赉臣,语未毕,见楼下巡警犇驰,行人走避,知必有故。探之则天津镇张怀芝自京来津,下车时有人向施放两枪,均未命中,而其人则已被获。桂辛复述京电,云赉臣被炸伤腿,刺客自行炸毙,尚未审为何许人。暗杀迭出,危机四伏,若大局再不解决,恐京津之乱即在目前,年少皇族之肉岂可食乎?旋回寓,寄四弟信一缄,写《西厢记》一折遣闷。饭后到造币厂访念慈,旋与念慈同车到其寓,又同访闰生,适章钰生丈及伯初、心穀、孟鲁等皆在,谈一时许散。访立夫、蓉阁,不值而回。彦明允出京来访,大兄、蓉阁亦在,少选王叔鲁来会,共饭。饭后桂辛遣使邀往其寓一谈,至则任振彩凤苞及闰生在座,闻本日前敌各军段祺瑞、倪嗣冲、张勋、曹(崑)[锟]及姜桂题等十馀人连名电奏,力请承认共和,并声明战争之无益,约一千馀言,殊觉出人意外。又闻姜桂题及冯国璋辈在京分向各王公竭力游说,劝其平和了结。项城布置着着进步,机会已熟,解决不难矣。回寓已逾十二时。

十二月初十日(1月28日)　早起。冷水浴。寄八妹书一缄。

念慈来谈。上父大人书。饭后寄伯平及仲和书。饭后诣桂辛,振彩亦来,同到总局,桂辛以电话探询吴士湘(东海幕府),知各军联衔电奏于今日呈递,慈宫无言,但令交各王公阅之。昨日张勋军与民军战于凤阳府属之固镇(津浦路线),初战得利,傍晚民军又来攻,炮力甚猛,遂致败绩,电阁乞援云。旋回朱宅,闰生亦来,手谈至十时许而散。得润田书。

十二月十一日(1月29日) 早起。闻四弟于昨夕来津,寓旭街,因往视之。彼方与周荃生同来河北视余,中途遇余车,因折回,略谈京中情形。饭后访闰生,闻今日有御前会议,未知结果如何,并闻停战期又延长两周。前日有诏锡袁相一等侯,相上书固辞,今日见其辞表,引咎自责,语极敏妙,公真天下英雄也。旋与孟鲁同往苏校书处一坐,复回旭寓,遇范任卿,略谈即回。寄叙斋贝子一书,寄润田一书。

十二月十二日(1月30日) 早起。昨夜十二时后有人在督署对河紫河厂及镇署旁同时施放炸弹,并未伤人。施放人立即被捕,内有日本人二名,殊为大怪。饭后寄朱季箴一书,定购《北京日报》。陈颂平来谈。

段军统等电奏列衔者凡四十七人,记之如左:

一、段祺瑞,二、姜桂题,三、张勋,四、何宗莲,五、段芝贵,六、倪嗣冲,七、王占元,八、曹锟,九、陈光远,十、吴鼎元,十一、李纯,十二、潘矩楹,十三、孟恩远,十四、马金叙,十五、谢宝胜,十六、靳云鹏,十七、吴光新,十八、曾毓隽,十九、陶云鹤,二十、徐(尔)[树]铮,廿一、蒋廷梓,廿二、朱泮藻,廿三、王金(镇)[镜],廿四、鲍贵卿,廿五、卢永祥,廿六、陈文运,廿七、李厚基,廿八、何丰林,廿九、张树元,三十、马继增,卅一、周符麟,卅二、萧广传,卅三、聂汝清,卅四、张锡元,卅五、张士钰,卅六、袁乃宽,卅七、王汝贤,卅八、洪自成,卅九、高文贵,四十、刘金标,四一、赵倜,四二、仇俊恺,四三、[周]德启,四四、刘洪顺,四五、柴得贵,四

六、施从(宾)[滨],四七、萧安国。

十二月十三日(1月31日) 早起。温水浴。北京君主立宪维持会日来散布传单,谓段制军等联衔电奏系民党伪造,劝人勿自为所惑。午刻颂平来,长谈抵暮。晚饭后诣桂辛,探询时局消息,逊位问题仍无着落,亦并无继续停战之明文,固镇方面自初十日后不闻更有战事。十一时许回寓。

十二月十四日(2月1日) 早起。昨日《北京报》载,赉臣因受伤过重,医治无效,于十一晚物故,未敢信以为真。本日得润田书乃知果然。赉臣早日宗旨如何无从深悉,而近则以哈云裳之忠告知大势无可挽回,方拟游说亲藩,劝令和平了结,乃以众怨所集,终殒厥生,为之太息。饭后到自治局访颂平,阅《国民公报》,载有一则题为《表白项城心理》之函件,据称苏军政府近日检查邮件,发见一极有关系之信,乃系京中某要人致同乡某君者,录之如左云云。审之乃系上月二十六日余上父大人书,不知何以登入报端也。旋与颂平同诣闰生,闻逊国诏书将于十七日发布。已又同到青莲阁啜茗,日暮与颂平步行回河北,雇人力车回寓,得龙儿及杨千里信,即各覆一缄。

十二月十五日(2月2日) 早起。冷水浴。得本月八日六弟书,知上月二十六日余上父大人书果受苏军政厅检阅,此种侵害民权之举动,究竟依据何种法律,殊为骇异。饭后到旭街一坐,旋访闰生,又同访伯刚,闻逊国诏书已于今日午后四时顷颁布,并闻京师各城门有炮队把守,以防暴动云。傍晚回寓,询诸大兄,则云尚无所闻。晚饭后诣桂辛,探听消息,渠亦未闻,因以电话询北京吴士湘,则云今日会议,逊国问题并无一人反对。刻尚未宣布,想不久必发表矣云云。十时顷回寓,得丁君惟忠信一件。

十二月十六日(2月3日) 早起。闻报见昨日谕旨,余请开缺已经代奏奉准,甚以为慰。饭后徐尚之来谈,闻直督陈小石坚请开缺,得旨以张馨庵镇芳署理。晚间颂平来长谈。

十二月十七日(2月4日) 早起。冷水浴。到旭寓一坐,访闰生不值,往念慈处略谈,仍回旭寓。旋与立夫同访孟鲁,不值。途中购得《北京日报》一纸,阅之知逊国诏旨今日不能发表,有缓至二十一日之说。遂与立夫同诣章钰生丈,余留午饭。饭后与伯初同到旭寓,适任卿及邃青在坐,共谈片刻。再与伯初同访闰生,仍不值,因同往青莲阁。途遇陈任先,立谈数分钟,任先以本日早车出京,言比日与南京政府商榷各件,尚有未尽妥洽之处,故暂不发表云。到青莲阁无所遇,遂回。晚饭后诣桂辛,闻自本日起又停战十日,并闻逊国事虽无发表明文,已有密旨交内阁承认共和云。旋即回寓。

十二月十八日(2月5日) 早起。得润田书,并附来梁燕生及阮斗瞻书,述项城命促余入都,襄理阁务。又有一书致伯屏,属余转达。润田书中兼及闰生,云亟盼速来,因诣闰生一商,闰生尚未接有阁函,属余先行,即以伯屏书托闰生转送,到旭寓一坐,旋即回人和里。饭后闰生偕于子昂来谈,询知已得阁函,约明日早车同行。

十二月十九日(2月6日) 早起。赴新车站,以快车赴京,闰生、子昂、伯芝、伯屏、伯初均同车,十刻抵前门,附闰生马车同到其寓。饭后到内阁,晤燕生、斗瞻诸君,旋见项城。优待条件经皇太后亲笔改定,于十六日由阁电致南中,尚未得覆。若覆电全数承允,则国体问题立可解决,惟奉天一省尚未妥洽,并闻日本从中唆使,恐发表后尚有风潮,甚为可虑。燕生与同人商榷解决后应办各事,诸人各就所见言之,由燕生条记,豫备着手。傍晚回陆寓。

十二月二十日(2月7日) 早起。诣喀喇沁邸,遇土尔扈特王及巴林王在坐,略谈时局。午刻到内阁,闻南中电覆优待条件,颇加修正,每条均加以“清帝逊位后”字样,又皇帝岁用改为四百万圆,禁卫军归陆军部编制。此间均不能同意,即拟就覆电由国务大臣分诣庆、醇两邸面商,于明日入内请旨。傍晚与润田同车到其寓,闰生亦来手谈,至十时许而散。

十二月二十一日(2月8日) 早起。孟鲁来谈。午刻到阁,闻拟覆优待条件,内意甚以为然,即于今日电覆南中。奉天反对风潮甚剧,闻派张金坡锡鉴为帮办防务大臣前往疏通，该省致电拒绝。传言某邸潜往运动，并欲倚某国为外援。此间豫备种种善后文牍，就中《对北方各省督抚宣言》一件系云裳所拟，措词尚未完善，斗瞻属余修改。傍晚回陆寓，另拟一通，略谓此项改革为中国从来未有之创局，非舍故君而代之新君，乃由帝政而变为民政，非但与印、韩诸国亡国败家者不同，抑且与夏商以来易姓受命者迥异；中言吾人同属国民，各有天职，艰难缔造，义不容辞；末言诸公爰在前朝，夙膺疆寄，幸各同心戮力，允奏成功，有以慰同胞望治之心，方不负清廷致政之意。

十二月二十二日(2月9日) 早起。得伏侄书，附来苏州庄都督电，乃张季直闻余开缺，属来南一谈。即覆一电，谓国体将决，此间正在准备，稍后即归。旋与闰生同到内阁，闻燕生言南中激烈派反对优待条件，议欲杀唐、伍两君。恐生枝节，亟须设法疏通，余因与闰生议致季直一电，详述东三省情形，毋再以虚文惹起反动，由闰生主稿。饭后拟谕旨一道，又拟电两通，晚饭后回陆寓。

十二月二十三日(2月10日) 早起。于子昂来谈，旋与闰生同诣内阁，优待条款已得伍代表电复，略加修正，仍与前案无甚差异，并称迁就已至极点，决难再让。枢意拟即奏请照此宣布，燕生属余草奏，拟于明日呈递。饭后燕生述项城意，令将奏草修正数处。四时顷脱稿，交燕生。与润田、孟鲁、闰生同以晚车赴津，仍住人和里。得大人赐书。

十二月二十四日(2月11日) 早起。补写日记。上父大人书一件。饭后阅八月二十日以来日记，可作清季稗史观也。正拟出门访友，忽督署遣人传述北京内阁电话，云有要事，促陆闰生及余务于今日回京，不审何事也。比三时半，匆匆赴车场，伫候良久，车至，入一等室，觅闰生不得，又入二等室，觅之亦不见。仍返至一等室，遇阿约三及程绍唐昆弟。车至安定，过别车一访熟人，遇晢子，询知亦将赴内阁，乃约到京同行。七时顷抵前门，附晢子马车同到内阁，晤燕生、斗瞻诸君，因发表在即，应办文牍甚多，故项城促余等速回也。拟电稿及信稿各七件。十时许返陆寓。

十二月二十五日(2月12日) 早起。十时顷到阁。本日国务大臣入内请旨发表,同人均来此静候,惴惴恐有中变。比及午,闻各大臣到阁,一切照办矣。大清入主中国自顺治元年甲申至今宣统三年辛亥,凡历十帝,二百六十八年,遂以统治权还付国民,今满汉蒙回藏五大民族为一大中华民国,开千古未有之局,固由全国志士辛苦奔走之功,而我隆裕皇太后尊重人道,以天下让之,盛心亦当令我国民感念于无极矣。於戏!隆裕皇太后其可谓至德也已矣。三时许回杨仪宾胡同寓所一览,旋往访智吉,不值。回陆寓,与闰生登高楼一望,匕鬯不惊,井邑无改,自古鼎革之局岂有如今日之文明者哉?晚饭后智吉偕谢畏岑来谈。

十二月二十六日(2月13日) 早起。与闰生到公署商办各项文件。傍晚与孟鲁同到升平园沐浴,润田、云裳踵至。浴罢同到长春手谈,至十一时顷而回。

十二月二十七日(2月14日) 早起。南京来电,坚请袁公赴宁,不审何意。十一时顷到公署,发电致参议院议员杨翼之,又发电至上海致汪季新,托仲和转达,均言明袁公不能离京之故,属其设法调停。另由闰生拟致季直电一通,词意略同,若令南中坚执不变,必致彼此龃龉,又生波折,良用隐忧。

十二月二十八日(2月15日) 早起。萧智吉来谈。十一时顷到公署,悉孙总统昨夕来电,言辞职已得参议院许可,该院将于近体午后二时开临时大总统选举会,袁公覆电力辞。连日北方各省(直、鲁、豫、晋)、蒙古王公代表全蒙及小吕宋、墨西哥等处华侨均以函电推举袁公为临时大总统,众望所属,决难推辞。虽有少数人之反对,无足轻重也。四时顷与润田同诣叙斋贝子,谈至八时许而回。

十二月二十九日(2月16日) 早起。与闰生同到公署,悉昨夜十一时得南京参议院来电,昨日午后三时开临时大统领选举会,满场一致选定袁公为中华民国临时大总统。袁公尚拟发电辞谢,同人均力持不可固辞，乃允暂时担任，由余拟电数通覆孙逸仙、黄廑吾及参议院。以本日晚车赴津。得父大人书。

十二月三十日(2月17日) 早起。到旭街，一路见五色旗飘扬空际，气象一新。与立夫同访念慈、仲芳，谈片刻。又与立夫同至一日本理发店理发，回旭街饭。饭后又同往青莲阁啜茗，遇熟人甚多。四时许回寓。

杂录：

去墨迹新法：

盐化石灰，二十分；净水，三十分；醋酸，五分。贮暗色玻璃瓶内，极力振荡之，以毛笔蘸涂墨迹上。

人名录：

孙子涵，上海老垃圾桥南堍盛泾里二百卅五号。

赵玺，符卿，昌平转明陵大宫门东首。

赵珍，席卿。

附录

忆汪衮甫先生

王芸生

前驻日公使汪衮甫先生(荣宝),于本月十八日(廿二年七月十八日)病故于北平协和医院,外交界的人物又弱一个!

中国自清光绪二年(一八七六年)与日本正式交换使节,在这五十多年历史上,中国有两位姓汪的驻日公使。一位是汪凤藻,一位便是汪衮甫先生。他们二位是叔侄,先后驻日,又各代表了一个重要的时代。老汪先生是甲午战时下旗回国的,而汪衮甫先生离开日本才两月,九一八事变便爆发了。

光绪二十年与民国二十年,是中日外交史上两个最重要的时代,而中国的驻日公使恰巧是他们叔侄。甲午之战是中国削弱的大关键,九一八事变又把存亡问题摆在中国的面前。这两位汪公使占了两个重要时代,又都曾为国家尽过挽回厄运的努力。不幸都失败了!

兹先述老汪公使对甲午事的努力。朝鲜东学党作乱,中日两国相继出兵,日本借端寻衅,对中国提出三项要求:(一)中日两军会剿韩党;(二)两国派员共同整理改革韩政及税务;(三)两国派员并教练韩军,使自能靖乱。这时清廷狃于宗邦之见,当然不能承受。李鸿章虽较知虚实,亦不敢重违清议,所以他电汪凤藻说:“韩乱已平,我军不必进剿,倭军更无进剿之理。乙酉,伊藤于我订约,事定撤回,又倭韩条约认韩自主,尤无干预内政之权。均难于约外另商办法,请直截回复。”[①]但是老汪公使的意见，不这样简单。他以为对日本应有相当的让步，他接到李鸿章的电报，即覆一电，大略说：“倭要我三端，索覆。奉谕微示其意。兹就管见，拟答四条：㈠倭认韩为中属；㈡华允倭会剿；㈢乱定照约撤兵；㈣中倭皆不干预韩政，惟劝韩自行清厘。此以认属替会剿。既与相持，彼肯收场固好，否亦谢之有辞。”[②]

这个见解，颇为正确。彼有提案，我必有对案，若完全拒绝，结果当然决裂。这主张的要点是允许会剿，有此让步，则东学党一平，衅端即行消失。李鸿章不以为然，回电说：“署与鸿所回答彼族者，即是前请直截回覆之词。今来电拟略更变。倭任华属，自乙酉伊藤会议后，迄今绝不肯认。徒说无益。韩乱将平，实无庸多兵会剿。倭系韩与国，用兵内地，向无此例，不可由我代允。惟劝韩以后自行整顿内治，彼此皆不干预，尚是正论。望酌量答之。”[③]总理衙门亦大不谓然，所以电李鸿章说：“汪拟答，前二条皆不妥。韩为中属，各国无异词，倭即不认，亦无损于我权利，何必与办会剿。从此生事，万不可允。”[④]总理衙门的胶执成见，毋宁说是当然。至于李鸿章，并非不知道北洋的兵力不足以敌日本，他的幻想是俄国的干涉。这时俄国公使喀西尼正在天津与李鸿章商量干涉之策。因为这个幻想，使中国失掉三个机会：㈠忽略了军事上的调动；㈡抹煞了英使欧格讷的调停；㈢看不起汪凤藻的意见。从事后看来，这三点对于甲午战役都相当重要。但是我们都未曾运用，所以那位汪公使便代表国家的命运而下旗回国了！

---

① 见《清光绪朝中日交涉史料》卷十三，页十七。

② 同上，页十九。

③ 同上，页二十。

④ 同上。

至于汪衮甫先生,他的胆识过人,二十年前已负时誉。清末的资政院议员,他和雷奋是最为人注意的两个人。武昌起义刚发动,他便提议释放汪精卫先生。他在资政院中正颜厉色的质问:“为什么还不释放汪兆铭?”这话真是震惊四座,结果院秘书长顾鳌起立答辩说:“就要释放!”我们的现在“火坑”中的汪院长,那时就这样的出了监狱。入民国后,始任外交官,先任驻比公使,复任驻瑞士公使,后于民国十三年任驻日公使,直至二十年七月十三日为调查鲜案才离任。当他驻日的时期正是北洋军阀没落国民党代兴的时代,顶到他将要离任的时候,中国的外交政策都被口号标语糊住了。犹忆去年春间作者访先生于北平私邸的时候,长谈约一小时,所谈皆是中日问题。在这度谈话中,我的神经充满了感慨的成分,汪先生也似乎在发挥他的郁愤。我于是知道了标语外交是如何的误国!然而,汪先生虽有满腹积愤,绝却不以私害公,当临别送我至门外时,尚说:“适才所言,有关国家立场,万勿发表!”我很佩服汪先生这种精神,虽到如今,我仍愿守约。但举一例,以见标语外交的误国。

关于法权问题,汪先生已经和币原谈判妥洽了,(改良监狱,设特别法庭,附年限的撤销领判权)及电外交部请训,我们的外交部长回电说:“取销领事裁判权,不容附带任何条件!”这位哗众邀宠的部长是在忠实的执行标语政策!东京的谈判,自然算是白说!

在九一八事变发生的前数月,中日间将发生大事的朕兆,一般有见解的人早感觉到了,舆论界亦多力竭声嘶的唤起政府当局的注意。但是我们的外交当局的耳目都被口号标语糊住了,听不见,也看不清。汪先生身在日本,当然感觉最敏,观察最清,早就看出危险兆头,报告给政府注意。但是政府的做法仍是一味颟顸。汪先生知道自己的话未曾唤起政府的注意,所以特地请汤尔和先生到日本走了一趟,把观察的情形报告给政府。但政府仍是无动于中。这时万宝山事件,朝鲜暴动,以及所谓中村事件,接连发生,九一八事变的条件都已具备了,这位汪公使便奉政府命令离开日本去调查鲜案。汪先生从此回到北平,在空闲生活中,听到了北大营的炮声,看见了四省舆图的变色! 那位标语部长固已焦头烂额而去,这位空怀曲突徙薪之志的公使,却在政府屈辱城下盟(指塘沽协定)后与他的祖国永诀了!

这是很大的一个历史教训。我们政府的外交政策是建筑在这样的一个矛盾之上——嘴里喊着打倒帝国主义,脑里对帝国主义存着幻想。所以一边喊着雄赳赳的口号,一般对这强邻睬也不睬,以为有国际联盟与九国公约在。这与李鸿章对俄国的幻想相仿佛。但是甲午的失机很精微,而九一八的懵懂,却是荒唐!

汪先生总算给他的国家尽过力了! 看哪! 失地了,屈辱了,我们的政府是否仍在标语口号之下讨生活? 我们现在看见为国家尽力的外交官一向未经政府注意,赍恨以终,同时又看见政府拿着我们的血汗去慰劳断送祖国的汉奸(指收编李际春等伪军事),我们在这种极端矛盾的事实之下,不暇为汪先生哭,直为国家前途哭! 呜呼痛哉!

汪先生逝世之第五日

汪荣宝先生哀启

汪东代作

哀启者:先君天资颖异,至性过人,自曾祖父母以次皆钟爱焉。君于先祖父为適长子,以偕诸从昆弟并侍祖庭,故序居第三。时先曾祖官镇江府训导,延名师课诸孙读。君九岁毕群经,文辞斐然,见者惊叹。初先祖母张夫人方孕,梦老媪授以珊瑚剪刀,寤而生君,至是先曾祖奇其文采,每呼君小名曰"梦珊",符梦征矣。岁壬辰,君年十五,与先从父书堂公、立亭公同入邑庠,应岁科试,屡冠其曹,遂食廪饩,以优等送南菁书院,从大儒定海黄元同先生游,益锐意在章句训诂,通乾嘉诸师家法。于经治《公羊春秋》及三家《诗》,性嗜沉博绝丽之文,故尤好扬子云书。于时读《法言》,随笔笺记,积稿成帙。年十九,家母黄来归,明年丁酉举元和县拔贡生,戊戌朝考,用七品小京官签分兵部。君才情英发,一时知名之士多折节为忘年交。会六君子祸作,新政萌牙,摧折以尽。君忧思慷慨,形诸咏歌。时先从祖辈皆官京师,戒君慎言,君由是壹意著书,研精象数,继复取曩所为《法言》笺记,排比增辑,成《疏证》十三卷。君体素弱,加治学勤劬,屡致疾困。己亥冬间,患喉痧几殆,委顿床榻者累数旬。比起,股肉尽脱,时单居客邸中,调护不便,先祖母在镇江忧之甚,急讯召还,君亦屡动思亲之念,因乞假归省,以翌年春末遵海南行。未几而义和团首难,八国连军入寇,京师糜沸。君以国势陵夷,非墨守旧闻所能匡救,遂请命先曾祖入南洋公学为特班生,益多识海内豪隽,如章枚叔、吴稚晖、蔡鹤庼诸先生,皆昕夕过从,视为畏友。君既娴英吉利文,复洞达中外情势,即办装游日本,先后入早稻田大学及庆应义塾,治东西历史,旁逮政法。于是清政不纲，主革命及君主立宪者各张其说以相排牴，而一不为清廷所容，皆亡命日本。日俄战起，诸革命党人留东京者，创立国民义勇军，阴有所规画，君预焉。事既不行，流言纷炽，君从亲友劝，复官兵部。甫定居而先祖母弃养，君哀慕如孺子，几不胜丧。先是译学馆敦聘君为教习，营葬毕事，先曾祖命君行，君乃如约讲授近代史，每至明清得失之间，未尝不反覆深论，用寄微旨，今所行讲义则其粗稿也。一日君驾车有所适，骡骤惊，坠车伤脑，昏厥移时乃苏，虽幸而获全，思力以此稍损。岁丙午服除，值清廷有革新之意，各部大吏争罗致君，由兵部改授巡警部主事。七月下诏立宪，派泽公等厘订官制，君以部员随同编纂，一切章制草案多出君手。馆设朗润园，即世称"朗润园官制"也。寻罢巡警部，改民政部，补参事，仍兼译学馆教习。君往往晨起诣馆授课，日中理簿书或议事，讫申酉乃退，夜则然烛草章奏、编讲稿，精力交罢，于斯为极。以故年逾三十，而鬓发早凋，心气之耗，始见于此矣。是年并罢盛京将军，改置行省，前大总统徐公方为民政部尚书，奉旨出关考察，奏以君自随。君周历各地，尽悉其利弊，即为徐公具奏草，胪陈币制、鹾政、邮传、殖产、交涉诸宜兴革者数万言，识者以为赡博翔实，传诵一时。已而朝命简徐公总督三省，欲辟君置幕府，许保道员，君淡于朊仕，固辞不往。仍以资劳洊升民政部参议，兼宪政编查馆正科员。宣统二年庚戌九月，诏开资政院，君以位望膺敕选议员。时争议新旧《刑律》，久不决。君力持新《刑律》便，辞旨激切，众莫能难，议遂定。先数月革命党人埋炸药道中，谋杀摄政王，事觉被逮，人心汹惧，诸满大臣尤忿怒，将置极刑。君与章仲和厅丞阴左右之，肃王善耆筦民政部，方倚重君，即用君议密启摄政王，谓此曹皆政治犯，朝廷属欲收拾人心，宜从宽大，卒有旨著永远监禁。主其谋者则今行政院长汪季新先生也。侍郎乌珍以此大恨君，遇事龉龁，君不为屈，亦无所芥蒂。辛亥三月与陈荛圃侍郎、李柳溪侍郎等草《宪法》于武英殿，属稿未竟而革命事起。民国元年复被举为临时参议院议员，先祖父已退居就养京邸，君时僦居杨仪宾胡同，与四叔父廉士比舍。不孝延熙生十五年，懋熙十四，与诸弟妹随家母并侍左右。明年冬，八叔父旭初及適义宁陈氏姑亦偕至，家人宴笑，于时最欢。仅逾月而陈氏姑病殁君寓，君恻怆伤怀，累日不解。项城袁公为大总统，夙知君，寖将擢用，君窥其意终不肯守法度，建民治，因乞外任。三年春出为驻比利时公使，兼受命考察宪法。奥、塞衅开，全欧云扰，君随比利时政府播迁法境，密察世界纵横情势，及应付之宜，随时以闻。袁趁机欲自帝，召君还，将属以法制，因从容问舆情如何，君对曰："咸愿公为华盛顿，不愿公为拿颇仑也。"袁嘿然。会先祖父有《论筹安会七不可书》，袁益知君意，终不可夺，即遣君回任。七年调驻瑞士公使，瑞士馆务稀简，有山水之胜，君徜徉自适，得以馀暇重理旧文，凡论音韵及释文字诸篇，皆此时作也。十一年调驻日本公使，君便道归省，以先祖父春秋高，不欲复出。书再三上，寖不报。先祖父亦以中日交涉繁，需或害事，命毋久留，君不获已而后行。十四年一月，先祖父弃养，君闻病先归，躬视汤药，居忧哀毁，如先祖母丧时。于是袁、黎徂谢，执政迭更，国中扰攘之局亘十馀年不息。君周聘历邦，习闻外人轻诋之语及其狡谋。洎返觇国情，深怀板荡，自以终养之愿已乖，不若出任艰巨，冀于国有利，无恤其他。值政府以假满敦促之官，君毅然就道。逾年国民军起湘、粤，转战摧陷，底定南都，日人惎之，遂有济南之役。自尔猜诈百端，动结荆棘。君折冲御难，或先发以制隐谋，或弥缝以消后患，或倾诚建白，扞格不行，或委曲求全，谤端丛集，盖其旁皇焦思之情，有非言语所能形况，而事关密计，亦有非他人所得尽知者。不孝绩熙、重熙等侍侧，虽窃虑君操心危苦，顾君中年以后，摄生慎疾，体转丰腴，虽处忧劳，神气无损，惟有时苦头眩，谒医，医言血压过高所致，无他害。不孝等即亦懵然不察，而君疾病之伏，自此深矣。东三省变将作，日本先有布置，君烛其萌兆，上书告危，当局者以为妄，君又请派汤尔和先生至东京考察，命君所言。汤甫归国，而万宝山案起，朝鲜暴动，杀华侨无算，政府借证调查，君亲历抚慰，尽得其实，方具草陈覆，政府遽撤君归。未一月，日本给兵进踞辽沈，君息肩北平，北平分政府闻变苍黄集议，招君往，往即力言不抵抗之非，主必战，又不见听。君退而发愤，誓不复论国家事矣。先所为《法言疏证》已刊布，君不惬，拟重为之，属草中废，至是发箧陈书，赓续旧业，率日竟三四页以为常。家母见君勤苦，劝少休，君笑曰："吾乐此不疲也。"去年夏，八叔父从南京来，淹留浃旬，君相见欢甚，始稍稍共驾出游，归或论学赋诗，宵分不倦，临别凄感者久之，并问明年得复至否。家人窃怪君语，然以君素性友爱，不虞其他。冬间，君自感心忽震荡，按脉歇至，犹匿而不言。今年一月二十六日，当旧历岁朝，君蚤起，翻《水经注图》，开卷即得"死虎亭"三字，君生寅年，属虎，心甚恶之。旋出门答友朋贺岁者，车中复觉，即过同仁医院谒东医盐泽，以哀克司光镜为君检视，但言心藏较常人扩大，馀无病征，少损思虑当自愈。君归，始为家人罄言其事。二月中戚属有在天津者，请君往证婚，夜止旅社，头眩忽作心荡，按脉搏歇至，加甚，津市卫生局医师侯君希民素相知，诊断如盐泽言。君既累谒医，皆云无病，病由神经作用。不孝懋熙奉母命，复乘间请辍著书，君不许，请加以节度，颔之。自是每至日仄，家母辄顾谓不孝等趣收书，君笑而起。晨则与家人共游北海，借苏疲劳。热河告陷，长城要隘以次失守，日军寖逼塘沽，居民尽徙。君宴处不惊，执笔覃思如故，会八叔父书来问状，君报书曰："以常识度之，北平必无患，且吾万一殉难，未成之稿以累弟矣。"五月十一、十二等日，敌飞机数至，守兵登陴，风声愈亟，家人强扶君暂避他处。已而停战协定成，人心大安，果如君料。比返舍，纂述益勤，一日积草稿至七八叶，家母又以前约为言，君愀然曰："所规良是，恐时不我与耳。"不孝孝熙幼随比利时任，学成留驻瑞士使馆，先后计十九年。去年十二月乞假省亲，至今三月始奉部覆，四月就道，于五月二十二日展转抵平，见君精神犹昔，而衰飒之气时露语言，私请解职留侍，君不知也。六月三十日，《法言》新疏成，君始有愉快之色，不孝等亦私相忭慰，冀君庶几其少休乎，曾不意君忧愤劳瘁，郁结伤中，精力一弛而不可为矣。七月二日，疲乏思卧，测体温微高，翌日觉瘥，即以书招八叔父，且告书成。晡时体温复增，延东医盐泽来诊，谓是流行性感冒，投药发汗，病良已。四日不孝绩熙甫毕业，归自东京，君问途中涉历及弟妹近状，加以慰劳，颜色甚愉。五日晨兴，以久不出游，独往公园散步，归觉胸鬲张满，体又微温，服前剂，汗出不解。次日亟请盐泽复诊，仍言无他，自后体温升降不定，溲短赤色，如淡葡萄酒。君虽婴疾厄，神明不衰，犹于七日召不孝绩熙口授《法言义疏》序文，命就榻前书之。家母视病无起色，商易中医，君雅不欲，唯念友中有知医者，曰"若某来则可。"会某君亦感疾，邀之不至。连日盐泽续诊，初谓气管枝炎，继而疑肺炎，嘱入医院，当乱亟时，不孝懋熙及孙辈患猩红热入协和医院，应手皆愈。由是君决计就协和，先遣不孝绩熙往商美坚利[①]医马禄尔，闻盐泽言曰："宁有肺炎而体温仅三十八度许者？"即随同来诊，反覆检视无所得。时在十日薄暮，乃召病车载君入协和，内科主任卢勒主治，遍检各部，亦不能得确名。至十三日始决为心藏动作弛缓，致外感宿留，爰投以护心之剂，预防衰止，谓心力强则自瘥。十五夕覆检心形，视囊所摄影扩张益甚。十六日清晨，呃逆骤作，家人惶惧，屡叩医，医云："此护心剂之效已复。"欧吐绿汁，医察为胆液，又用助听器按之，微闻水声，乃言心部为水所包，失输血之用，肝不得血，胆液以伤，此时法当去水，冀万一可全，且先注射麻沸剂，止其呃吐。盖相距数小时，而医述病状安危，判悬霄壤矣。自此渐入昏睡，呼吸短促，脉象微丝，家母及不孝兄弟不知所措，唯求速疗。抵暮舁入他室，再以哀克司光照心，骤张数倍，形类蒲篧，塞胸鬲几满，抽水得升二合许，验之中含练球菌。施术以后脉搏顿起，呼吸亭匀，唯酣睡如故，医谓病况转佳，不孝等乃大慰，讵十七日晨险象复见，气促脉微，时时作短咳，有稠液而不能吐。以指略取之，视色浓褐，群医相顾束手，佥谓菌已化脓，谢不复治，唯注射强心剂以延晷刻。申酉之顷，水冲口而出，中杂凝血，四支渐冰。延至十

---

① 美坚利，疑当作"美利坚"。

八日卯刻，竟弃不孝等而长逝矣。呜呼痛哉！君初入医院，医生皆断言无大病，顾君自知不起，十二日适南陵何氏姑来问疾，君历数诸从昆季卒年若干，“以吾较之殊不为夭”，且谓自挽之词已就。何氏姑亟止君，遂不复言。继又一一念家人在南中者，顾家母曰：“八弟胡尚不来？”比八叔父复书于十六日至，则君已危笃，不孝等不敢上陈。伏念君孝友敦仁，宜臻大耋，而设施未竟，遽婴沈疴，天降鞠凶，年不中寿，呜呼痛哉！不孝兄弟五人，姊妹二人，长妹适中山郑氏，归宁在家，与不孝懋熙、孝熙、绩熙并侍君疾。次妹字周，偕弟不孝重熙留学日本，闻病星夜遄归，曾不及见颜色。不孝延熙驻义大利代办公使，弃官奔丧，越五十日而后得展殡宫，呜呼痛哉！不孝等久居荫芘，学不早成，未能尽一日之养。不孝延熙年最长，备员外交，叨窃微禄，而以早年出为立亭公后，违侍日多，拊心长号，追恨何及。先君平生文章、事业，不孝兄弟未能窥其端涯，拟乞当代耆彦，别为纪传。谨先述出处梗概，及病状本末，用以告哀，伏维矜鉴。

棘人孝熙、懋熙、延熙、绩熙、重熙泣血稽颡

故驻日本公使汪君墓志铭

章太炎

君讳荣宝，字衮甫，江苏元和人。清末省元和入吴，故为吴人。考讳凤瀛，清长沙府知府，入民国，充总统府顾问。妣张太夫人。昆弟八人，君其適长也。生时，太夫人梦人授以珊瑚剪刀，故小字“梦珊”云。九岁毕群经。十六从大儒定海黄先生游，研精故训，为文夷犹清典，自以上嗣陆机，视江、鲍蔑如也。弱冠，选元和县拔贡生。逾年，朝考，除七品小京官，签分兵部。八国联军入京师，君年二十三矣，始有济物志，赴南洋公学为师范生。旋游学日本，入早稻田大学及庆应义塾，治东西洋历史，旁逮政法。于是清政不纲，主革命及君主立宪者，坌起相竞，而皆不为清廷所畜，多亡命日本。会日本与俄罗斯有违言，主革命者阴部署国民义勇军，有所规画，君与焉。事既不就，谣诼达京辅。复返官兵部，累迁民政部参议，充资政院议员。清末宪法，君属草为多。是时游学日本归者，除调甚骤，朝野多异言，而君束修自敕，实未尝以奔走获也。

宣统初，革命党人谋杀监国载沣，捕得将置极刑，君阴左右之，得毋死。民国元年，复被举临时参议院议员。时南北假合，所在薛暴，大总统袁公欲以力蹂定之，君知有变，乞外任。三年，出充驻比利时公使，兼考察宪法。远西战起，从比利时政府迁法兰西，密疏列国从衡情势以闻。袁公欲就帝制，召君将属以法制，且问物论异同，君遽应曰：“愿公为华盛顿，不愿公为拿坡仑也。”袁公大沮。时长沙君亦上疏驳异帝制。袁公知君父子终不为用，即遣还。七年，徙驻瑞士公使。十一年，徙驻日本公使。自民国兴，邦交独日本最剧，君故学于日本,识其士大夫,奉使十年,悉得其阴谋牙蘖。二十年春,东三省难将作,君上书告变,外交部以为妄。君请遣使赴东京核实,使者归,而吉林万宝山事起。韩人暴变,部令君行视,君亲历抚谕,尽得其实。方具草陈覆,遽罢君归,未一月,日本兵陷沈阳。

君时在北平,主者闻变,仓黄招君议,君力言宜战,斥迁延避寇为非计。不省,君愤甚,自是不复论国家事。君平生遇人坦易,粥粥似无能者。及遇变,钩校敌情,动应机括,而两为当事所拒。闻故四川督军陈宧言,今日之败,坐枢府非其人,诚得中材主之,折冲尊俎,但任衮甫有馀矣。宧,智谋士也,其重君如此。

二十二年七月,卒于北平。配黄夫人。子延熙,驻义大利代办公使,出为君从兄后。次懋熙,次孝熙,次绩熙,次重熙。女子子二,长适中山郑氏。君天性孝友,先后遭张太夫人及长沙君忧,皆哀毁骨立,几不胜丧。既善文辞,虽公私繁攘,未尝废笔札,尤好扬子《法言》,以为汉儒冠冕,少即为之疏证,后凡数易稿,及写定,距君卒十八日耳。以君文章之美,而又谛审国交形势,盖陆太中、邓伯苗之侪,惜乎所遭非其时也。孔子云"宗族称孝"、"使不辱命"、"文之以礼乐",如君庶几近之欤?二十三年二月,葬于吴陆墓山。延熙等奉状求为铭。余识君在少壮时,后在北都数相见,论文学甚相中。君弟东,又从余学。曩长沙君之殁,余为铭之。今老矣,而又铭君,非以为故旧私,以君父子之行诚有不可谖者也。铭曰:

噫乎衮甫,外彪中睯。珥笔从事,何其敬着!大号涣矣,不扳其鳞。专对之选,行远以文。伏寇西阚,窥我广员。制变在速,驱以救焚。何听之藐藐,而言犹谆谆!退反初服,理其旧闻。馀感未绝,龙性匪训。噫,其学也子云,其行也子云,何足以云?

谈汪荣宝

朱德裳

汪荣宝近卒于北平，溯其生平，亦一人物也。清末以留学生为显官，共曹汝霖等见称四大金刚，而荣宝尤以湛于学问。汤用彬《新谈往》云："汪荣宝，字衮父。幼敏慧绝人。弱冠居沪上，与章太炎同投稿《时务报》，每论文出，时流惊异，一时有汪、章之目。以拔贡廷试得小京官。再随其叔某先生使节游东瀛，肄业庆应义塾。返国任译学馆历史学教授。荣宝先辈皆显宦，独能以勤苦自励。初莅译馆，布衣芒鞋，类窭人子。教授生徒有条段，治学有规程，以故馆生多敬畏之。在馆与张缉光交最笃。学部初设，长沙张尚书调缉光任实业司郎中，张每回馆，裘马丽都，声势烜赫。荣宝心艳之。数日，忽辞去译馆教授职，就差兵部。旋学部、民部、宪政馆争调取。出入必车马，厚仪从，与从前任校事时大异。彼既以负气入政界，竭其治学能力移治官事，自恢乎有馀。以故一年间擢民部参议，仍兼宪政馆、法律馆、资政院事。一时所谓新政条教，出荣宝手者十九。故前清虽云伪立宪，而章程条教，往往有可采者，荣宝之为也。"可供谈荣宝早岁事者之参考。清末号行新政，才士与亲贵为缘，任要职，佐谋议，率盛饰舆服，亦一时风气也。荣宝既尝与章炳麟齐名，民国十四年复有与章太炎论音之争，其说颇精云。

汪荣宝交游简录

宝熙 字瑞臣，号沈盦，爱新觉罗氏，满洲正蓝旗人。光绪十八年(1892)进士，授翰林院侍读。历任国子监祭酒、内阁学士、度支部右侍郎、学部左侍郎、山西学政、宪政编查馆提调等。宣统三年(1911)任修订法律大臣。日记中亦称宝侍郎、宝提调等。

博迪苏 蒙古科尔沁左翼后旗，贝子衔辅国公。宣统年间任(以下称“时任”)御前大臣，镶蓝旗满洲都统，资政院议员。也称博公、博邸。

蔡璋 字子英，福建龙溪人。曾任国会一等秘书、速记科长。幼随父蔡锡勇学习《传音快字》，光绪二十九年(1903)赴日学习速记术，后为资政院附设速记学堂教习，候选郎中。

曹汝霖 字润田，江苏上海人。光绪二十六年(1900)赴日留学，毕业于东京法学院，三十一年(1905)首届游学毕业生考试中进士。时任外务部右参议、右丞，署左侍郎、右侍郎。也称曹参议、曹侍郎。

曹元忠 字夔一，号君直，别号凌波居士，江苏吴县人。光绪二十年(1894)进士，曾任玉牒馆校对官，学部图书馆、礼学馆纂修。时任内阁中书、会议政务处文案。

岑春蓂 字尧阶，又字瑞陶，号馥庄，广西西林人。清末大臣岑毓英子。荫生出身，光绪三十二年(1906)调任湖南巡抚，因长沙抢米风潮被革职。日记中称岑西林、岑中丞、湘抚等。

长福 字绥卿，也写作寿卿，爱新觉罗氏，满洲正黄旗人。毕业于日本弘文学院，时任资政院议员。

陈邦瑞 字瑶圃，浙江慈溪人。光绪元年(1875)举人，次年联捷进士，曾任领班军机章京、户部左侍郎、吏部左侍郎，时任度支部右侍郎，协同纂拟宪法大臣。日记中称陈侍郎、陈瑶老等。

陈懋鼎 字徵宇，也写作徵禹，福建闽县人。光绪十六年(1890)进士，同年授内阁中书。时任外务部右参议、左参议，弼德院参议，驻西班牙公使馆一等参赞、资政院议员。

陈懋治 字颂平，江苏元和人。光绪二十年(1894)举人，南洋公学首届师范生，其妹陈懋䌹适章宗祥。

陈树楷 字绶珊，顺天大兴人。拔贡，毕业于日本法政大学。时任顺直咨议局议员、资政院议员。

程德全 字纯如，号雪楼，四川云阳人。廪贡生，光绪十六年(1890)入国子监学习，后入黑龙江将军依克唐阿幕僚。曾任黑龙江将军衙门营务处总办、署理齐齐哈尔副都统、黑龙江巡抚等。时任奉天巡抚、江苏巡抚。日记中称程中丞、奉抚程、苏抚等，曾资助汪荣宝，与汪荣宝多有书信往来。

程明超 字子端，湖北黄州人。光绪二十八年(1902)由两湖书院选派至日本留学，先后入东京弘文学院、京都帝国大学学习，三十三年(1907)游学生毕业考试授进士。时任宪政编查馆编制局副科员。

程遵尧 字绍唐，也写作绍棠，安徽潜山人。于同文馆学德文，后为该馆德文副教习、官书局德文翻译委员。时任外务部参事。为京剧名伶程长庚之孙。

达寿 字苐一，号挚甫，日记中写作稺甫，满洲正红旗人。光绪二十年(1894)进士，选庶吉士，散馆授编修。时任理藩院左侍郎，宪政编查馆提调，资政院副总裁。日记中常称作达侍郎。

戴鸿慈 字少怀，广东南海人。光绪二年(1876)进士，选翰林院庶吉士，散馆授编修。历任刑部侍郎、户部侍郎。宣统元年(1909)八月，以尚书衔在军机处行走，升协办大学士，次年正月逝世，谥文诚。

丁士源 字问槎，日记中也写作文槎，浙江吴兴人。先后毕业于天津北洋海军学校、上海圣约翰大学，后留学英国，入新林肯大学学习法律。光绪三十年(1904)归国后任北京崇文门关税总稽查，修订法律馆内修官，练兵处军政司法律科监督。宣统三年(1911)任陆军大臣行营处副官长等。

董鸿祎 字恂士，浙江仁和人。光绪庚子、辛丑并科举人，日本早稻田大学毕业。时任学部候补主事。

董康 原名寿金，字授经，也写作绶经、绶金、受经，江苏武进人。光绪十六年(1890)进士，历任刑部主事、郎中；修订法律馆成立后，先后任法律馆校理、编修、总纂、提调等，兼宪政编查馆编制局职，为修订法律大臣沈家本之得力助手。

董玉麐 字祥周，汉军正蓝旗人。拔贡。时任民政部内城巡警总厅总务处佥事，署理厅丞。日记中称董厅丞、董副局长等。

端方 字午桥，号匋斋，满洲正白旗人。光绪八年(1882)举人，二十五年(1899)出任陕西按察使、布政使，署理陕西巡抚，后历任河南布政使、湖北巡抚、代理湖广总督、两江总督、湖南巡抚等。宣统元年(1909)任直隶总督，旋被罢官，三年(1911)以侍郎候补被委任为川汉、粤汉铁路督办大臣，后为乱兵所杀。谥忠愍。

恩华 字咏春，江苏京口(今镇江)驻防蒙古镶红旗人。光绪二十九年(1903)进士，日本法政大学毕业，历任吏部主事、弼德院参议等。时任学部员外郎、郎中，宪政编查馆考核专科帮办。

范熙壬 字任卿，号耘勤，湖北黄陂人。光绪二十三年(1897)举人，后任内阁中书，二十八年(1901)考入京师大学堂，后奉派留学日本，宣统元年(1909)自京都帝国大学法科毕业。时任资政院秘书厅机要科科长、一等秘书官。

范源濂 字静生，湖南湘阴人。曾就读于长沙时务学堂，师从梁启超。戊戌变法失败后，两次东渡日本留学。时任学部参事官、宪政编查馆二等咨议官。

费树蔚 字仲深，号韦斋，江苏吴江人。为吴大澂女婿，因与袁克定为连襟，故受袁世凯器重。

冯国勋 字孔怀，广东番禺人。曾留学日本，毕业于东文学堂，为贝子溥伦翻译官。

冯阅模 号历甫，也写作历夫、立夫，江苏崇明人。日本东京帝国大学法科毕业，宣统元年（1909）第四次游学毕业生考试获优等，赐举人。时任资政院秘书厅机要科科员，兼二等秘书官。

凤恭宝 字永叔，江苏吴县人。贡生，与汪荣宝同学于南菁书院。曾任出使意大利随员。时任外务部候补主事。

傅汝勤 字惕生，湖北沔阳人。留学于日本熊本医学专门学校、东京医科大学，主攻医学科，光绪三十二年（1906）谕赐游学生毕业出身，赏给医科举人，任陆军军医学校教官、北洋督练公所医务股提调等。时任内城巡警总厅候补五品警官。

富士英 字意城，浙江海盐人。光绪二十四年（1898）赴日本早稻田大学学习政治经济学，归国在总理各国事务衙门及北洋大臣公署任职。时任外务部主事，兼差宪政编查馆编制局。

冈田朝太郎 法学博士，东京帝国大学法科大学法国法科毕业，入研究生院专攻刑法，后任东京帝国大学刑法专业讲座讲师、法学部教授。光绪三十二年（1906）受清政府聘请，出任钦命修订法律馆调查员兼法律学堂教员，协助沈家本从事立法调查、法律教育及近代法典编纂工作，帮助纂修《大清新刑律草案》。

高种 字子来，福建侯官人。日本中央大学毕业，归国后应留学生考试，授法科举人。时任法部候补主事、宪政编查馆编制局副科员、资政院译事科科员、二等秘书官，参与《大清民律草案》的修订。

贡桑诺尔布 字乐亭，号夔盦，为卓索图盟喀喇沁右旗第十四任世袭札萨克多罗都棱郡王，卓索图盟盟长。曾留学日本。时任资政院外藩王公世爵议员，为卓索图盟的代表。娶肃亲王善耆妹，日记中称喀喇沁王、喀喇沁邸、贡郡王、乐亭郡王等。

顾鳌 字巨六，四川广安人。光绪二十九年(1903)举人，日本法政大学毕业。时任民政部外城巡警总厅五品警官、司法处佥事、宪政编查馆正科员、内阁法制院办事员。

顾栋臣 字枚良，号恒斋，江苏无锡人。译学馆教习，时任学部郎中、资政院议员，参与帝国宪政实进会。

桂春 字月亭，富察氏，满洲正蓝旗人。历任山东粮道、甘肃按察使、太常寺卿、户部左侍郎等。光绪二十八年(1902)任仓场侍郎，宣统三年(1911)署理民政部大臣，与良弼等结宗社党。日记中称桂大臣、民相等。

桂龄 字梦九，蒙古镶红旗人。举人，在日本弘文学院学习警务。时任民政部员外郎、湖南巡警道。

哈汉章 字云裳、槃园，湖北汉阳人，回族。两湖书院肄业，后被派留学日本，毕业于陆军士官学校第一期。回国任湖北省将弁学堂教官、军督处副使。时任军咨处军咨使。

韩云骏 字邃青，日记中也写作萃青、萃卿等，江苏长洲人。光绪二十三年(1897)丁酉科拔贡。时任陆军部主事、典章科科长。

韩云瑞 后名兆魁，字晋卿，韩云骏兄。光绪二十三年(1897)丁酉科举人。

胡礽泰 字伯平，江苏太仓人。早年赴日本留学，后赴美留学。时任民政部员外郎、郎中，资政院议员，兼差宪政编查馆编制局。

胡元倓 字子靖，别号耐庵，晚年自署乐诚老人，湖南湘潭人。光绪二十九年(1903)以拔贡生选送日本，学于弘文学院师范速成科。翌年回国倡设明德学校于长沙，自任监督。宣统三年(1911)东渡日本，任中国留日学生监督。

华世奎 字启臣，号璧臣，祖籍江苏无锡，后迁至直隶天津。中举后由内阁中书考入军机处，荐升为领班章京。奕劻组织亲贵内阁，升任内阁阁丞；又任宪政编查馆官报局局长。日记中多称为华阁丞。

黄瑞麒 字笥腴，也写作次腴、次如，湖南善化人。光绪三十年

(1904)进士,授翰林院庶吉士。时任安徽道监察御史,宪政编查馆总务处科员、考核专科帮办。

嵇岑孙 字洛如,江苏常熟人。留美习商学,光绪三十四年(1908)选庶吉士,以办学务授编修。时任外务部候补主事、宪政编查馆统计局副科员。

嵇镜 字涤生,江苏无锡人。日本早稻田大学毕业,曾任直隶督署文案、直隶提学使署科长。时任外交部主事、佥事,宪政编查馆编制局副科员。

籍忠寅 字亮侪,直隶任丘人。光绪癸卯(1903)举人,早年留学日本,毕业于早稻田大学政治经济科,回国后任天津北洋法政专门学堂教务长。宣统元年(1909)选为顺直咨议局议员,二年选为资政院议员,三年参与发起宪友会,任直隶支部副干事。

江保传 字隽侯,日记中也写作晋侯,江苏元和人。光绪二十七年(1901)举人。时任内阁中书、军机章京、会议政务处文案。

金邦平 字伯屏,日记中偶作伯平,安徽黟县人。北京汇文书院、北洋大学毕业,后赴日本早稻田大学学习。回国后于首届(1905)游学生毕业考试中进士,授翰林院检讨,曾任袁世凯文案、北洋督练处参议。时任资政院秘书长。

金绍城 字巩伯,一字拱北,号北楼,浙江归安人。留英学习法律,归国后为苏松太道辟为会审公廨襄谳员。沈家本贤之,聘为编订法制馆协修,奏补大理院刑科推事,监造法庭工程处会办,充民政部咨议。

劳乃宣 字季瑄,号玉初,又号韧叟,浙江桐乡人。同治十年(1871)进士,曾任直隶知县等,光绪三十四年(1908)奉诏进京,任宪政编查馆参议、政务处提调,授江宁提学使。宣统三年(1911)任京师大学堂总监督,袁世凯内阁学部副大臣。

雷奋 字继兴,日记中多作季兴,江苏华亭人。诸生,留学日本,研习政法,毕业于早稻田大学,归国后任上海《时报》编辑,主编《本埠新闻》。时任江苏省咨议局议员、资政院民选议员。

李家驹 字柳溪，号昂若，汉军正黄旗人。光绪二十年(1894)进士。先后任湖北学政、东三省学政、京师大学堂监督、学部右丞、内阁学士、内阁法制院院使等。宣统二年(1910)任学部右侍郎，次年任协同纂拟宪法大臣、资政院副总裁，后改资政院总裁。日记中称李侍郎、李阁学、李院使、李总裁等。

李景铄 字孟鲁，福建闽县人。曾赴留留学，归国后任内阁中书、海军处司法官、宪政编查馆编制局副科员、军咨处副官等。

李盛铎 字嶬樵，号木斋，江西德化人。光绪十五年(1889)己丑科榜眼，授翰林院编修，先后任京师大学堂总办、出使日本大臣、山西布政使、署理山西巡抚等。时任顺天府府丞、山西提法使、山西布政使。

李文熙 字缉庵，也作辑安、揖安，四川奉节人。光绪二十三年(1897)举人，曾赴德国柏林大学留学，获物理学博士，曾任内阁中书等。时任四川咨议局议员、资政院议员，参与组织宪友会。

良弼 字赉臣，清皇族，满洲镶黄旗人。早年留学日本，入陆军士官学校步兵科。归国后入练兵处任职，时任陆军部军学司司长、禁卫军步队第一协统领官兼镶白旗都统、军咨府军咨使。1912 年初与溥伟、铁良等皇族成员反对清帝逊位，组织宗社党，随即为革命党炸死。

梁士诒 字翼夫，号燕荪，日记中写作燕生，广东三水人。光绪二十年(1894)进士，改翰林院庶吉士，曾任北洋大臣文案、督办铁路总文案。时任邮传部左参议，武昌起义后任邮传部副大臣。

林炳章 字惠亭，也写作蕙亭、蔚亭，福建侯官人。光绪二十年(1894)进士，特点翰林，累迁至翰林院编修。时任邮传部丞参、宪政编查馆考核专科正科员、资政院议员。为林则徐曾孙，娶陈宝琛女。

林绍年 字赞虞，福建闽县人。同治十三年(1874)进士，授翰林院编修，先后任御史、云南布政使、云贵总督、邮传部尚书等。时任仓场侍郎、民政部右侍郎、署学部右侍郎，后改任弼德院顾问大臣。日记中称林侍郎、林赞老。

刘道仁 字伯刚，湖北沔阳人。早年入两湖书院，廪贡生，后被湖广总督张之洞选派以湖北官费赴日留学，入陆军士官学校步兵科。时任民治司郎中、资政院议员、内务部疆理司长。

刘若曾 字仲鲁，直隶盐山人。光绪十五年(1889)进士，授翰林院编修，先后任协办翰林院事、方略馆纂修官、湖南辰州知府、太常寺卿等。时任大理院少卿、正卿，宪政编查馆提调，内阁法制院院使，修订法律大臣。

刘廷琛 字幼云，号潜楼，江西德化人。光绪二十年(1894)进士，先后任山西学政、陕西提学使、学部右参议等。时任京师大学堂总监督、学部副大臣。

鹿传霖 字滋轩，直隶定兴人。同治元年(1862)进士，选庶吉士，散馆改广西兴安知县。历任桂林知府、福建按察使、四川布政使、河南巡抚、两江总督、两广总督、左都御史等职。光绪二十七年(1901)入军机，三十年(1904)兼吏部尚书。宣统嗣立，与摄政醇亲王载沣同受遗诏，加太子少保，晋太子太保。宣统二年(1910)春病逝，谥文瑞。为张之洞姊夫。日记中称鹿枢相、定兴相国、鹿相、鹿文瑞。

陆润庠 字凤石，号云洒，江苏元和人。同治十三年(1874)甲戌科状元，授翰林院修撰，掌修国史。历任都察院左都御史、礼部尚书等职。时任东阁大学士、翰林院掌院学士、弼德院院长。日记中称凤老、元和相国、陆相等。

陆增炜 字彤士，江苏太仓人。光绪二十四年(1898)戊戌科会元，中二甲赐进士出身，同年以主事分部学习。时任民政部郎中。

陆宗舆 字润生，也作闰生，浙江海宁人。先入南京文正书院，师从张謇，后自费赴日留学，入早稻田大学高等师范部法制经济科。归国后担任警官学堂教习、巡警部主事、奉天洋务局总办等。时任候补四品京堂、宪政编查馆编制局科员、内阁印铸局局长、资政院议员。

吕铸 字寿生，云南祥云人。举人出身，历任内阁中书、统计处提调、统计处总核兼著作权注册局副局长、内阁统计局副局长。时任民政部员外郎。

孟昭常 字庸生，别号沤风，江苏阳湖人，其兄为孟森。举人出身，光绪二十九年(1903)考取官费生至日本法政大学留学，归国后与郑孝胥等在上海筹组预备立宪公会，任副会长，又任《预备立宪工会报》主编等。时任江苏咨议局议员、资政院议员。

那桐 字琴轩，叶赫那拉氏，满洲镶黄旗人。初任户部主事，随后任内阁学士、总理各国事务衙门大臣、户部尚书等。时任体仁阁大学士、军机大臣、内阁协理大臣。日记中称那相、那中丞。

那彦图 字钜甫，蒙古族，属于齐齐尔哩克盟。同治十三年(1874)袭札萨克亲王，历任镶白旗、正红旗、镶黄旗都统，以御前大臣驻京当差。宣统二年(1910)当选为资政院议员，参与创办北京殖边学堂、蒙古实业公司。日记中称那亲王、那邸。

潘承谋 字轶仲，江苏吴县人。光绪二十三年(1897)顺天乡试副贡。时任农工商部候补主事。

溥伦 字彝庵，号叙斋，爱新觉罗氏，满洲镶红旗。光绪七年(1881)袭贝子，二十年(1894)加贝勒衔，三十三年(1907)筹备资政院，与孙家鼐共同担任总裁。时任资政院总裁、农工商部尚书、纂拟宪法大臣。日记中称伦贝子、总裁、延鸿贝子、叙斋贝子、伦邸、农相等。

溥侗 字后斋(亦作厚斋)，号西园(亦作希远)，溥伦之弟。光绪七年(1881)袭封镇国将军。日记中称厚斋将军、侗将军等。

钱承鋕 字念慈，浙江仁和人。毕业于日本东京帝国大学法科，光绪三十一年(1905)参加游学生毕业考试，授进士。时任度支部员外郎、郎中，钦选资政院议员，宪政编查馆统计局副局长。

钱能训 字幹臣，浙江嘉善人。光绪二十四年(1898)进士，选庶吉士，同年授刑部主事，后升任员外郎、郎中，历任监察御史、民政部左丞等。时任顺天府尹、陕西布政使、陕西巡抚。

钱维骥 字君白，一字硕人，湖南宁乡人。光绪二十三年(1897)丁酉科拔贡，汪荣宝之同年。先后任湖南都督府参谋处处长、安徽天长县长等职。

秦夏声 字闻诗，江苏无锡人。毕业于京师译学馆，学习法文专业，官礼部主事，历任交通部京汉、京奉铁路编查科科员。

全兴 字玉如，满洲镶黄旗人。拔贡。时任民政部员外郎，湖北巡警道、署盐法道。

荣庆 字华卿，号实夫，蒙古正黄旗人。光绪十二年(1886)进士。历任侍读学士、鸿胪寺卿、大理寺卿、刑部尚书、军机大臣等。时任协办大学士，学部尚书，礼部尚书，弼德院副院长。日记中称荣中堂、荣相、蒙古相国。

瑞澂 字莘儒，号心如，日记中也写作洵如、莘如。满洲正黄旗人，琦善之孙。又荫为贡生，升任刑部主事、户部员外郎等，后任江苏巡抚、湖广总督。

善耆 字艾堂。历任乾清门头等侍卫、镶红旗护军统领等，光绪二十四年(1898)袭肃亲王，后任民政部尚书，兼筹办海军事务。宣统三年(1911)任民政大臣，又调任理藩大臣。日记中称肃邸、偶公、偶邸、肃王等。

邵福瀛 字厚甫，江苏常熟人。举人出身。时任农工商部郎中、参议。

邵羲 字仲威，浙江仁和人。廪贡生。时任资政院议员。

绍彝 字叙五，也写作聚五，满洲镶黄旗人。时任民政部右参议。

沈家本 字子惇，也作子敦，浙江归安人。光绪九年(1883)进士，历任刑部郎中、协理提调、天津府知府、直隶按察使、刑部右侍郎等。时任修订法律大臣兼大理院正卿、资政院副总裁、法部右侍郎、左侍郎、司法大臣。日记中称沈大臣、沈敦老、沈副议长、总裁等。

沈林一　字俪崑，也作侣崑，江苏无锡人。举人出身，曾任山西候补道，后以硕学通儒任资政院议员，宣统元年(1909)后兼充宪政编查馆总务处会办。

沈云沛　字雨人，一字雨辰，江苏海州人。光绪二十年(1894)进士。时任农工商部右丞，署邮传部右侍郎、左侍郎，吏部右侍郎，帮办资政院开办事务。

盛宣怀　字杏荪，一作杏生、荇生，江苏武进人。早年入李鸿章幕，历任工部左侍郎、邮传部右侍郎、邮传部大臣等。时任邮传部尚书，帮办度支部币制事宜。日记中称盛杏孙、邮传大臣、邮相、盛大臣。

世续　字伯轩，满洲正黄旗人。光绪元年(1875)举人，历任内务府郎中、总管内务府大臣兼工部侍郎，充宪政编查馆参预政务大臣。时任文渊阁大学士、军机大臣、资政院总裁。日记中称世相、世中堂、世枢相。

舒鸿贻　字冰茹，亦写作彬儒、宾如，安徽怀宁人。光绪二十一年(1895)进士，历任兵部武选司主事、刑部郎中。时任民政部郎中，首任直隶巡警道。

孙宝琦　字慕韩，浙江杭县人。荫生，历任驻德、日、法等国使馆随员，后升任出使法国大臣，归国后署顺天府尹、充帮办津浦铁路大臣，宣统三年(1911)转任山东巡抚。日记中称鲁抚、孙中丞。

孙润宇　字子涵，江苏吴县人。早年毕业于北洋大学堂预科，后留日入法政大学。归国后任民政部宪政筹备委员、陆军统计科科长、参政学堂、高等巡警学堂及法政学堂教习。时任民政部额外委员、陆军部秘书科科员。润宇妻黄君舆，为汪荣宝妻黄君卣之妹。

谭延闿　号组庵，也作祖庵、组安、祖安，湖南茶陵人。光绪三十年(1904)甲辰恩科会元，三十三年(1907)组织“湖南宪政公会”，积极推行君主立宪制，宣统元年(1909)被举为湖南咨议局议长。

唐绍仪　又作绍怡，字少川，广东香山人。公费至美国留学，肄业于哥伦比亚大学。归国后任驻朝鲜总领事、天津海关道等。时任邮传部尚书,南北和谈北方代表。日记中避宣统帝溥仪讳,称作唐绍彝。

汪大燮 字伯棠,也作伯唐,祖籍安徽黟县,生于浙江钱塘。光绪十五年(1889)举人,历任户部郎中、总理各国事务衙门章京、外务部右侍郎等。时任邮传部左侍郎,出使日本大臣。

汪兆铭 字季新,也写作季恂,号精卫,祖籍浙江山阴,生于广东三水。光绪三十年(1904)考取日本法政大学速成科公费留学生,后参与创建同盟会,被选为评议部部长,曾任同盟会机关《民报》编辑。宣统二年(1910)谋刺清摄政王载沣,事泄被捕,被判终身监禁。辛亥革命后获释。

汪有龄 字子健,浙江杭县人。光绪二十三年(1897)作为浙江蚕学馆派生,赴日本学习技术,翌年由浙江巡抚改派在东京学法律,后毕业于日本法政大学。归国后任职清政府商部《商务官报》编辑、京师法律学堂教习,同时任职修订法律馆。

汪曾武 字仲虎,江苏太仓人。光绪二十年(1894)举人。时任民政部七品小京官、宪政编查馆编制局副科员、《光绪政要》协修、内阁法制员第二科主任。

王季烈 字君九,江苏长洲人。光绪三十年(1904)进士。时任学部专门司郎中,兼京师译学馆理化教员、监督。

王履康 字月庄,江苏句容人。光绪二十三年(1897)丁酉科拔贡,毕业于早稻田大学。时任掌山东道御史、安徽巡警道、湖北巡警道等。

王慕陶 字侃叔,湖北东湖人。附贡,民政部额外委员,光绪三十四年(1908)与李盛铎在比利时创办远东通讯社。

王念曾 字少侯,也作少缑,江苏宝应人。附贡。时任民政部员外郎。

王善荃 字仲荪,安徽庐江人。光绪二十三年(1897)丁酉科拔贡。时任外城巡警总厅厅丞、内城巡警总厅厅丞。日记中称外城厅丞、王仲芗、王局长等。

王同愈　字文若，号胜之，江苏元和人。光绪十五年(1889)进士，改翰林院庶吉士，次年散馆授翰林院编修，后任湖北学政。时任翰林院撰文、江西提学使。

乌珍　字恪谨，汉军正白旗人。宣统三年(1911)袁世凯内阁成立，乌珍出任民政部副大臣，十一月授步军统领，兼民政部副大臣。日记中称乌侍郎、左侍郎、乌副大臣等。

吴钱孙　字彭秋，河南光州人。先后任保定军政司营务处总办、直隶省三品衔补用道、天津巡警督办，宣统三年(1911)五月任外城巡警总厅厅丞。

吴禄贞　字绶卿，湖北云梦人。光绪二十四年(1898)被选送日本陆军士官学校习骑兵科，参加兴中会，广泛联络留日学生。回国后先后任陆军第六镇统制、陆军协都统、延吉边务督办，署山西巡抚，辛亥之际遇刺而亡。

吴廷燮　字向之，江苏江宁人。光绪二十一年(1895)举人，先后官巡警部郎中、民政部右参议、署太原府同知。时任宪政编查馆考核专科会办，内阁法制院参议、署副使，资政院议员。

吴燕绍　字季荃，江苏震泽人。光绪二十年(1894)进士，同年五月授内阁中书。

吴郁生　字蔚若，号钝斋，江苏元和人。光绪三年(1877)进士，历官内阁学士、四川学政、广东主考、礼部侍郎。时任军机大臣上行走，署吏部右侍郎，邮传部右侍郎、署尚书。

吴振麟　字止欺，浙江嘉兴人。光绪二十四年(1898)自费赴日留学，入日华学堂，后转为官费，入第一高等学校、东京帝国大学法科，归国后任农工商部主事、宪政编查馆统计局副科员。时任驻日使馆二等参赞官、代办。

熙栋　字辅臣，蒙古正黄旗人，荣庆之子。荫生。时任民政部郎中。

夏循垲 字爽甫，号蕊卿，浙江仁和人。东京法学院毕业。时任农工商部主事。

萧敏 字智吉，浙江钱塘人。毕业于上海圣约翰大学，后任译学馆英文教习，亦通西医。

谢天保 字慰岑，也写作卫臣、畏岑，福建侯官人。留美学习医科，回国参加游学生考试，授医科进士。时任海军部军医司医务科科长。

徐承锦 字尚之，贵州铜仁人。光绪丁酉(1897)优贡，京师大学堂仕学馆毕业，历任户部主事，民政部员外郎、参事、左参议，记名签取知府，记名御史。

徐世昌 字卜五，号菊人，祖籍浙江鄞县，后落籍天津，生于河南卫辉府府城。光绪十二年(1886)进士，改翰林院庶吉士，散馆授翰林院编修。历任巡警部尚书、东三省总督等。时任邮传部尚书、津浦铁路督办、体仁阁大学士、军机大臣、内阁协理大臣。日记中称徐尚书、徐菊老、徐相、天津相国、东海等。

许鼎霖 字久香，也写作九香，江苏赣榆人。光绪八年(1882)举人，历任驻秘鲁领事、凤阳府知府、安徽候补道、浙江洋务局总办。时任资政院议员，奉天交涉使。

许同莘 字溯伊，日记中写作叔伊，江苏金匮人。光绪庚子(1900)、辛丑(1901)并科举人，后留学日本法政大学速成科，毕业归国后入张之洞幕，任文案委员。时任外务部候补七品小京官，宪政编查馆编制局副科员。

延鸿 字逵程，日记中写作逵臣，满洲镶红旗人。附生，留学日本弘文学院学习警务。时任民政部左参议、民政部右丞、宪政编查馆统计局正科员。

杨度 字皙子，湖南湘潭人，光绪十九年(1893)举人，二十八年(1902)自费留学日本，入弘文学院师范速成班，次年被保荐入京参加新开的经济特科进士考试,初取一等第二名。时任候补四品京堂,宪政编查馆参议、考核专科会办。

杨天骥 原名锡骥 字千里,江苏吴江人。时任《沪报》主笔。

杨廷栋 字翼之,江苏吴县人。毕业于东京专门学校。时任江苏咨议局议员。

杨荫杭 字补塘,江苏无锡人。先毕业东京专门学校,后留美于宾夕法尼亚大学习法律。时于京中教授法政。

姚锡光 字石荃,江苏丹徒人。曾任首任中国驻日公使何如璋之随员,归国后入李鸿章幕。历任湖北武备学堂提调、安徽石棣县知县、署和州直隶州知州、京师大学堂副总办、陆军部练兵处提调。时任陆军部左丞、右侍郎,弼德院顾问大臣。

叶德辉 字焕彬,号郎园,自署丽廔主人,湖南湘潭人,原籍江苏吴县。光绪十八年(1892)进士,随后以主事分部学习,授吏部主事。日记中多称叶吏部。

叶澜 字清伊,也写作清猗、清漪,浙江仁和人。曾留日学习,1903年在上海创办《国民日日报》,与汪荣宝合编《新尔雅》。

奕劻 爱新觉罗氏,道光三十年(1850)袭辅国将军,咸丰二年(1852)正月封贝子,十年(1860)正月,进贝勒。时任总理外务部事务,领班军机大臣,内阁总理大臣。日记中称庆邸、庆亲王等。

易宗夔 字蔚儒,也写作纬舆、纬如、伟舆,湖南湘潭人。早年与谭嗣同等创立南学会,后留学日本。时任资政院议员。

荫昌 字午楼,一作五楼,满洲正白旗人。早年为监生,入京师同文馆所设德文馆,先后任驻德公使馆三等翻译官、天津武备学堂总办、正白旗汉军副都统、陆军部右侍郎、驻德钦差大臣等。时任陆军部尚书。日记中称陆军大臣、荫午楼、荫帅等。

余建侯 字东屏,江苏丹徒人。廪生。时任资政院机要科科员。

于邦华 字泽远,也写作泽园,直隶枣强人。时任资政院议员。

于宝轩 字子昂,江苏江都人。监生,留日归国后任职于巡警部、民政部、宪政编查馆。时任民政部员外郎。

于式枚 字晦若，广西贺县人。光绪六年(1880)进士，历任兵部主事、邮传部侍郎、充考察宪政大臣。时任吏部右侍郎、左侍郎，学部右侍郎，修订法律大臣，国史馆副总裁。

俞廉三 字廙轩，浙江山阴人。历官太原知府、山西布政使、陕西巡抚，后以候补侍郎充修订法律大臣，协理开办资政院事务，宣统元年(1909)补授仓场侍郎。

毓朗 字月华，号余痴，清宗室。光绪三十三年(1907)袭贝勒，历任巡警部侍郎、步军统领，宣统二年(1910)授军机大臣，三年(1911)改授军咨大臣。日记中称朗贝勒、月华贝勒、定邸等。

裕厚 字小彭，也写作小鹏，蒙古正黄旗人。光绪举人。时任民政部左丞。

袁世凯 字慰庭，也作慰廷、慰亭，河南项城人。清末投身行伍，后随军赴朝鲜参与平定壬午军乱，又在朝鲜甲申政变中指挥军队击败日本，回国后组建新军，襄赞洋务运动及新政，自道员、总督、巡抚累升至入值军机处，武昌起义后任内阁总理大臣。日记中称袁相、袁慰帅、袁总理、雪帅等。

载沣 自伯涵，号静云。光绪十六年(1890)袭封醇亲王，光绪之弟，宣统之生父，时任监国摄政王。日记中称摄政、监国、摄邸、扆邸、醇邸等。

载润 字寄云，号德轩。光绪十二年(1886)袭贝勒。时任正黄旗总族长、补授正黄旗汉军都统、陆军贵胄学堂大臣、资政院议员。日记中常称润贝勒。

载涛 字叔源，号野云。郡王衔多罗贝勒，醇亲王奕譞第七子，载沣之弟。光绪十六年(1890)封二等镇国将军，宣统元年(1909)管理军咨处事务，二年(1910)赴外国考察陆军，归国后任军咨大臣并掌管禁卫军，后任蒙古镶黄旗都统。日记中称涛贝勒、涛邸。

载泽 字荫坪，也写作隐坪。贝子衔奉恩镇国公，光绪三年

(1877)为辅国公，二十年(1894)晋镇国公，先后任满洲正黄旗副都统、度支部尚书等。宣统元年(1909)任筹办海军事务大臣，二年(1910)任纂拟宪法大臣，三年(1911)任皇族内阁度支部大臣兼盐政大臣。日记中称泽公、隐坪上公、度支尚书、泽邸、隐邸等。

载振 字育周。贝子衔镇国将军，奕劻长子。历任镶蓝旗汉军都统、御前大臣、正红旗总族长等。时任资政院议员、弼德院顾问大臣。日记中称振贝子、育周(郁周)贝子、振将军等。

曾广钧 字重伯，号觙庵，湖南湘乡人。曾国藩长孙。光绪十五年(1889)进士，改庶吉士，授编修，甲午战争后官广西知府。

曾维藩 字介白，也作介伯，四川永川人。时任民政部参事。

曾熙 字子缉，号俟园，晚号农髯，湖南衡阳人。光绪二十九年(1903)进士，曾任兵部主事、提学使等。时任湖南咨议局副议长、弼德院顾问。

张官劭 字采南，江苏吴县人。光绪十五年(1889)进士，历官吏部主事，补文选司主事、考功司员外郎、文选司郎中。时任广西浔州府知府。

张缉光 字劭希，湖南长沙人。清末举人。时任学部郎中，宪政筹备处总办，参政员议员。

张謇 字季直，江苏海门人。光绪二十年(1894)甲午恩科状元，授翰林院编修。宣统元年(1909)任江苏咨议局议长，二年(1910)发起国会请愿运动。日记中亦称殿撰(因明清进士一甲第一名例授翰林院修撰，故称状元为殿撰)。

张竞仁 字心縠，浙江海宁人。早年留日入东京帝国大学，归国后任度支部主事、清理财政处行走。

张新吾 又名星五，曾用名奎，江苏川沙县人。入天津北洋大学堂，后官费留学日本，毕业于东京帝国大学化学科。时任农工商部主事兼任进士馆教习。

张庆桐 字凤辉，江苏上海人。光绪二十二年(1896)入同文馆学习俄文，后奉派赴俄留学，先后入圣彼得堡艺文学堂、圣彼得堡大学学习政法，归国后曾任分省道北洋工务局会办，宣统二年(1910)随载涛赴日本、美国、俄国等八国考察陆军。

张一麐 字仲仁，号公绂、民佣，江苏元和人。光绪十一年(1885)举人，二十九年(1903)中经济特科，分至直隶总督袁世凯处任职。宣统即位后袁世凯被逐，张一麐遂解职还乡。

张一鹏 字云抟，张一麐弟。光绪十九年(1893)举人。后赴日留学，毕业于法政大学速成科，先任法部主事。时任京师内外城地方监察厅检查长。

张元济 字筱斋，号菊生，浙江海盐人。光绪十八年(1892)进士，改翰林院庶吉士，散馆后先后任刑部主事、总理各国事务衙门章京。时主持商务印书馆。

张之洞 字孝达，号香涛，晚自号抱冰，卒谥文襄，直隶南皮人。同治二年(1863)进士第三名探花，授翰林院编修，历任侍读、内阁学士、山西巡抚、两广总督、湖广总督等。时任体仁阁大学士，管理学部事务，军机大臣。日记中称南皮相国、张枢相、张中堂等。

章华 字曼仙，湖南长沙人。光绪二十一年(1895)进士，改翰林院庶吉士，散馆后著以部属用。时任邮传部员外郎、郎中。

章梫 名正耀，字立光，号一山，浙江宁海人。光绪三十年(1904)进士，改翰林院庶吉士，未经散馆即以办理学务受官检讨。时任京师大学堂译学馆提调、监督，国史馆纂修，邮传部传习所监督。

章宗祥 字仲和，浙江吴兴人。先后入东京帝国大学、明治大学学习法学，归国后现在京师大学堂任教，赐进士出身。历任进士馆教习、法律馆纂修官、农工商部候补主事等。时任内城巡警总厅厅丞、宪政编查馆编制局副局长、内阁法制院副使。日记中称章仲和、章大人、章厅丞等。其父章祖佑，字珏生，也写作钰生。

章宗元 字伯初，章宗祥兄。毕业于美国加利福尼亚大学商科，1908年获修订法律馆聘用，与高种等同修《大清民律》。时任宪政编查馆编修、翰林院编修、京师财政学堂监督、资政院议员。日记中称章伯初、章编修。

赵秉钧 字智庵，河南汝州人。曾奉袁世凯之命与驻中国的日本警官创制中国近代警察制度，先在保定创设警务学堂，后在天津设立巡警学堂。光绪三十一年(1905)清朝巡警部成立，经袁世凯推荐，任巡警部右侍郎。宣统年间被罢免，辛亥革命后袁世凯内阁组建，被任命为民政部大臣。日记中称赵侍郎、赵大臣、赵堂等。

赵炳麟 字竺垣，也写作竹垣，广西全州人。光绪二十一年(1895)进士，改翰林院庶吉士，散馆后授翰林院编修。时任掌京畿道监察御史，宪政编查馆考核专科会办。宣统二年(1910)弹劾奕劻，三年(1911)以四品京堂候补，调回广西，任内阁总理大臣。日记中常称赵侍御。

赵祖望 字渭舫，江苏镇江人。举人出身，译学馆毕业。时任内阁中书。

周儒臣 字廉访，号镜渔，安徽宿州人。以廪生考选乙酉科拔贡，后以七品小京官签分兵部、总理各国事务衙门章京等。时任湖南按察使、提法使，四川布政使。日记称周廉访、湘臬、臬司等。

周自齐 字子廙，也写作子异，山东单县人。早年入广州同文馆、京师同文馆学习，后到美国哥伦比亚大学留学，先后任驻美公使馆秘书、驻旧金山总领事、游美学生监督等。时任外务部左参议、署右丞、署左丞，兼学部丞参上行走、游美学务处总办，主持筹建游美学务处肄业馆(后改称清华学堂)。

朱德裳 字师晦，也写作师诲、师悔，湖南湘潭人。廪贡，留日入东京警视厅警察科学习，归国后协办湖南警政学堂，后入都官警视厅右丞。时任民政部佥事，兼北京官医院监督。

朱启钤 字桂莘，亦作桂辛，祖籍贵州紫江，生于河南信阳。光绪举人，先后任京师大学堂译学馆监督、北京外城巡警总厅厅丞、东三省蒙务局督办等。时任署理吉林民政使、津浦铁路北段总办。

祝瀛元 字紫笙,顺天大兴人。光绪三十三年(1907)任农工商部左参议,宣统元年(1909)署农工商部右丞,五月赏候补三四品京堂,袁世凯内阁成立后,署农工商部副大臣。

庄赓良 原名恺生,字心安,一作惺庵,江苏武进人。时任湖南按察使、布政使,以长沙抢米风潮被革职。日记中称庄方伯、湘藩。

邹嘉来 字孟方,号紫东,也写作子东,江苏吴县人。光绪十二年(1886)进士,先后任礼部主事、总理各国事务衙门章京、外务部考功司郎中等。时任外务部右侍郎、外务部会办大臣兼尚书、弼德院副院长。日记中称邹侍郎、外务尚书、邹紫老等。